Otto Helms

# A Collection of Various Papers

Mostly on birds of Greenland, Denmark and the North Atlantic Ocean, 1892-1902

Otto Helms

**A Collection of Various Papers**
*Mostly on birds of Greenland, Denmark and the North Atlantic Ocean, 1892-1902*

ISBN/EAN: 9783337317522

Printed in Europe, USA, Canada, Australia, Japan

Cover: Foto ©Andreas Hilbeck / pixelio.de

More available books at **www.hansebooks.com**

# Ornithologiske Iagttagelser

fra

# Arsukfjorden, Sydgrønland.

Af

**O. Helms.**

Særtryk af Vidensk. Medd. fra den naturh. Foren. i Kjøbenh. 1892.

Kjøbenhavn.

Bianco Lunos Kgl. Hof-Bogtrykkeri (F. Dreyer).

1892.

Efterfølgende Iagttagelser stamme fra et 13 Maaneders Ophold ved Ivigtut Kryolithbrud i Sydgrønland, hvor jeg fungerede som Læge fra April 1890 til Juni 1891. Jeg havde her i enhver Henseende rig Lejlighed til Iagttagelse af Fugleverdenen og gjorde næsten daglig Optegnelser derom med den Hensigt muligvis engang senere at offentliggjøre dem. Dette kunde maaske synes overflødigt nu, da Arkitekt Hagerup i 1891 udgav en Bog „The Birds of Greenland“, omhandlende Fuglene i samme Egn af Grønland og grundet paa 2½ Aars Iagttagelser i 1886—88. Imidlertid forekom det mig at have noget Værd, at faa en enkelt Egns Fugleverden beskreven saa fyldigt som muligt, og mine Iagttagelser kunne vistnok i enkelte Retninger supplere Hagerups. Hertil kom endnu, at Dr. Th. Krabbe, som opholdt sig i det grønlandske Udsted Arsuk, 2½ Mil fra Ivigtut i 14 Maaneder, og de 6 af disse paa samme Tid som jeg i Ivigtut, har bearbejdet sine Optegnelser om Fugle fra denne Tid og stillet mig dem til Raadighed til eventuel Offentliggjørelse. Foruden at vi kunne føje 8 Arter til de af Hagerup trufne, gives herved tillige Lejlighed til Sammenligning af Fuglelivet umiddelbart ved Kysten, hvor Arsuk ligger, og inde i Fjorden, hvor Ivigtut ligger; for enkelte Arters Vedkommende findes temmelig store Forskjelligheder, f. Ex. for Laplandsverlingens og Havlittens. — En Del af Dr. Krabbes Iagttagelser ere gjorte paa Rejser langs Kysten, der dog ikke have strakt sig mere end c. 10 Mil Nord for Arsuk, saa at det maa antages, at de Fugle, han der har truffet, lejlighedsvis ogsaa vilde kunne findes i Arsuk. Alle de Optegnelser, der stamme fra hans Haand, har jeg vedføjet Bogstavet K[1]). Alle de øvrige Iagttagelser ere, saavidt andet ikke udtrykkeligt er bemærket, gjorte af mig selv. Jeg har væsentlig indskrænket mig til at anføre, hvad jeg har set, og vogtet mig for at drage almindelige Slutninger deraf eller opstille Formodninger om Grundene til forskjellige Fænomener, da jeg synes, at mit Materiale er for lille hertil, og de uddragne Slutninger let vilde kunne kuldkastes ved fortsatte Iagttagelser.

Arsukfjorden ligger paa Grønlands Sydvestkyst omtrent paa 61° N.B. Den strækker sig omtrent 6 Mil ind i Landet og ender med en Isblink, der fortsætter sig i Indlandsisen. I hele sit Forløb danner den talrige Bugter og Indskjæringer og deles omtrent en Mil Vest for Ivigtut ved den store Arsukø i to Arme, af hvilke den nordligste i sin Begyndelse danner et smalt Sund, Ikerasarsuk, paa det smalleste Sted kun henved 300' bredt. Herigjennem gaar Færdslen mellem Ivigtut og Arsuk, saavelsom en stor Del af Fugletrækket ud og ind ad Fjorden. Overalt langs Fjorden findes dels Fjelde, i Almindelighed kun indtil 1500' høje, dels store kratbevoxede Dale, gjennemstrømmede af Elve og med en frodig Vegetation. I en saadan Dal, omtrent 3 Mil fra Fjordens Munding, ligger Ivigtut paa dennes Sydside umiddelbart ved Vandet. Dalen er c. 1/4 Mil i Længde og Bredde og overalt omgiven af omkring 1000' høje Fjelde. — Arsuk ligger paa Nordsiden af Fjorden, lidt indenfor Mundingen ved en lille Bugt umiddelbart ved Foden af det omtrent 4000' høje Fjeld, Kungnat. Vege-

---

[1]) Det skyldes kun Dr. Krabbes udtrykkelige Ønske, at Iagttagelserne alene udkomme under mit Navn.

tationen er ved Kysten betydelig ringere end inde i Fjordene; de udstrakte Pilekrat savnes her.

Middeltemperaturen i Ivigtut er 1° C. for hele Aaret, for den varmeste Maaned (Juli) omkring 9° C., for den koldeste (Januar) omkring ÷ 7° C. Fra November til Maj er næsten hele Landet snedækket. Under mit Ophold frøs Fjorden til 18. Januar, og Isen brød først op 13. Maj. Den meste Tid strakte Isen sig fra Ivigtut henved en Mil udad Fjorden. Ved Arsuk fryser den aldrig til for længere Tid.

Mit Ophold ved Ivigtut varede fra 22. April 1890 til 6. Juni 1891, Dr. Krabbes ved Arsuk fra 24. August 1889 til 13. Oktober 1890[1]).

### *Podicipes auritus* L.
Hornet Lappedykker.

Jeg har kun set Skindet af en ung Fugl, som 25. November 1889 blev skudt af en Grønlænder nærved Arsuk og bragt til K.

### *Colymbus glacialis* L.
Islom.

Den er kun bleven set en Gang af K. og mig i Fællesskab ved Øen Manetsok i Mundingen af Arsukfjorden den 2. Juli 1890. — Den er aldrig bragt nogen af os skudt.

### *Colymbus septentrionalis* L.
Nordisk Lom.

Den var ret almindelig omkring Ivigtut i Sommeren 1890. Den saas første Gang omkring ved den 17. Maj, og fra nu af til midt i Juni saas og hørtes næsten daglig (ofte ogsaa om Natten) 3, der holdt sig i Nærheden af Ivigtut; den 11. Juli laa 2 sammen i en lille Fjeldsø c. 900 Fod tilvejrs; der fandtes ingen Rede. Den 1ste August laa 5 sammen i Fjorden, men det kunde

---

[1]) For at spare Plads har jeg mange Steder undladt at vedføje Aarstal; vedkommende Datum henføres da til det i Forvejen nævnte Aar.

ikke afgjøres, om der var Unger deriblandt. — I 1891 hørtes den første Gang den 20. Maj.

Ved Arsuk, hvor ingen Søer fandtes, saas den aldrig. (K.)

Dens Skrig, naar den fløj, lød oftest vak-vak-vak osv., ikke uligt *Tadorna cornuta*'s, eller ogsaa ka-kĕra-ka-kĕra o. s. v. Naar den laa i Vandet, udstødte den undertiden overordentlig kraftige Skrig, meget lignende et Menneskes Klage.

4 gamle Fugle bleve bragte mig skudte.

### *Fratercula arctica* L.

Søpapegøje.

Jeg har aldrig selv set den i Grønland. K. modtog 23. Januar 1890 et Exemplar af en Grønlænder, som havde dræbt det nogle Dage forinden nærved Arsuk. 7. Marts 1890 blev et ungt Individ taget af en Grønlænder med Fuglepil c. 1½ Mil udenfor Arsukfjorden og ogsaa bragt til K.

### *Uria grylle* L.

Almindelig Tejste.

Den ynglede flere Steder i Arsukfjorden, var almindelig overalt saavel Sommer som Vinter. Dog saas den aldeles ikke ved Ivigtut fra Midten af September til 29. Oktober 1890; fra den Dag viste den sig paa Fjorden i Smaaflokke.

Ved Arsuk var den almindelig hele Aaret rundt. (K.)

2. Juli 1890 fandt K. og jeg paa Øen Midluvfik i Mundingen af Fjorden 4 Kuld lidet rugede Æg i dybe Fjeldrevner. — 29. Juli saas første Gang en udfløjen Unge, 15. August blev en lige udvoxen skudt.

I Slutningen af Oktober vare alle Fuglene i Vinterdragt. 30. Marts 1891 vare de fleste i Vinterdragt, nogle i Overgangsdragt; 13. April vare nogle i Sommerdragt, andre i Vinterdragt, atter andre i Overgangsdragt; mod Slutningen af Maaneden var det langt overvejende Antal i Sommerdragt, dog saas endnu 20. Maj en i fuldstændig Vinterdragt. — I Slutningen af December og første Halvdel af Januar laa flere Gange en næsten hvid paa Fjorden.

I Foraaret 1891 blev den flere Gange set ved Iskanten i større Flokke, én Gang blandet med Flokke af *Uria arra.* I April og Maj saa man den ofte i større og mindre Antal ligge ved Foden af Isfjelde og Drivisstykker. Den var paa denne Aarstid sky og vanskelig at komme paa Skud, hvorimod den om Vinteren var betydeligt mere tillidsfuld og let at skyde.

### *Uria arra* Pall.

Brünnichs Tejste.

Den fandtes kun om Vinteren ved Ivigtut. 11. December 1890 saas den første Gang paa Fjorden enkeltvis. Antallet tiltog hurtigt i Løbet af Maaneden, og i Slutningen af December og Begyndelsen af Januar fandtes den i store Flokke. 18. Januar 1891 dannedes der Is paa Fjorden; den 19. saas nogle flyve inde over Land, rimeligvis forvildede, fordi de ikke mere kunde øjne aabent Vand. I Løbet af Januar fandtes spredt paa den islagte Fjord en Del, der øjensynligt vare faldne ned paa Isen, ikke frosne inde i den. De vare sandsynligvis blevne overraskede af det hurtige Islæg, havde holdt sig i enkelte Vaager saa længe som muligt, derpaa fløjet omkring uden at kunne finde ud til aabent Vand og sluttelig af Træthed og Sult faldne ned paa Isen. Paa alle dem man fandt, var Kjødet fortæret af Ravne, Knoglerne næsten renpillede. — Den 5. og 31. Marts samt 13. April laa temmelig store Flokke ved Iskanten. Senere blev ingen set før 6. Juni, da en enkelt fløj forbi mig omtrent 2 Mil udenfor Arsukfjorden.

Fra Slutningen af November 1889 til Midten af April 1890 laa den i Mængde paa Fjorden ved Arsuk enkelt — eller parvis eller i temmelig smaa Flokke. Udenfor denne Tid saas den kun undtagelsesvis, saaledes 6. Juni 1890, en enkelt, og 5. Juli 1890, ialt 13, i 4 Smaaflokke paa Fjorden nærved Arsuk. (K.)

Den var ret tillidsfuld og let at komme paa Skud. 1. Marts 1891 blev der af 2 Arbejdere ved Iskanten skudt 77.

## *Arctica alle* L.

Søkonge.

Den saas kun om Vinteren ved Ivigtut. — I November og December 1889 og i Januar 1890 saas den ved Arsuk i ret betydelig Mængde[1]). (K.) 4. December 1889 laa den første Gang paa Fjorden udfor Ivigtut i temmelig stort Antal. Derpaa saas daglig, til Fjorden 18. Januar 1891 blev dækket af Is, en stor Mængde, ofte flere hundrede, hyppigst 2—3 sammen eller ogsaa i Smaaflokke paa indtil 12. 18. Januar, da der hurtigt begyndte at danne sig Islæg, trak de i Smaaflokke ud af Fjorden; om Eftermiddagen, da Isdækket var dannet, fløj adskillige oppe over Land; 19. Januar fløj ligeledes en Del inde over Land, øjensynligt helt forvildede; 2 fandtes paa Land i en yderst forkommen Tilstand, den ene sad paa Taget af et Hus; 20. Januar saas den sidste levende flyve over Land; i Kryolithbruddet fandtes et Par Dage efter. 2; 22. og 23. Januar fandtes paa Isen paa Fjorden en Del døde, der øjensynlig vare faldne ned ovenpaa Isen.

I Almindelighed laa de om Dagen roligt paa Vandet; men 12. December var der livligt Røre iblandt dem, idet en Mængde flokkevis trak ud af Fjorden Kl. $8^1/_2$—$9^1/_2$ om Formiddagen; længere op paa Dagen fandtes det sædvanlige Antal. 21. December trak de livligt, dels ind, dels ud af Fjorden om Formiddagen i et Antal af flere hundrede. Nogen Grund til denne Bevægelse kunde jeg ikke finde; der var ingen særlige meteorologiske Forhold.

Man saa dem ofte helt inde ved Land i smaa Bugter, og undertiden søgte de Føde der paa saa lavt Vand, at de ikke kunde dykke, men stod paa Hovedet som Ænder. Fra Land kunde man ogsaa jævnlig med Lethed iagttage deres Færd under Vandet, og se, hvorledes de søgte deres Føde i selve dette, ikke paa Bunden. — Temmelig hyppigt fløj de smaa Stykker over Land,

---

[1]) 11. September blev én set og skudt i Narssaliks Isfjord, c. 7 Mil Nord for Arsukfjorden. (K.)

f. Ex. fra en lille Bugt til en anden; undertiden blev de under Flugten af stærk Blæst drevne modstandsløse ind over Land.

De vare meget lidet sky; paa et Par Timers Jagttur kunde man med Lethed skyde 10—20. Deres Kjød er særdeles velsmagende i Modsætning til de øvrige Alkefugles, der er stærkt trannet, omend spiseligt.

### *Lestris parasitica* L.

Spidshalet Rovmaage.

Jeg selv saa aldrig nogen med Sikkerhed. 6. Juni 1890 bragte K. mig et hvidbrystet Individ, som han havde set en Grønlænder skyde nærved Ivigtut, medens den forfulgte en tretaaet Maage.

### *Pagophila eburnea* Gmel.

Ismaage.

Jeg har ikke selv set denne Fugl levende. 23. December 1890 bragte en Grønlænder mig en ung Fugl, som han havde taget med Fuglepil et Par Dage iforvejen. Han fortalte, at den sad paa et Isstykke sammen med 5 andre af samme Udseende som den selv, og desuden en, der var helt hvid, altsaa en gammel Fugl. Grønlænderen kjendte ikke Fuglen, hvilket tyder paa, at den forekommer sjældent.

### *Rissa tridactyla* L.

Tretaaet Maage, Taterak.

Den ynglede i stort Antal i Bunden af Fjorden og var om Sommeren en af de Fugle, der hyppigst saas, og mest tildrog sig Opmærksomheden.

Ved min Ankomst til Ivigtut i Slutningen af April 1890 var den almindelig paa Fjorden, og i Maj og Juni saas den stadig i stort Antal.

I Bunden af Fjorden, omtrent 5 Mil fra Mundingen, ynglede paa en stejl Klippe henved et Par Tusende sammen med næsten lige saa mange *Larus leucopterus*. 29. Juli og 3. August sejlede jeg forbi Fjeldet, der var besat med Masser af gamle Fugle, men der var hverken Æg eller Unger. Formodentlig trække de unge Fugle strax bort fra Ynglepladsen ud i Davisstrædet eller i Mundingen af Fjorden. 23. Juli saa jeg i Nærheden af Fjeldet en eneste ung Fugl.

I Juni, Juli og navnlig i August trak Fuglene hver Eftermiddag ud af Fjorden og hver Morgen ind ad denne. I Slutningen af August begyndte Eftermiddagstrækket omtrent Kl. 3 og varede til Kl. 7—8. Morgentrækket begyndte ved Daggry. De trak i mindre Flokke, sjældent over 30—40 sammen, temmelig lavt midtfjords eller nær Kysten. Det var langt overvejende gamle Fugle, der trak, dog var der fra 20. August en Del unge, der oftest holdt sig i Smaaflokke for sig selv. De lod sig med Lethed lokke nær til en Baad, naar man kastede en død Maage i Vejret; man kunde nemt paa denne Maade skyde 20—30 paa et Par Timer under Eftermiddagstrækket. I de første 3 Uger af September saas de kun sjældent paa Fjorden, og Trækket var fuldstændig ophørt. I sidste Uge af September og første Halvdel af Oktober viste de sig atter, idet de nu fulgte dels Flokke af Sæler, som begyndte at komme ind paa Fjorden, dels Hvaler (Kepokaker), som daglig trak ud og ind ad denne. Om de nærede sig af disse Dyrs Afsondringer, eller om ikke snarere Sæler og Hvaler jagede Fisk og Krebsdyr op imod Overfladen til dem, tør jeg ikke have nogen bestemt Mening om. Noget regelmæssigt Træk var der nu ikke Tale om; de laa ofte i denne Tid paa Vandet i Flokke paa flere hundrede, unge og gamle mellem hverandre. I sidste Halvdel af Oktober begyndte de at forsvinde fra Fjorden. 1. November saas endnu 1; 11. November var der paa Fjorden et Par mindre Flokke, vel ialt 20 Individer; heraf blev skudt 5 gamle og 2 unge. Derpaa saas ingen før 18. Januar, da jeg saa en ung Fugl, der efter en stærk Storm var bleven skudt af en af Arbejderne. 20. April 1891 hørtes fra den tidlige Morgenstund en Skrigen og Larmen i Luften af Maager, som over den isdækkede Fjord sandsynligvis trak ind til deres Yngleplads. Jeg kunde ikke se dem paa Grund af den tykke Regnluft, men andre mente at have set Masser af *Rissa tridactyla.* 24. April 1891 saa jeg Flokke paa flere hundrede, der skrigende kredsede ved Iskanten. Fra nu af til 1. Juni saas de ofte flokkevis trække ud og ind ad Fjorden; nogle Gange saa jeg den Mærkelighed, at om Aftenen Flokke trak indad Fjorden istedetfor udad; i det hele syntes Trækket ikke saa regelmæssigt som om Efteraaret. En enkelt Gang i Slutningen af April saa jeg ved Iskanten ligge en Flok paa et Par Tusende.

Ved Arsuk saas den kun undtagelsesvis i Maanederne November 1889—Marts 1890 incl., i den øvrige Del af Aaret fandtes den i Mængde. 19. November 1889 saas 4 ved Arsuk, 14. Januar 1890 en enkelt nær Ivigtut. (K.)

Hvad Dragten angaar, saa var 20. August 1890 nogle af de gamle allerede i Vinterdragt. 26. September vare alle de gamle deri. 28. April 1891 vare de alle i Sommerdragt. Alle de, der saas om Foraaret, vare fuldt udfarvede Fugle.

### *Larus glaucus* Brünn.

Graamaage.

Den var langt mindre almindelig end *Larus leucopterus.* Medens jeg saaledes i Løbet af et Aar skød 135 af sidstnævnte, har jeg kun noteret 4 skudte *Larus glaucus*, deraf en gammel Fugl 29. Oktober 1890, og en lige udvoxen Unge 15. August 1890 i Bunden af Fjorden, nærved Fuglefjeldet, hvorfor jeg antager, at den ynglede der.

I Sommerens sidste Del saas den ofte udfor Arsuk, og i September 1890 saas en Mængde unge Fugle langs Kysten Nord for Arsuk. Om Vinteren saas den ikke med Sikkerhed ved Arsuk. (K.)

Omtrent 1. Juni 1891 blev der bragt mig Æg af den, der vistnok vare tagne paa Øerne ved Kysten.

### *Larus leucopterus* Faber.

Hvidvinget Maage.

Den var overordentlig talrig paa Fjorden og nogle nærliggende Fjorde saavel om Sommeren som om Vinteren, dog i noget mindre Antal om Vinteren. Den ynglede i stort Antal i Fjorden.

Ved Arsuk saas den almindelig Aaret rundt, dog i langt mindre Antal om Vinteren end om Sommeren. (K.)

I Maj 1890 og 91 holdt den sig i store Flokke inde i Fjorden, hvor der stod Masser af *Mallotus arcticus*, en lettilgjængelig Føde. I Juni og Juli 1890 saas den kun enkeltvis ved Ivigtut; den var da trukket ind til Fuglefjeldet, hvor den ynglede sammen med *Rissa tridactyla*. 29. Juli og 3. August saa jeg der henholdsvis c. 500 og 2000 Fugle, mest gamle. 23. Juli saa jeg i Nærheden af det en udfløjen Unge. 15. August fandt jeg i en Bugt af Fjorden, 1 Mil fra Fuglefjeldet, unge Fugle i enormt Antal, ledsagede af en Del gamle; af K. og mig blev i Løbet af faa Timer skudt omtrent 40 unge og 14 gamle. De vare yderst lette at lokke til Baaden ved en død Fugl. Ungerne holdt sig oftest 2 og 3 sammen, formodentlig det samme Kuld, hvad jeg ogsaa jævnligt saa i den følgende Tid, da de unge vare almindelige paa Fjorden. I Oktober, November og December var den almindelig paa Fjorden, ligesaa i Januar 1891, til Islægget begyndte. 24. April 1891 trak om Morgenen en Flok ind ad Fjorden Kl. 7 og ud igjen Kl. 9, højt i Luften. De vare rimeligvis paa Vejen ind at se til deres Ynglepladser i Bunden af Fjorden. Fra 4.—9. Maj saas og hørtes den undertiden saavel ved Dag som ved Nat inde over den isdækkede Fjord. Ude paa den aabne Fjord saavel nær Ivigtut som ved Arsuk var den i sidste Halvdel af April og første Halvdel af Maj meget almindelig, men ved Arsuk saas oftest unge Fugle, medens de gamle vare langt overvejende længere inde.

Ligesom andre Iagttagere har jeg ogsaa jævnlig set de unge Fugle paa Land i Færd med at spise Bær af *Empetrum nigrum*.

I December og Januar saa jeg flere Gange nogle ligge paa Fjorden sammen med *Somateria spectabilis* og en enkelt Gang med *Uria arra*.

Om Efteraaret bleve saavel disse som de øvrige Maager skudte i hundredevis i Ivigtut. Kjødet er meget velsmagende.

### *Larus marinus* L.

Svartbag.

Der saas jævnlig paa Fjorden hele Aaret igjennem saavel unge som gamle Fugle, maaske hyppigst i Oktober og November.

Ved Arsuk saas den hele Aaret rundt, dog kun meget faa Gange om Vinteren.

Den ynglede i Nærheden af Arsuk, hvor K. i Foraaret 1890 ofte saa Grønlænderne komme med dens Æg. — I Juli 1890 blev der bragt mig 2 halvvoxne Unger, som jeg opfødte med Fisk og Kjød og havde til midt om Vinteren.

Den var yderst sky ligesom i Danmark; en gammel Fugl skødes meget sjældent.

### *Sterna macrura* Naum.

Kystterne.

Hverken K. eller jeg saa den nogensinde levende. Jeg saa i Juni 1890 2, der vare skudte ved Kysten 3—4 Mil Sydøst for Ivigtut 17. Juni. Tillige fik jeg nogle Æg tagne sammesteds paa samme Tid. 20. Juli 1890 bleve 2 skudte sammesteds og bragte til K.

### *Fulmarus glacialis* L.

Mallemuk.

Jeg har kun set et Exemplar, som af K. blev skudt ved Sermiligarsukfjordens Munding, c. 4 Mil Nordvest for Arsuk 23. September 1890. K. saa heller ikke flere.

### *Phalacrocorax carbo* L.

Almindelig Skarv.

Hverken K. eller jeg saa den levende. 20. December 1889 modtog K. én af en Grønlænder, som havde skudt den samme eller foregaaende Dag.

### *Mergus serrator* L.
Toppet Skallesluger.

Den var ret almindelig paa Fjorden undtagen i Sommermaanederne. Den ynglede næppe i Nærheden af Ivigtut. 26. September 1890 saas den første Gang paa Fjorden, hvor et ungt Individ blev skudt lige ved Ivigtut. I Oktober, November og December var den ret almindelig rundtom, hyppigst i Oktober, hvor Flokke saas næsten daglig. Flokkene vare oftest smaa, dog saas undertiden nogle paa henimod 50 Individer. I de første 3 Maaneder af 1891 saas kun enkelte, da Fjorden var tillagt. Nogle bragtes skudte af Grønlændere. I Slutningen af April og i Maj 1891 saas saavel inde i Fjorden som ved Mundingen en Del. De vare da gjerne i Smaaflokke, 2—8 sammen, og fløj meget omkring, altid højt i Luften, ikke som Ænderne strygende over Vandspejlet. Hanner og Hunner vare blandede sammen.

K. har aldrig selv set den med Sikkerhed, men modtog i Vinteren 1889—90 3 Exemplarer, skudte af Grønlændere.

30. April og 2. Maj 1890, da jeg om Eftermiddagen laa i det snævre Sund Ikerasarsuk mellem Arsuk og Ivigtut, kom en Del forbi mig, der i Modsætning til Ederfuglene alle trak ud af Fjorden.

### *Anas boscas* L.
Graaand.

Den var ret almindelig ved Ivigtut i Maanederne Maj—December incl. 1890. Den ynglede i ret stort Antal i den indre Del af Fjorden, hvorfra en betydelig Mængde ikke helt flyvefærdige Ællinger bragtes af Grønlænderne i Løbet af Sommeren. 1. August 1890 saas ved Stranden 5 dunklædte Unger. 15. Maj 1891 saas ved Arsuk en Han og en Hun sammen. K. saa kun faa ved Arsuk, men Grønlænderne bragte ham flere skudte i Vinterens Løb. — Den ynglede ikke i Arsuks umiddelbare Nærhed. (K.)

### *Clangula islandica* Gmel.

Islandsk Hvinand.

I Midten af December 1890 blev en Han bragt til Ivigtut af en Grønlænder. I Januar eller Februar 1890 fortalte en Grønlænder mig, at han havde set og jaget efter 2. K. modtog 7. Marts 1890 et Exemplar (Han) skudt samme Dag af en Grønlænder tæt Øst for Arsuk.

### *Clangula histrionica* L.

Strømand.

Den var ikke sjælden i Arsukfjorden og ynglede rimeligvis der. I Maj og Juni 1890 og 91 saa jeg adskillige dels i den indre Del af Fjorden nær Ivigtut, dels i Smaaflokke ved Kysten ved Arsuk. I Juli Maaned 1890 blev der inde i Bunden af Fjorden skudt nogle, vistnok unge Fugle, af Arbejderne. Midt i Juli blev der af Grønlændere fra Arpagfikfjorden c. 1 Mil Nord for Ivigtut bragt omtrent 30, tagne med Fuglepil, alle gamle Hanner i Fældning; alle Svingfjerene paa dem manglede. I Januar, Februar og Marts 1891 bragtes mig af Grønlænderne 4 Hanner, skudte nærved Arsuk. K. fik i de samme Maaneder i 1890, 3 Hanner, ligeledes tagne nærved Arsuk.

6., 7. og 8. Oktober 1889 samt 7. og 24. September 1890 saas flere smaa Flokke ved Kysten et Par Mil Nord for Arsuk de bestod mest af unge Fugle (K.), medens de 7, vi fik om Vinteren, alle vare gamle.

### *Harelda glacialis* L.

Havlit.

I Maanederne Juni—Oktober bemærkedes den aldrig ved Arsuk, i hvis Nærhed den vist ikke ynglede. Om Vinteren var den meget talrig ved Arsuk. (K.)

I Slutningen af April og i Maj 1891 fandtes den i meget stort Antal ved Arsuk, medens den sjældent blev truffen paa den indre Del af Fjorden i Nærheden af Ivigtut.

Den trak vel Morgen og Aften, men undertiden indad Fjorden, undertiden udad, ikke regelmæssigt som Ederfuglene.

### *Somateria mollissima* L.
Ederfugl.

Den var almindelig paa Fjorden om Vinteren, hvorimod den ikke fandtes der om Sommeren.

Ved Arsuk saas den i Mængde i Maanederne Oktober—Maj incl. Størst Mængde i April, hvorefter den rask aftog. I Sommermaanederne saas den næsten ikke, da den kun ynglede meget sparsomt i Arsuks Nærhed. (K.)

Ved min Ankomst til Ivigtut i Slutningen af April 1890 var den talrig paa Fjorden, som paa denne Tid var tæt fyldt af Drivis. Hver Aften Kl. 6—8 var der livligt Træk ind ad Fjorden; enkelte Aftener i Begyndelsen af Maj trak et umaadeligt Antal. 2. Maj laa om Aftenen omtrent 600 lige ud for Ivigtut, medens den langt overvejende Del trak længere ind i Fjorden. Der var langt flere Hunner end Hanner paa Trækket. Henimod Slutningen af Maj ophørte dette; men endnu 6. Juni saas 5 Hunner og 1 ung Han ligge inde i Fjorden paa et bestemt Sted, hvor der ofte om Vinteren laa nogle. Her var rimeligvis en Banke med passende Føde.

23. September trak en Del Flokke (Hunner) forbi en Pynt ved Sanerut, et Par Mil Syd for Ivigtut, og 25. September laa ikke saa faa i Mundingen af Arsukfjorden; men der saas ingen inde i Fjorden før 19. Oktober, da jeg traf en Flok helt inde i Bunden af Fjorden. Derpaa saas nogle Flokke i Slutningen af November og enkelte i December, alle overvejende bestaaende af Hunner. 12. December saas en Han og i Januar 1891 nogle. I Februar, Marts og Størstedelen af April, da Fjorden ved Ivigtut var dækket af Is, saa jeg den kun én Gang, 5. Marts, i hundredevis ved det aabne Vand; men af Grønlænderne blev der i den Tid bragt adskillige hundrede, der vare skudte ved Arsuk. I Slutningen af April og i Maj 1891 laa den i massevis paa Fjorden, saa langt ind som denne

var fri for Is. Det var langt overvejende Hunner og unge Fugle, man saa nvl. inde i Fjorden; lige ved Mundingen af Fjorden saas 18. Maj Flokke paa flere hundrede, hvoraf der omtrent var lige mange Hanner og Hunner. Paa denne Tid var der hver Eftermiddag fra 3—6 Træk indad Fjorden. Hanner og Hunner vare da sammen i Flokkene, men enkelte Gange trak Flokke af Hanner for sig. 30. April 1891 trak Flokkene ud af Fjorden, medens de ellers trak indad de andre Gange, jeg iagttog Trækket paa samme Sted under fuldstændig samme Forhold. 29. Maj 1891 laa paa den føromtalte Banke inde i Fjorden over 400 Hunner og unge Hanner.

### *Somateria spectabilis* L.

Pragt-Ederfugl.

Den fandtes kun om Vinteren ved Ivigtut, var da almindelig.

Ved Arsuk saas den i Mængde i Maanederne Oktober—Maj incl., tildels sammen med *S. mollissima.* Størst Mængde i April, hvorefter den rask aftog. (K.)

2. December 1890 saas de første Gang med Sikkerhed paa Fjorden, idet under en heftig Sydoststorm 3 gamle Hanner laa udfor Ivigtut. Derpaa saas ofte i December 1890 og Januar 1891, men altid kun under de meget hyppige Sydost- og Sydveststorme, nogle ligge udfor Ivigtut, altid omtrent paa samme Sted, c. 400 Alen fra Land, hvor jeg antager, der maa være en Banke, som de søgte; de laa nemlig paa denne Tid aldrig andre Steder. I Modsætning til *S. mollissima* fandtes der flest gamle Hanner, i December kun faa ad Gangen, hen i Januar i tiltagende Mængde, indtil 100 ad Gangen; saa snart Vejret blev roligt, forsvandt de igjen. En eneste Gang laa en *Somateria mollissima*, en Han, iblandt dem. 5. Marts 1891 laa de i hundredevis ved Iskanten omtrent 1 Mil fra Ivigtut. I Slutningen af April og i Maj saas en Del saavel inde i Fjorden som ved Mundingen. Hvad jeg har anført ved *S. mollissima* om Træk o. s. v. gjælder i alt væsentligt ogsaa for denne Art, som fandtes i noget mindre Antal end hin,

22. Maj 1891 skød jeg en ung Han; senere saas ingen. K. skød én af en Flok et Par Mil Nord for Arsuk 15. Juni 1890.

### *Cygnus musicus* Bechst.
Sangsvane.

Jeg selv har aldrig set den levende. I Oktober 1890 modtog jeg fra K. et ikke helt udfarvet Individ, om hvilket han oplyser, at det blev skudt af ham i Forening med flere andre i selve Arsuk Havn 6. Oktober 1890. Der saas ikke flere. Den var forbausende lidt sky, saa at den ikke engang lettede for de første forgjæves Kugleskud efter den. Saa vidt K. kunde forstaa, havde ingen af Arsuks Beboere før set en Svane. — Dette tyder med Sikkerhed paa, at den maa være meget sjælden, da en saa karakteristisk Fugl vanskelig vilde undgaa de fuglekyndige Grønlænderes Opmærksomhed.

### *Phalaropus fulicarius* L.
Thorshane.

Jeg har kun set den én Gang, 17. Juni 1890, temmelig langt inde i Fjorden, hvor 3 svømmede sammen, af hvilke den ene blev skudt; de 2 andre blev forfulgte, men lod kun Baaden komme paa c. 80 Alens Afstand; de fløj saa op, men kastede sig atter snart paa Vandet. Det Individ, der blev skudt, var i smuk Sommerdragt, efter Dragten at dømme en Hun. — Grønlænderne kjendte den ikke som særlig Art, men kaldte den med Odinshanens grønlandske Navn. K. har aldrig set den eller faaet den skudt.

### *Phalaropus hyperboreus* L.
Odinshane.

I September 1889 blev et Individ skudt lige ved Ivigtut; jeg saa Dele af det, som vare opbevarede. Ved Kornokfjorden, et Par Mil Syd for Ivigtut, paa et Fladland med talrige Smaasøer, saas 29. Juni 1890 en svømme paa en lille Sø. Den blev skudt; efter Farven at dømme var det en Hun. Jeg selv saa kun den ene; andre derimod saa paa en anden lille Sø 2, der vedbleve at flyve omkring dem og rimeligvis havde Rede der. 19. August blev der bragt mig et Exemplar, der var skudt paa Fjorden udfor Ivigtut. K. saa 7., 8. og 11. September 1890 ved Kysten nogle Mil Nord for Arsuk paa forskjellige Steder henholdsvis 2, 3 og 3 svømme sammen. 4 af disse skød K., en blev tagen af en Grønlænder med Fuglepil.

### *Tringa maritima* Brünn.
Sortgraa Ryle.

Den ynglede vistnok enkeltvis om Sommeren i Nærheden af Ivigtut, fandtes ellers kun om Vinteren. Fra 8. Oktober 1890 var den almindelig overalt ved Stranden, indtil Fjorden frøs til midt i Januar.

I Sommermaanederne Juni—August saas den aldrig ved Arsuk, i hvis umiddelbare Nærhed den vist ikke ynglede. Fra Oktober—April incl. saas den særdeles hyppigt, dog aldrig i store Flokke. (K.)

Den fandtes overalt ved Kysten saavel paa Sandbund ved Elvenes Udløb som ved Foden af de stejle Klipper. I Almindelighed fandtes den kun i Smaaflokke paa indtil 10 Stykker; kun en Gang har jeg set en større Flok paa henved 50 Individer. 5. Februar 1891, efterat Fjorden havde været tillagt i 3 Uger, saas en yderst forkommen flyve ind paa Land ved Ivigtut og sætte sig.

Grønlænderne fortalte mig, at de havde fundet en ynglende omtrent en Mil fra Ivigtut i Sommeren 1890. K. saa en tæt ved Ivigtut 6. Juni 1890. 29. Juni blev paa et Fladland ved Kornokfjorden, et Par Mil Syd for Ivigtut, en jaget op af en Hund og fløj ængstelig omkring i lang Tid uden at ville fjerne sig; den blev skudt; hele dens Adfærd tydede paa, at den havde Rede der.

### *Tringa maculata* Vieill.

Jeg har kun set Skindet af et Individ, som blev skudt af K. 21. September 1889 i Narssalik omtrent 7 Mil Nord for Arsuk. K. saa kun den ene.

### *Tringa alpina* L.

Almindelig Ryle.

31. Maj 1890 blev der bragt mig et Individ i fuld Sommerdragt, som Dagen før var skudt ved Ivigtut; der var kun skudt den ene sammen med nogle *Tringa maritima*. Ellers har hverken K. eller jeg set den.

### *Numenius phæopus* L.

Lille Regnspove.

25. Maj 1891 blev der set en Flok paa 6 ved Ivigtut om Morgenen, hvoraf de 2 bleve skudte og bragte mig. Om Aftenen modtog jeg en til, skudt ud af en Flok paa 8; næste Morgen blev der set 3, senere ingen. Der synes altsaa at have været flere Flokke. De sad dels ved Stranden, dels oppe paa Land nogle hundrede Alen fra Kysten. Paa Fjerene om Analaabningen og om Næbbet paa de skudte saas det tydeligt, at de havde spist Blaabær. De synes ikke at have været meget sky. (Jeg var sengeliggende i de Dage og derfor forhindret fra at iagttage dem).

### *Charadrius virginianus* L.

Amerikansk Brokfugl.

Jeg har kun set Skindet af en, som blev skudt ved Frederikshaab 22. September 1889 og leveret K.; han fik et Exemplar til, skudt ved Narssalik 10. September 1890.

### *Ægialitis hiaticula* L.

Stor Strandpiber.

Jeg har aldrig set den levende i Grønland. K. skød en 21. Maj 1890 i Arsuk; saa ikke flere. 25. Juni 1890 blev en skudt ved Kornok, et Par Mil fra Arsuk, og bragt ham; endelig skød han 12. September 1890 en i Narssalik og modtog samme Dag 2 Exemplarer, skudte samtidig paa samme Sted.

## *Lagopus mutus* Mont.

Fjeldrype.

Den ynglede almindeligt omkring Ivigtut; om Vinteren fandtes den i Masser rimeligvis trækkende Nordfra.

Den saas i Mængde om Vinteren ved Arsuk, i hvis Nærhed den ynglede paa Fjeldskrænter. (K.)

I Sommeren 1890 saas den kun i sparsomt Antal. Fra Jagttidens Begyndelse, 1. September, saas den meget hyppigt i Smaaflokke paa indtil 10 Individer til midt i November, da dens Antal kjendeligt formindskedes og først tiltog fra Midten af Januar, stadigt tiltagende i Februar og Marts. Efter Jagttidens Ophør, 1. April, saas kun faa. Ved Ivigtut blev ialt skudt:

| | | |
|---|---|---|
| Fra | 1. September — 1. November . . . | 695. |
| — | 1. November — 1. December . . . | 182. |
| — | 1. December — 1. Januar . . . . . | 124. |
| — | 1. Januar — 1. Februar . . . . . | 402. |
| — | 1. Februar — 1. Marts . . . . . . | 637. |
| — | 1. Marts — 1. April . . . . . . . . | 796. |
| | Ialt . . . | 2836. |

Næsten lige saa stort et Antal bragtes i samme Tid til Ivigtut af Grønlænderne fra Arsuk.

De anførte Tal af skudte Ryper give selvfølgeligt ikke nøjagtigt Forholdet i de levende Rypers Antal, da Jagtudbyttet var underkastet mange forskjellige Indflydelser; bl. A. var Vejret i en Del af November og i hele December meget ugunstigt for Jagt, og navnlig vare Søndagene, som en stor Del af Arbejderne benyttede til Jagt, meget regnfulde; men jeg tror dog, at man af de opgivne Tal faar ret gode Oplysninger om de virkelige Forhold.

I Almindelighed vare Ryperne i Smaaflokke paa indtil 10; det største Antal, jeg har set i en Flok, er henved 20. K. saa 21. December 1889 paa Fjeldene tæt Øst for Arsuk en Flok paa henimod 100, af hvilke 47 bleve skudte af 4 Jægere i Løbet af et Par Timer.

I Efteraaret traf man oftest Ryperne paa Toppen af Fjeldene; i den strænge Vintertid, i Februar og Marts, mere paa lavere Skraaninger, ofte helt nede ved Stranden, dog ofte ogsaa højt tilvejrs. Nogen bestemt Sammenhæng mellem de meteorologiske Forhold, Snefald o. s. v., og Rypernes Ophold højt oppe eller langt nede har jeg ikke kunnet spore. Dog har jeg 21. og 22. Marts 1891, da et meget stort Antal blev truffet usædvanlig langt nede, noteret, at Grunden hertil vistnok var, at den lave Vegetation oppe paa Toppene var dækket af et tykt haardt Islag, sammenfrosset Tøsne. At de, som Holbøll angiver, om Eftermiddagen skulde trække nedad mod Stranden, om Aftenen tilbage, har jeg aldrig iagttaget. I selve de lave kratbevoxede Dale fandtes de kun sjælдent om Vinteren.

6. Februar 1891 undersøgte jeg Indholdet af Kroen paa en, jeg havde skudt Dagen før, og fandt følgende: Frugter, Knopper og de yderste Stængelstykker af Dværgbirk *(Betula glandulosa)*, Knopper og de yderste Stængelstykker af Graapil *(Salix glauca)* og de yderste Stængelstykker af Rævlingbærplanten *(Empetrum nigrum)*.

Størrelsen af Ryperne ogsaa indenfor samme Kjøn varierer meget. I Februar vejede jeg 14, skudte paa en Dag; den højeste Vægt var 550 Gram, den laveste 370 Gram. Gjennemsnitsvægten var 475 Gram.

Angaaende Rypens Tillidsfuldhed overfor Mennesket kan jeg kun bekræfte, hvad andre have iagttaget. Det er saaledes hændet mig, at jeg har staaet paa et Sted og skudt 4 ned efter hinanden, uden at de flyttede sig.

Natten mellem 13. og 14. Juni lettede K. en Fugl fra Reden paa et Fjeld nærved Arsuk. Reden indeholdt omtrent 9 Æg. 13. Juli 1890 traf jeg i selve Ivigtutdalen en Hun med 6—7 Unger af Størrelse som en Stær; de brugte Vingerne flittigt og fløj flere hundrede Alen. En Del af Ungerne vare i Begyndelsen af September ikke helt udvoxne; endnu saa sent som 18. September saas et saadant Kuld.

4. Juni 1890 og 18. Maj 1891 saas et Par sammen, af hvilke Hannen var i fuldstændig Vinterdragt, Hunnen i fuldstændig Sommerdragt; dog sad paa Hovedet af den Han, som blev set og skudt sidstnævnte Datum, brune Fjer under de hvide. 2. Juni 1891 saas en Han i fuldstændig Vinterdragt. Alle de Fugle, der bleve skudte i Begyndelsen af September, vare stærkt i Færd med at fælde; 11. September saas nogle næsten helt hvide; fra Midten af Oktober vare de alle i fuldstændig Vinterdragt.

### *Haliaëtus albicilla* L.
Hvidhalet Havørn.

Den saas hyppigt ved og omkring Ivigtut hele Aaret rundt, sjældnest i Juli—September incl. Jeg har ikke selv set dens Rede; men det blev mig fortalt, at den i tidligere Aar var fundet flere Steder i Nærheden.

Ved Arsuk saas den ret hyppigt i Løbet af Vinteren enkeltvis, dog i langt mindre Antal end ved Ivigtut. I Sommermaanederne Juni—August saas den ikke ved Arsuk, i hvis umiddelbare Nærhed den ikke ynglede. (K.)

I Februar og Marts 1891, da Fjorden var tillagt, og det aabne Vand over en Mil borte, saas den dog flere Gange over Ivigtut. Hyppigst saas den med Nordenvind; den trak da i smaa Selskaber paa 2—5 langs Kysten, oftest om Morgenen og Formiddagen og hyppigst fra Øst til Vest. Jeg antager, at den afsøgte Kysten for at finde de Aadsler etc., som Søen drev op (Nordenvind er Paalandsvind ved Ivigtut).

Dens Evne til at fange levende uskadte Fugle har jeg kun haft ringe Lejlighed til at bedømme. Den jagede undertiden mine Duer, som aldeles ikke syntes at frygte den, og af hvilke den heller aldrig fangede nogen. 1. Oktober 1890 jagede en paa Fjorden en anskudt ung tretaaet Maage, som kun kunde flyve kortere Strækninger ad Gangen, men dog vidste at tumle sig saa behændigt, at Ørnen trods længere Tids Jagt ikke kunde faa fat i den. Senere slog den ned efter en anden anskudt Maage, som laa i Vandet nærved en Baad. En Gang til har jeg set den slaa ned paa en anskudt Maage og en Gang hørt om et lignende Tilfælde. Mærkeligt var det at se, at den (ligesom jeg har set ved Jagtfalken) ikke strax greb de modstandsløse Fugle, men først et Par Gange fløj nær hen imod dem, derpaa svingede af og først tredie eller fjerde Gang greb Fuglen. 8. November 1890 blev der bragt mig 2 unge Fugle, skudte i Ivigtut samme Dag. De havde begge siddet paa Taget af mit og et nærliggende Hus, hvilket blev fortalt mig ogsaa var set andre Gange. De lokkedes rimeligvis dertil af de døde Fugle og Fisk, der vare kastede til to Ræve og to Svartbag-Maager, som gik i aabne Indhegninger tæt ved mit Hus; muligvis fristedes de ogsaa af Maagerne. En saa jeg skudt i April 1890, en i Februar 1891, desuden en, der blev funden død nærved Ivigtut i Marts 1891. Af Grønlænderne blev den jævnligt bragt skudt.

### *Falco gyrfalco* L.

Jagtfalk.

Den saas hyppig ved Arsuk om Vinteren, 1—2 ad Gangen, i første Halvdel af Oktober 1890 næsten daglig forfølgende Duerne. I den strænge Del af Vinteren (November—Marts incl.) saas flest hvide. I Juni—Juli saas ingen. Den ynglede næppe i Arsuk's umiddelbare Nærhed. (K.)

Ved Ivigtut saas den hyppigt Efteraar og Vinter. Jeg ved ikke, om den ynglede i Nærheden; dog skal jeg anføre, at 24. Juli 1890 saas et Individ af mørk Farve her i Byen; den sad først paa Toppen af en Skibsmast og jagede senere Duerne. Derefter saas ingen før 29. September 1890, da der blev skudt et meget mørkt Individ, medens det ivrigt forfulgte Duerne. I Oktober og November saas enkelte, og adskillige skudte bleve bragte af Grønlænderne. Fra Midten af December 1890 til Midten af Januar 1891 saas den temmelig hyppigt, og jagede da ofte Duerne. Senere saas enkelte, men aldrig nogen jagende Duerne, formodentlig fordi Fjeldene paa denne Tid vare fyldte med Ryper. Jeg mistede aldrig en Due ved Falkens Forfølgelse, dog vare de i høj Grad forskrækkede, naar de vare blevne jagede. En Gang hændte det mig selv, og en Gang en af mine Kammerater, at en Falk slog ned efter en Rype, som lige var skudt, og en Gang lokkede jeg en Falk paa Skudvidde ved at kaste en Rype op i Luften. Den synes altsaa ikke at forsmaa døde Fugle og langtfra udelukkende at fange sit Bytte flyvende.

Hvad Dragten angaar, saas de i alle Nuancer fra hvide med en Del brunlige Pletter til helt brune. Ved Sammenstilling af en Række Skind, af hvilke jeg præparerede c. 12, saa man alle Overgange, saa at der var nogle, som det var umuligt at henføre under Betegnelsen hvid eller graa, men maatte siges at staa midt imellem begge; det samme gjaldt ogsaa de levende Fugle. To Skind, der vare fuldstændig ens, fandtes ikke. Størrelsen af Fuglene varierede ret betydeligt, men snart vare de graa størst, snart de hvide.

Ialt saas 15 Gange en graa, 8 Gange en hvid Falk, 3 Gange en af ubestemt Farve. I de strænge Vintermaaneder saas vel nok de hvide i langt overvejende Antal, men paa den anden Side blev i September bragt mig flere skudte hvide end graa. Enkelte Gange saas en hvid og en graa sammen.

### *Falco peregrinus* Tunst.

Vandrefalk.

4. September 1890 fløj 2 sammen paa den nordlige Side af Fjorden omtrent en Mil fra Ivigtut; 5. Oktober forfulgte en ivrigt mine Duer. Den lagde herved en utrolig Hurtighed for Dagen, var langt hurtigere i Flugt og Vendinger end Jagtfalken. Ellers har jeg aldrig set den og K. ikke heller.

### *Nyctea nivea* Thunb.

Sneugle.

I Løbet af Vinteren blev det nogle Gange fortalt mig af Arbejderne, at den var set paa Fjeldene omkring Ivigtut. Selv mener jeg at have set den en Gang, en maaneklar Aften i December 1890, siddende paa Taget af et Hus i Ivigtut, hvorfra den hastigt fløj, da jeg nærmede mig.

### *Corvus corax* L.

Ravn.

Den ynglede omkring ved Ivigtut og saas næsten daglig saavel Sommer som Vinter ved Stranden og paa Fjeldene. Om Efteraaret var den hyppigst, ofte da ved Stranden i Smaaflokke.

Ved Arsuk var den almindelig hele Aaret rundt og ynglede paa en meget brat Fjeldskrænt tæt ved Udstedet. (K.)

Ligesom Ørnene kom den mest med nordlig Vind. Medens Fjorden var tillagt, var den vel noget sjældnere end ellers ved Ivigtut, men dog ret almindelig.

Den jagede undertiden Duerne, men fik aldrig nogen. Døde Fugle, der laa paa Isen eller paa Fjeldene, bleve hurtigt fortærede af Ravnene; undertiden fangedes de i Rævefælder, hvor de havde søgt at faa fat i Lokkemaden. For en stor Del søgte de Føde ved Stranden bestaaende af Muslinger, Fisk o. s. v.

De gamle Fugle vare altid meget sky, derimod kunde man temmelig let komme de unge paa Skud.

Man saa dem ofte sammen med Ørnene, dels kredse omkring dem i Flugten, dels sværme om dem, naar de sad.

Den grønlandske Ravns Skrig saavelsom dens Udseende under Flugten er i ret betydelig Grad forskjellig fra den danske Ravns.

### *Acanthis canescens* Gould.

K. skjød en i Narssalik 21. September 1889. Der saas ikke flere. 6. Oktober 1890 traf jeg 4 i et Pilekrat tæt ved Ivigtut. De vare mig strax paafaldende ved deres hvide Farve; de holdt sig sammen, adskilte fra de talrige *Acanthis linaria*, der fandtes i Nærheden. 2 bleve skudte, begge med rød Pande, men uden rødt paa Overgumpen.

### *Acanthis linaria* L.

Sidserønnike.

Den ynglede almindelig ved Ivigtut, var Trækfugl.

Ved Arsuk var den almindelig hele Sommeren og ynglede. (K.)

4. Juni 1890 saas den første Gang ved Arsuk. (K.) Fra 29. Maj 1890, da den saas første Gang ved Ivigtut, fandtes den hyppigt overalt dels i Dalene, dels opad Fjeldskraaningerne, saa langt de vare kratbevoxede, altsaa kun 3—400′ op. I Pilekrattet omkring Byen vare de almindelige, derimod fandtes de ikke i selve Byen før fra Midten af Juli, da man traf dem her i Smaaselskaber med Unger; de vedbleve nu at opholde sig her flokkevis hele August og September og fandtes overalt dels siddende paa Jorden skjulte af Græsset, dels paa Huse eller Stakit. Ved Pakhusene opholdt sig i lang Tid en Flok paa 50. De vare tillige almindelige flokkevis i Omegnen; 6. Oktober vare de endnu talrige omkring Byen; 8. Oktober saas den sidste. K. saa den i 1889 sidste Gang ved Arsuk 13. Oktober (en lille Flok).

I 1891 viste den sig første Gang 18. April, idet jeg da om Formiddagen traf 2 paa en Maskdynge udenfor Bryggeriet sammen med en Mængde Snevorlinger, og om Eftermiddagen 2 til udenfor mit Hus. 21. April saas efter et hæftigt Snefald omtrent 20 i Byen. I den første Uge af Maj vare de blevne almindelige enkeltvis og i Smaaflokke i Byen, i Krattet og paa Fjeldene. I hele Maj Maaned fandtes de rundtom, ogsaa i Arsuk saas de i Midten af Maaneden, dog kun i ringe Antal.

3. Juni 1890 saas de parvis i Krattet ved Ivigtut; 4. Juni fløj 2 ud af en Busk tæt ved mig og vedbleve at flyve ængstelig omkring mig; jeg kunde ingen Rede finde; 8. Juni fandt K. ved Ivigtut en Rede med 3 Æg; 10. Juni var der 5 Æg i den, 22. Juni Unger; 21. Juni saa K. i Arsuk en Rede med 5 Æg. 5. Juli saas første Gang udfløjne Unger; i den følgende Tid fandtes de i stort Antal. Angaaende deres Yglesteder mener jeg at have iagttaget, at de yngle i spredt Krat lidt opad Fjeldskraaningerne, derimod ikke i Pilekrattet i Bunden af Dalene.

Nogen egentlig Sang synes jeg ikke godt, der kan være Tale om hos denne Fugl. Dens Lyd formes aldrig til en Strofe, efter hvad jeg har hørt, endnu mindre til et sammenhængende Foredrag. Naar den sidder ned lader den høre, dels en langtrukken Lyd „pūi", der minder en Del om Blodstjærtens Stemme, dels en Række Lyd, der meget ligner Gulspurvens Sang indtil den lange Slutningstone. I Flugten udstøder den en Lyd, der vanskelig lader sig gjengive med Ord, men meget ligner den Lyd, den lille Korsnæb frembringer i Flugten, kommer omtrent i samme Tempo og har samme Klang.

Hvad Dragten angaar, falde mine Iagttagelser væsentlig sammen med Hagerups i „Birds of Greenland" og staa følgelig i skarp Modstrid med Holbølls, der for det første øjensynlig mener, at alle Hanner have rødt Bryst, for det andet at de tabe dette i Yngletiden, og for det tredie, at de atter faa det om Efteraaret. Efter mine Erfaringer har et forholdsvis ringe Antal af alle Fuglene rødt Bryst; de, der have det, beholde det i alle Tilfælde Juni Maaned over; om Efteraaret træffes ingen Fugle med rødt Bryst. Alle de Fugle, jeg saa og skød om Efteraaret, havde smuk rød Pande, om end af mindre stærk Farve end om Foraaret.

21. April 1891 saas nogle, der øjensynligt vare i Overgangsdragt, idet den røde Farve paa Brystet var begyndt, men endnu ikke saa udviklet, som man træffer det om Sommeren.

Naar Holbøll skriver, at den „i Juni ved sin Redeplads . . . . . . . er meget sky", strider det fuldstændigt mod mine Iagttagelser; den er i denne Tid ligesaa tillidsfuld som ellers.

## *Plectrophanes nivalis* L.

Sneverling.

Den ynglede almindelig overalt omkring Ivigtut, trak bort om Vinteren.

Var almindelig hele Sommeren ved Arsuk, hvor den ynglede. I 1890 saas den første Gang her 5. April (en enkelt), derpaa ingen før 12. April (en Flok paa c. 12), derefter saas den daglig. Hørtes første Gang synge i Arsuk 17. April. (K.)

Ved min Ankomst til Ivigtut 22. April 1890 vare de almindelige og saas senere hele Maj Maaned overalt i Ivigtut og Omegn saavel i Dalene som paa Toppen af Fjeldene; i de første Dage af Juni under en stærk Varme forsvandt de næsten alle fra selve Ivigtut By, men fandtes i stort Antal i Omegnen i hele Juni og Juli. Fra Midten af August til lidt hen i Oktober viste de sig atter flokkevis i Byen og nærmeste Omegn. Flokkene, der vare paa indtil 50, bestod af unge og gamle Fugle. Fra Midten af Oktober saas de kun enkeltvis rundtom. 1. November fandtes endnu 2 omtrent 1000' tilvejrs og 18. og 19. November ligeledes 2.

I Arsuk saas i 1889 de sidste 6. og 7. November, henholdsvis 2 og 1. (K.)

I 1891 viste den første sig i Ivigtut 1. April. 6. og 7. April var der atter nogle Individer, 8. April saas paa Nordsiden af Fjorden Smaaflokke paa indtil 10 Individer. 10. April havde det om Natten snet stærkt, der var faldet over 2' Sne, og det var temmelig koldt. Om Morgenen kom en Del Flokke trækkende fra Øst over Byen. Omkring Arbejdernes Huse og paa en Mødding sad de i tætte Flokke, ofte over 100 paa en Gang. I Resten af April saas de i Mængde i og omkring Ivigtut; navnlig saa snart der var faldet meget Sne, kom de i store Flokke ned til Byen og søgte Føde omkring Husene; det samme gjentog sig ved nogle store Snefald i Maj, saavel i Ivigtut som i Arsuk. Iøvrigt saas de almindeligt i Maj saavel i Dalene som paa Fjeldene.

Indtil 17. April saas udelukkende Hanner, den Dag en enkelt Hun; 21. April saas mange Hunner; men Hannerne vare dog stadig i Overtal.

I første Halvdel af Juni 1890 traf man oftest Fuglene parvis, dog saas endnu 6. Juni en Flok paa 20, Hanner og Hunner sammen. 16. Juni fandtes et Par Hundrede Fod tilfjelds i en Klipperevne en Rede med 2 Æg. Da jeg nærmede mig Reden, blev Hannen ved at flyve ængsteligt pibende omkring mig, indtil Hunnen kom ud fra Reden, hvorpaa begge tilsyneladende ubekymrede fløj bort. 21. Juni var der 6 Æg i Reden, 1. Juli smaa sorte Unger. 21. Juni fandtes i en Stenruse c. 400' oppe en Rede med nylig udrugede Unger, 27. Juni i selve Dalen mellem nogle Sten en Rede med 3—4 Æg, 1. Juli var der Unger heri og endnu et Æg med levende Unge og 12. Juli en flyvefærdig, dog ikke helt udvoxen Unge. K. saa 24. Juni en Rede med 5 Æg, 30. Juni 2 Reder, hver med 6 Æg, alle i eller tæt ved Arsuk. 1. Juli traf jeg første Gang udfløjne Unger (2), i Midten af Juli var der allevegne talrige Unger, som baade Han og Hun fodrede flittigt.

I den første Uge af Maj 1890 sang de flittigt i og rundtom Ivigtut. De sang udelukkende paa ophøjede Steder, en Varde, Klippeblok eller lignende, ogsaa jævnlig hævende sig i Luften, paa hvilken Maade ogsaa de tre andre almindelige Sangfugle i Grønland ofte synge. I den første Del af Maj var Sangen endnu ikke fuldt udviklet hos dem alle, bestod oftest af en temmelig kort Strofe. Fra 9. Maj sang de temmelig sammenhængende og længe ad Gangen hele Dagen igjennem til Kl. 9 om Aftenen. 14. Juni har jeg sidste Gang noteret at have hørt den. I 1891 sang de første Gang 7. April og senere flittigt trods Blæst og Kulde. 17. April var Sangen endnu ikke fuldt udviklet. Sangen lignede i Almindelighed den brogede Fluesnappers, dog kunde den være en Del forskjellig; saaledes hørte jeg flere Gange i Midten af Maj 1891 nogle, hvis Sang mindede ikke lidt om Bogfinkens.

Hvad Fjerskiftet angaar, saa vare i den første Uge af Maj 1890 endnu enkelte i Overgangsdragt, fra 9. Maj alle i Sommerdragt. I Midten af August vare saavel de gamle som de unge i Færd med at fælde og antage en mere brunlig Farve. 6. September vare de for Størstedelen i deres Vinterdragt, i sidste Halvdel af Maaneden vare de alle i Vinterdragt.

I 1891 vare alle i Overgangsdragt 10. April, ikke en eneste i fuldstændig Sommerdragt, de fleste dog nærmere ved Sommer- end Vinterdragten; indenfor Overgangsdragten fandtes alle mulige

Afskygninger fra nogle næsten helt sorte og hvide til andre med temmelig brunt Udseende, især paa Hoved og Bryst. 15. April kunde spores en betydelig Forandring i Dragten; de vare blevne mere sommerfarvede; kun en ganske enkelt havde den brune Ring paa Brystet. 21. April varierede Dragten saa meget, at næppe 2 Individer saa ens ud. Der var helt udfarvede Hanner, som intet brunt havde paa sig mere, og som næsten vare sorte paa Ryggen, saa at altsaa de hvide Spidser, der oprindeligt kantede Rygfjerene, allerede vare forsvundne. Herfra fandtes næsten alle Overgange lige ned til en ganske enkelt, der endnu næsten var i fuld Vinterdragt; Hunnerne syntes at være mindre vidt fremskredne; der var vist næppe nogen af dem i fuldstændig Sommerdragt; 4.—8. Maj vare alle Fuglene væsentlig i Sommerdragt, kun enkelte i Overgangsdragt.

### *Plectrophanes lapponica* L.

Laplandsverling.

Den ynglede ret almindeligt i alle Dalene omkring Ivigtut; var Trækfugl.

I Arsuk saas 4. Maj 1890, 2 sammen, 9. Maj atter 2 og 13. Maj 8. Iøvrigt saas den aldrig der og syntes ikke at yngle i Nærheden. (K.) Ved Ivigtut saas den første Gang 12. Maj, en Han i Sommerdragt. 2. Juni vare saavel Hanner som Hunner almindelige i Pilekrattet i Dalen ved Ivigtut. I August begyndte Antallet at aftage, i September saas kun enkelte, den sidste 14. September.

I 1891 viste den sig i Ivigtut 12. Maj efter en stærk Snestorm i et Antal af 10, alle Hanner. 14. og 15. Maj var der mange i Arsuk, ligeledes under Storm og Regnvejr; et Sted sad 13 sammen; alle de der saas, vare Hanner paa en nær. Da det et Par Dage efter blev smukt Vejr, forsvandt de fuldstændigt fra Arsuk.

Den opholdt sig og ynglede i de flade Dale ved Fjordene, gik kun meget lidt tilfjelds; den foretrak sur sumpet Mosebund med Tuer og lidt Buske; aabne Pletter i de store Pilekrat tiltalte den øjensynligt meget. I Almindelighed var den de øvrige Smaafugle underlegen i Antal. I størst Mængde fandtes den paa et Fladland ved Kornokfjorden, et Par Mil Syd for Arsukfjorden. Her vare golde, smuldrede Klipper, hist og her bevoxede med lidt Pilekrat, ellers med Blaabær og Rævlinger; talrige Smaasøer laa spredte omkring. Den saas her overalt navnlig siddende paa store Klippeblokke. Paa et lille Stykke saas 10—12 Hanner 29. Juni 1890. 26. Juli fandtes ingen mere paa dette Sted.

20. Juni 1890 fandt jeg en Rede med 6 Æg, 13. Juli atter en med 6 kun lidt rugede Æg, rimeligvis af et Par, hvis første Kuld var ødelagt. Holbøll skriver, at den lægger 5 Æg, medens Hagerup endog har fundet en Rede med 7 Æg.

27. Juni saas saavel Han som Hun med Føde i Næbbet (Sommerfuglelarver), saa de havde da antagelig Unger; det samme saas 29. Juni. De fløj ikke til Reden med Føde, saalænge man saa paa dem. Reden var meget vanskelig at finde; nærmede man sig den, sad Hannen noget borte og signaliserede øjensynligt til Hunnen med en smuk dyb Fløjtetone. 12. Juli saas første Gang en udfløjen Unge; fra 14. Juli vare Ungerne almindelige.

I 1890 sang den flittigt 2. Juni; sidste Gang hørtes den synge 9. Juli. I 1891 sang nogle 12. Maj, men Sangen var endnu ikke meget udviklet; atter 14.—15. Maj hørtes nogle.

Ved Ankomsten saavel i 1890 som i 1891 vare de i saa godt som fuldstændig Sommerdragt; dog skjød jeg 2. Juni 1890 en Han, der endnu havde hvide Fjerkanter paa den sorte Strubeplet, og en Hun, der næsten helt var i Vinterdragt.

Arbejderne i Ivigtut kaldte Fuglen „Stenlærke", hvilket er et meget betegnende Navn, da Hannerne meget ofte sad oppe paa Stenblokke, og den i hele sin Adfærd minder ikke lidt om den almindelige Lærke.

### *Anthus ludovicianus* Gmel.

Jeg har kun set 2 døde Fugle, som K. havde skudt ved Kysten nogle Mil Nord for Arsuk 20. og 21. September 1890.

Han angiver, at saavel dens Lyd som Maaden, hvorpaa den løber om i Græsset, samt dens Flugt i høj Grad minde om Engpiberens.

### *Saxicola oenanthe* L.

Graa Digesmutte.

Den var meget almindelig overalt ved Ivigtut, i selve Byen, i Dalene og oppe paa Fjeldene, ynglede overalt. Var Trækfugl.

Ved Arsuk, hvor den ynglede, var den almindelig hele Sommeren. I 1890 saas den første Gang her 3. Maj, derefter daglig. (K.) I Ivigtut saas den i 1890 første Gang 2. Maj (2 Hanner); siden hver Dag adskillige; fra 9. Maj ogsaa Hunner. Fra Midten af August til Midten af September, altsaa i Træktiden, var den overordentlig hyppig overalt paa Fjeldene, ikke i egentlige Flokke, men gjærne nogle Stykker i Nærheden af hverandre. I Slutningen af September var den begyndt at blive sjælden, 6. Oktober saas endnu en ved Ivigtut, 19. Oktober en i Bunden af Fjorden og endelig 1. November, da Landet var snedækket, en ved Ivigtut.

I 1891 viste 3—4 Individer sig ved Ivigtut 9. Maj; 12. Maj saas adskillige rundtom i Byen, 14. og 15. Maj vare de almindelige i Arsuk; indtil 21. Maj saas kun Hanner.

I 1890 saa man den ofte i Færd med at parre sig fra 13. Maj. Fra Begyndelsen af Juni saas Hunnerne sjældent; 2. Juni saa jeg lidt udenfor Byen en Hun te sig ængsteligt og vedblive at flyve om et bestemt Sted; jeg kunde da ingen Rede finde, men fandt den senere. 17. og 18. Juni fandtes 2 Reder i Kampestensmure i Bygningerne; i den sidste var der lige udrugede Unger. 28. Juni blev der vist mig en Rede i en lodret Klipperevne med fjerklædte, næsten udvoxne Unger. 1. Juli vare Ungerne i en af de andre Reder udfløjne. 5. Juli saas adskillige udfløjne Unger. K. saa i Arsuk 24. Juni 2 Reder med 5—6 Unger i hver.

De hørtes synge i 1890 straks ved Ankomsten 2. Maj, i 1891 først 12. Maj. 10. Juni 1890 har jeg sidste Gang noteret at have hørt en synge. De sang flittigt enten siddende paa et ophøjet Sted, et Gjærde, et Hustag eller lignende eller ogsaa, idet de omtrent som Træpiberen fløj lodret i Vejret og derpaa dalede syngende. Idet de saaledes saug, spredte de deres Hale vifteformet ud, saa at de smukke hvide Halefjer kom til Syne. De saug til sent om Aftenen, ofte midt om Natten.

Ved Ankomsten saavel i 1890 som i 1891 vare de endnu ikke i fuld Sommerdragt; men dog nær derved. 24. August 1890 vare saavel de unge som de gamle Fugle i deres ensfarvede Vinterdragt.

---

ts. ornith. Iagtt. (1893) Arsukfjorden, Sydgrönland.

Vid. Medd. nat. Foren. Kbh. 1894, pp. 213–236.]

[illegible] fra F[illegible]

(Særtryk af Vidensk. Medd. fra den naturh. Foren. i Kjøbenhavn. 1894.)

# Fortsatte ornithologiske Iagttagelser (1893) fra Arsukfjorden, Sydgrønland.

Af

*O. Helms.*

Under et halvt Aars Ophold som Læge ved Udstedet Arsuk i Sydgrønland i Sommeren 1893 havde jeg atter Lejlighed til daglige Iagttagelser af Fuglelivet; disse danne en ligefrem Fortsættelse af mine Iagttagelser fra 1890—91, ere foretagne i den samme Egn af Grønland, men væsentligst ved Kysten, medens de tidligere mest bleve gjorte inde i Fjorden. Hvad der er set paa Rejser langs Kysten, er taget med, ligesom enkelte Iagttagelser af andre, hvis Navne da findes vedføjede, ere medtagne[1]). 6 Arter ere føjede til de 44 tidligere iagttagne; de ere mærkede med *.

Arsuks Beliggenhed er omtalt i Iagttagelserne for 1890—91. Klimaet her er, saa vidt jeg kan skjønne, en Del barskere end inde i Fjorden ved Ivigtut, Vegetationen baade ringere og senere fremme. Den Forskjel, der viser sig paa Fuglelivet inde i Fjorden og ved Kysten, er omtalt ved de enkelte Arter.

Egnen ved Isa Havn., et af de Steder langs Kysten, som ofte nævnes i det følgende, ligger c. 2 Mil Nordvest for Arsuk, mod Nord og Vest begrændset af de store Øer Tornarsuk og Sermersok,

---

1) Hvor det angaar Fugle, skudte af andre, er intet Navn vedføjet, naar jeg selv har set Fuglen eller dens Skind.

mod Øst af Fastlandet. Her findes nogle større og mindre Øer, en Gruppe nær Landet, en anden (Nunangoit) længere ude i det aabne Hav. Omtrent 2 Mil nordligere ligger Udstedet Tigsaluk, fra Nordsiden i Læ af det langt ud i Havet ragende Forbjerg Kangek. Havnen Smallesund ligger c. 4 Mil Nordvest for Tigsaluk, bestaar af et smalt Stræde mellem Fastlandet og en Ø. Hele den omtalte Del af Kysten er meget fattig paa Øer; herfra nordefter findes langs Kysten et Belte af Øer. Paa en af dem ligger Udstedet Narssalik, lidt længere mod Nord Kolonien Frederikshaab, Bopladserne Storø og Avigejt, sidste (det nordligste af mig besøgte Sted) c. 20 Mil fra Arsuk paa 62° 12′ N.B.

Efter en mild Vinter var i 1893 fulgt et strengt Foraar med usædvanlig store Snemasser, der først sent smeltede. Hele Sommeren var Vejret ualmindelig smukt, varmt og tørt. Frosten begyndte at indtræde henimod Slutningen af September.

Mit Ophold i Grønland varede fra 24. April til 17. Oktober 1893.

### *Colymbus glacialis* L.

Islom.

Den ynglede sikkert i og omkring Arsukfjorden i ringe Antal. Kun to Gange i Løbet af Sommeren saas en gammel Fugl. En ung Islom blev i Efteraaret 1893 skudt af en Grønlænder i Nærheden af Arsuk.

### *Colymbus septentrionalis* L.

Nordisk Lom, Rødstrubet Lom.

Den ynglede almindelig paa Øerne langs Kysten.

30. April hørtes den første Gang ved Avigejt. Paa en Rejse fra Frederikshaab til Arsuk 12.—14. Maj saas den flokkevis i Mængde trækkende langs Kysten mod Nord. En Flok var paa 13, en anden paa 7 Individer, adskillige mindre. De fleste befandt sig øjensynlig paa Trækket, enkelte syntes at være komne til deres Bestemmelsessted. Hele Sommeren saas den jevnlig ved Arsuk og langs Kysten Nord derfor. I September saas ingen; den overvejende

Del var da vistnok trukken bort, dog bragtes endnu 9. Oktober en ung Fugl af en Grønlænder.

30. Juni modtog jeg Han og Hun, der angaves at være skudte bort fra en lille Unge paa en Ø nærved Arsuk. De maalte:

| | Vinge.[1] | Hale. | Tarse. |
|---|---|---|---|
| Han: | 300mm, | 52mm, | 74mm. |
| Hun: | 290mm, | 52mm, | 68mm. |

10. Juli fandtes paa en Ø ved Isa Havn en rugende Fugl ved Bredden af en lille Sø, der neppe var 120 Fod lang og halv saa bred. Reden, der laa lige ved Søbredden, bestod kun af en Fordybning i den fugtige Jord, hvorover var lagt en Kvist af *Empetrum nigrum*. Der var kun et Æg i Reden, men paa en Tue i Nærheden laa Skaller af et andet ved Siden af Ravneexkrementer. Fuglen blev i lang Tid liggende paa Ægget, skjøndt flere Mennesker iagttog den i neppe 20 Alens Afstand. Derpaa svømmede den ud i den lille Sø, og først efter et kort Ophold her bekvemmede den sig til at flyve bort. — 28. Juli bragtes 2 dunklædte Unger, tagne paa en Ø Nord for Arsuk. I Løbet af Sommeren modtog jeg ialt 8 Individer, deriblandt et, der i Bunden af Fjorden var fanget i et Fiskegarn, der havde staaet Natten over.

### *Fratercula arctica* L.

Søpapogøje.

En ung Fugl blev skudt ved Ivigtut i Vinteren 1891—92. (Læge Th. Krabbe).

### *Uria grylle* L.

Almindelig Tejste.

Den ynglede meget almindelig overalt langs Kysten.

23. og 27. Juni bragtes Æg af den. 1. Juli fandtes paa Øerne i Nærheden af Arsuk mange ynglende; Æggene vare kun lidet rugede; i et Kuld fandtes 3. 10. Juli blev den truffen yng-

[1]) Vingernes Maal er taget fra Spidsen af den længste Haandsvingfjer til Vingeleddet (*carpus*), Halens fra Spidsen af den længste Styrer til det Sted, hvor den fæster sig i Huden.

lende i Mængde i Egnen omkring Isa Havn, saavel paa Fastlandet som paa alle Øerne. I en Del af Rederne var der nu Unger, der forraadte sig ved deres Piben. 14. August saas første Gang udfløjne Unger, først i Slutningen af August i større Antal.

Ved min Ankomst til Grønland 24. April var en stor Del i Sommerdragt, en Del endnu i Vinter- og Overgangsdragt. Endnu indtil Slutningen af Maj vare adskillige i temmelig ren Vinterdragt. I Juni og Juli saas og bragtes nogle med en Del hvide Fjer mellem de sorte, utvivlsomt unge, endnu ikke yngledygtige Fugle. Ingen af dem havde nemlig Rugeplet, medens alle de Fugle, der bragtes med Rugeplet, ikke havde hvide Fjer. — Disse uparrede unge Fugle opholdt sig sammen med de parrede ved disses Ynglepladser i Rugetiden, hvilket kan sluttes af, dels, at de saas der, og skudte Individer bragtes derfra, dels, at der i Yngletiden overhovedet ikke saas Tejster andetsteds, og endelig af, at der altid paa Vandet udfor Rederne laa mange Gange flere Tejster, end der kom ud fra Rederne, naar Fuglene opskræmmedes.

I September saas mærkelig nok næsten ingen (smlgn. Iagttagelserne fra 1890). Formodentlig flyve de gamle med Ungerne bort efter Yngletiden, maaske ud til de ydre Øer, og vende først tilbage i Oktober, naar de have fældet.

En fuldstændig hvid Tejste med ufarvet Iris og blegrøde Fødder blev 31. August skudt i Tigsaluk af en Grønlænder.

### *Uria arra* Pall.

Brünnichs Tejste.

Medens den aldeles ikke saas paa en Rejse langs Kysten i første Halvdel af Maj, ej heller ved Arsuk, fandtes den efter Grønlændernes Udsagn i de sidste Dage af Maj massevis mellem Storisen, der da nærmede sig Kysten. Af 6 Individer skudte derude vare de 3 i fuld Sommerdragt, de 3 endnu i Overgangsdragt. — Derpaa saas ingen før 17. Oktober, da der lige i Fjordens Munding og lidt udenfor svømmede adskillige enkelt- og parvis.

Grønlænderne angive, at den yngler paa Sydsiden af Øen Sermersok. Jeg har ikke selv kunnet overbevise mig derom, men hvis det forholder sig rigtigt, et det utvivlsomt Fuglens sydligste Redeplads i Grønland, over 30 Mil sydligere end Holbøll angiver.

### * *Alca torda* L.

Almindelig Alk.

Ved Arsuk fandtes den ikke i Løbet af Sommeren; derimod saas 13. Maj adskillige nær ved Tigsaluk. — Om Vinteren er den neppe synderlig sjelden ved Arsuk; 3 unge Fugle ere blevne skudte paa forskjellige Steder i Arsukfjorden i Vinteren 1893—94.

Efter Grønlændernes Udsagn ynglede den saavel paa det under *Uria arra* omtalte Sted, som paa Forbjerget Kangek (det nordligste) Nord for Tigsaluk[1]) ud mod det aabne Hav. I Slutningen af August saas Rederne tydelig paa Klippeafsatserne, men Ungerne vare allerede udrugede og alle Fuglene borte.

### *Arctica alle* L.

Søkonge.

En Søkonge i fuld Sommerdragt blev af en Grønlænder skudt 17. Juni udfor Arsuk i Nærheden af Storisen. Efter hans Udsagn var der kun en. Dens Forekomst om Sommeren i Sydgrønland maa vistnok betragtes som en Sjeldenhed, da dens Ynglepladser ligge meget nordligere.

### *Lestris parasitica* L.

Spidshalet Rovmaage.

Den ynglede neppe i Arsukfjorden. En Hun med mørk Bug blev skudt 5. August udfor Arsuk af en Grønlænder. Vinge $327^{mm}$, Hale $182^{mm}$, Tarse $44^{mm}$.

### *Pagophila eburnea* Gmel.

Ismaage.

Den saas aldrig ved Arsuk. Derimod modtog jeg et Skind af en gammel Fugl, skudt ved Narssalik i Vinteren 1892—93.

---

[1]) Det hos Hagerup «The Birds of Greenland» omtalte Fugletjeld ved Kangarsuk, hvor ogsaa *Uria arra* skulde yngle.

### *Rissa tridactyla* L.

Tretaaet Maage. Taterak.

Den ynglede i Mængde dels i Bunden af Arsukfjorden, dels i andre Fjorde langs Kysten Nord for Arsuk. Hele Foraaret og Sommeren saas den yderst almindelig til 11. Oktober, da den ret pludselig forsvandt, saa at kun enkelte saas i de paafølgende Dage. Saavel langs Kysten som ved Arsuk saa man dem jevnlig trække i hundrede- og tusindevis til og fra Ynglepladserne, Morgen og Aften, medens der i Yngletiden fandtes faa eller ingen midt paa Dagen ved Kysten. Aftentrækket varede ofte til Kl. 10. Fuglene tilbragte saa Natten til Søs, enten hvilende paa Vandet eller siddende tæt sammenpakkede paa Isstykker ofte sikkert indtil 10 Mil fra deres Ynglepladser. Af og til fiskede de undervejs. Vejen for Trækket syntes ikke hver Aften at være ganske den samme. Hvad man saaledes fandt trækkende, var saa godt som udelukkende gamle Fugle. — Da de unge Fugle vare udfløjne i Slutningen af August, saas de sammen med de gamle langs Kysten paa bestemte Steder mest udfor Fjordmundingerne. Ofte fandtes Fuglene i September og Oktober i uhyre Flokke og fulgte nu mest Sæler og Hvaler men havde intet regelmæssigt Træk; undertiden saas neppe en inde paa Fjorden, og i Løbet af et Par Timer trak saa Tusinder ind for ofte at forsvinde lige saa hurtig.

I Bunden af Arsukfjorden ynglede den som omtalt paa et Fjeld i Nærheden af Indlandsisen. Fjeldet er c. 1200 Fod højt, men kun den nederste Del, der er stejl, ja overhængende og neppe mere end c. 400 Fod høj, er beboet. 26. Juli fandtes her henimod 5000 Fugle; paa en eneste nær vare alle, der saas (Redeungerne fraregnede) helt udfarvede Individer. Rederne vare anbragte overalt paa smaa Afsatser, tæt ved hverandre fra kun lidt over Højvandsmærket opefter. De nederste Reder kunde umulig altid undgaa Sprøjt fra Søen. I alle Rederne laa halvvoxne Unger 1—2—3 i hver, hyppigst 2. Ikke helt nede ved Stranden men ellers overalt mellem Taterak'erne ynglede *Larus leucopterus (glaucus)*, enkeltvis allerede kun 50 Fod tilvejrs tiltagende i Antal opefter. Det var ikke, som det ellers beskrives ved Fuglefjeldene saaledes, at Taterak'erne ynglede nederst i et Lag, de større Maager derover i et andet Lag. Ved Foden af Fjeldet ynglede ingen Tejster.[1]) Opad Fjeldet imellem Rederne groede talrige Kvaner *(Archangelica officinalis)* og enkelte Røn *(Sorbus americanus)*.

Af yngre ikke udfarvede Fugle saas kun meget faa ved Arsuk og langs Kysten Foraaret og Sommeren igjennem.[2]) De maa væsentligst opholde sig helt ude i det aabne Hav; dog ses paa Rejserne over Atlanterhavet ogsaa forholdsvis faa yngre Fugle.

De yngre Fugle fælde vistnok hele Sommeren igjennem; idetmindste vare nogle, der bleve skudte i Sommermaanederne i Fældning. — De fleste af de gamle Fugle vare i Vinterdragt i Begyndelsen af September.

### *Larus glaucus* Brünn.

Graamaage.

### *Larus leucopterus* Faber.

Hvidvinget Maage.

Hvorvidt man for disse Fugles Vedkommende har at gjøre med kun en eller to Arter, tør jeg ikke afgjøre. Dog anser jeg de hidtil opstillede Artsmærker, der jo ogsaa variere meget hos de forskjellige Forfattere, for lidet tilfredsstillende og ikke tilstrækkelige til at drage en skarp Adskillelse mellem 2 Arter. Er det saaledes i hvert Tilfælde forbundet med stor Vanskelighed at adskille to Former, naar man har Fuglene i Haanden, er det efter min Mening fuldstændig umuligt at afgjøre, til hvilken Form et Individ hører, naar man ser det paa Afstand. Man ser nogle ikke synderlig større end *Larus canus* og nogle saa store som *Larus marinus*, men mellem disse findes talrige Overgange, og i Levevis,

[1]) Holbøll angiver, at der altid yngler Tejster ved Foden af Fuglefjeldene.

[2]) Paafaldende er det, at der ved Fuglefjeldet kun saas en ikke udfarvet Fugl, medens Collet («Fugleliv i det arktiske Norge») angiver, at ved et Fjeld i Norge, hvor der ynglede en Mængde af disse Fugle, saas 8—10 ikke udfarvede for hvert ynglende Par.

Yngleforhold, Skrig o. s. v. synes mig heller ikke at være nogen Forskjel; jeg anser det derfor for berettiget her at behandle begge Former under et[1]).

De vare meget almindelige omkring Arsuk og langs Kysten Nord derfor hele Sommeren. De ynglede saavel paa Fjelde som paa en Del af de mindre Øer, fra hvilke Æg bragtes 21. Maj. I større Antal ynglede de i Bunden af Arsukfjorden, dels sammen med Taterak'erne, dels paa et Fjeld for dem selv, begge Steder paa en stejl Fjeldvæg ud mod Vandet. Omtrent en Mil Nord for Arsuk ynglede c. 100 Par tæt ude ved det aabne Hav. Rederne fandtes paa en stejl Klippe c. 2000 Fod inde i Landet og vare anbragte mellem 500 og 700 Fod over Havfladen. Omkring alle Rederne var en overordentlig frodig Vegetation, navnlig af forskjellige Græsarter og *Sedum rhodeola.* Der syntes at være Unger i Rederne.

En udfløjen Unge saas 4. August, men først i Slutningen af Maaneden vare de almindelige.

Yngre ikke udfarvede Fugle bleve trufne i Fældning hele Sommeren igjennem.

Noget dagligt Træk for disse Maagers Vedkommende iagttoges ikke.

### *Larus marinus* L.

Svartbag.

Den var hele Sommeren almindelig omkring Arsuk og langs Kysten, langt hyppigere her end inde i Fjorden ved Ivigtut. Den ynglede almindelig paa Øerne udfor Kysten. 12.—14. Maj saas den i ret stort Antal mellem Frederikshaab og Arsuk, oftest parvis; den var neppe da endnu begyndt at lægge Æg. Grønlænderne fortalte, at den begynder Æglægningen 2. Maj, hvad dog vistnok er noget for tidlig regnet. I Davisstrædet 8 Mil fra Land saas en 24. April.

---

[1]) Den i mine tidligere »Ornithologiske Iagttagelser o. s. v.» gjorte Adskillelse beror paa, at de meget store, sete og skudte Individer betegnedes som *L. glaucus.*

### *Sterna macrura* Naum.

Kystterne.

Den ynglede ikke ved Arsuk eller den nærmeste Kyst Nord lerfor; der fandtes heller ikke her passende Ynglepladser for den. Mærkelig nok saas den heller aldrig ved Arsuk i Træktiderne. I Sundet Torsukatak c. 4 Mil Sydøst for Arsuk ynglede den derimod i Mængde efter Grønlændernes Udsagn. 4 gamle Fugle og 1 Æg bragtes derfra 4. August. 3 af Fuglene maalte:

| | Vinge. | Hale. | Tarse. |
|---|---|---|---|
| Hun: | 271mm, | 150mm, | 16mm. |
| Hun: | 274mm, | 192mm, | 16mm. |
| Han: | 274mm, | 171mm, | 13mm. |

I September modtog jeg en skudt Nord for Arsuk.

Paa Indlandsisen paa c. 61° N. B. 12—15 Mil fra det isfri Land skal der i Juni paa Premierløjtnant Gardes Expedition være set Terner, som fløj i sydvestlig Retning, rimeligvis trak over den her ikke synderlig brede Indlandsis.

### *Fulmarus glacialis* L.

Mallemuk.

Medens den aldrig saas ved Arsuk selv, var den almindelig ude i Davisstrædet. Et enkelt Individ saas 17. Oktober c. 1 Mil udenfor Fjordens Munding.

### * *Procellaria leucorrhoa* Vieill.

Leach's Stormsvale.

En Stormsvale, der Dagen iforvejen var funden drivende død i Stranden ved Arsuk, bragtes mig 13. Oktober. Grønlænderne havde ikke set den før.

### *Phalacrocorax carbo* L.

Almindelig Skarv.

Den fandtes ikke om Sommeren ved Arsuk. Derimod skal den om Vinteren navnlig i Februar og Marts være almindelig i

Arsuks Nærhed, undertiden i større Flokke. Visse stejle Klipper, der gaa lige ud til Vandet, tjene den til Natteopholdssted, og paa disse skydes den af Grønlænderne fra Kajaken. Adskillige Skarver, indtil en halv Snes, blive hver Vinter skudte i Arsuk. (Meddelt af Grønlænderne.)

### *Mergus serrator* L.

Toppet Skallesluger.

Ved Arsuk saas den kun enkelte Gange i Løbet af Sommeren og ynglede næppe i Nærheden. Paa en Rejse langs Kysten i første Halvdel af Maj saas den ikke ved eller Nord for Frederikshaab, derimod almindelig i mindre Flokke mellem Frederikshaab og Arsuk. Hen i Oktober begyndte den at vise sig flokkevis inde paa Fjorden ved Ivigtut.

### *Anas boscas* L.

Graaand.

Den var ret almindelig hele Foraaret og Sommeren ved Arsuk og langs Kysten, ynglede mange Steder. I Begyndelsen af August bragte Grønlænderne næsten udvoxne Unger. I September laa undertiden Smaaflokke i en lille Sø paa en Ø ved Arsuk. To Hunner, der bleve skudte her 28. September, maalte:

| Vinge. | Hale. | Tarse. |
|---|---|---|
| $275^{mm}$, | $82^{mm}$, | $47^{mm}$. |
| $283^{mm}$, | $82^{mm}$, | $47^{mm}$. |

### * *Anas crecca* L.

Krikand.

En Hun bragtes 13. Oktober af en Grønlænder. Den var skudt en af de nærmest foregaaende Dage i Nærheden af Isa Havn, og skal have været alene. Nogle af Grønlænderne havde set den før og kaldte den „Kertlutornak“ (en Slags Graaand).

### *Clangula islandica* Gmel.

Islandsk Hvinand.

En ung Han blev i Februar 1894 skudt i Arsukfjorden, og Skindet sendt til mig.

### *Clangula histrionica* L.

Strømand.

Ved Arsuk forekom den mindre hyppig, derimod syntes den at have et Yndlingsopholdssted lidt Nord for Arsuk i Egnen ved Isa Havn. Her blev den truffen gjentagne Gange i stor Mængde, i Maj Flokke af Hanner og Hunner sammen paa indtil 20 Individer, i Juli og August Flokke af Hanner, der samledes her, medens Hunnerne rimeligvis rugede i de indenfor liggende Fjorde, hvorfra jeg i Begyndelsen af September fik en Hun og en ung Fugl.

Besynderlig nok saas paa en Rejse i første Halvdel af Maj, der strakte sig c. 15 Mil Nord for Arsuk, ingen Strømænder før paa den omtalte Strækning, fra hvilket Sted ned til Arsuk de vare meget hyppige; det samme var Tilfældet paa en Rejse i August.

I August vare Hannerne i deres nanselige Sommerdragt og kunde paa denne Tid ikke flyve, da alle Svingfjerene vare faldne; 13. August blev ved Arsuk skudt en Han med helt faldne Svingfjer. 1. September saas ved Isa Havn en Del Flokke. Størstedelen af Fuglene lod sig ikke jage op, men søgte at undgaa Forfølgelse ved at svømme og dykke; en Flok blev dreven foran Baaden ind i en kun et Par Alen bred Indskjæring i Kysten. 2, der bleve skudte her, havde faaet alle deres Svingfjer, men vare iøvrigt i den nanselige Sommerdragt.

### *Harelda glacialis* L.

Havlit.

Den var almindelig ved Arsuk og langs Kysten Nord derfor i Slutningen af April og i Maj. Den fandtes i mindre Flokke paa indtil 50, i hvilke Hannerne vare mindst lige saa hyppige som Hunnerne, og holdt sig inde mellem Øerne, fandtes ikke i det aabne Hav. I Slutningen af Maj aftog Antallet hurtig, og fra de første Dage af Juni saas ingen flere. En Hun blev skudt ved Isa Havn 10. Juli, rimeligvis et forsinket Individ, da næppe nogen yngler saa langt mod Syd. — Indtil Midten af Oktober vare endnu ingen ankomne paa Efteraarstrækket.

### *Somateria mollissima* L.

Ederfugl.

Den ynglede paa Øerne ved Arsuk og langs Kysten, men ikke i større Mængde. I Maj Maaned var den ude ved Kysten talrig, dog kun i mindre Flokke. Flokkene bestod for den langt overvejende Del af Hunner og unge Hanner. Lidt hen i Juni forsvandt de fra Arsuks Nærhed. I Juni og Juli bragte Grønlænderne jevnlig Æg og Dun af den. 10. Juli fandtes paa et lille Skær udfor Isa Havn 7 Reder med 3—5 Æg i hver. Skæret var fuldstændig nøgent undtagen paa den lille Plet, som Rederne indtog; her var en sparsom Vegetation. — Indtil Midten af Oktober var den endnu ikke begyndt at vise sig paa Efteraarstrækket i større Antal.

### *Somateria spectabilis* L.

Pragt-Ederfugl.

Besynderlig nok saas den aldeles ikke langs Kysten i Slutningen af April og første Halvdel af Maj, ligesom den om Vinteren kun skulde være bleven set i ringe Antal ved Arsuk og Ivigtut. Grunden hertil kan muligvis søges i den usædvanlig milde Vinter, det havde været hele Landet over. I Slutningen af Maj og i Juni saas enkelte Gange nogle ved Arsuk, saaledes 13. Juni en Flok paa 33 unge Hanner. I Juli, August, September saas ingen, derimod viste sig i Begyndelsen af Oktober Flokke af unge Fugle udfor Arsuk. Grønlænderne angive, at denne Art altid kommer før om Efteraaret end den almindelige Ederfugl.

### * *Anser albifrons* Bechst.

Blisgaas.

Dens Forekomst i Arsukfjorden maa vistnok regnes til Sjeldenhederne. — En eller flere Flokke paa henimod 20 Individer skulde i Begyndelsen af Maj oftere være sete ved Ivigtut, og en var bleven skudt, efter Skindet at dømme en ung Han. Ved Arsuk vare de ogsaa sete, og en gammel Han skudt af en Grønlænder. 25. Maj saas 4 nær ved Arsuk paa en Landtunge, hvor der stod forladte grønlandske Huse, omkring hvilke fandtes en rig Græsvæxt. Jorden var her overalt selv oppe paa Husruinerne bedækket med Exkrementer og Grønsværet opplukket; Stedet gjorde Indtryk af at have været et Standkvarter for Gjæssene. Senere saas ingen.

### *Cygnus musicus* Bechst.

Sangsvane.

Andre Tilfælde af dens Forekomst ved Arsuk end det i Iagttagelser fra 1890 meddelte, har jeg ikke erfaret. En gammel Grønlænder fortalte, at han i sin Ungdom havde set en Svane, der var skudt et Par Mil Syd for Arsuk; han angav uopfordret, at den var helt hvid (den i 1890 ved Arsuk skudte var en yngre Fugl).

Kolonibestyrer A. Jørgensen i Frederikshaab har meddelt, at den hver Vinter ses af Grønlænderne ved Nanortalik (tæt ved Grønlands Sydspids), og at den jevnlig skydes der.

### *Phalaropus hyperboreus* L.

Odinshane.

Den ynglede neppe i Arsuks Nærhed og blev kun truffen paa Foraarstrækket. Ialt bragtes i Maj og Juni 4 Odinshøns, 2 Hunner og 2 Hanner. Hunnerne, der vare i fuldstændig Sommerdragt, bleve skudte 28. Maj og 7. Juni, medens Hannerne, der ikke vare fuldstændig udfarvede, først bleve skudte 13. og 24. Juni. — De anførte Kjendsgjerninger synes at tyde paa, at Overgangen til Sommerdragten sker før hos Hunnerne end hos Hannerne og tillige paa, at hine ankomme før disse, saa at ogsaa i disse Forhold Rollerne ere byttede om mellem Hanner og Hunner, ligesom med Rugningen. — Selvfølgelig ere de her meddelte Iagttagelser for faa, til at derpaa kan opstilles andet end Formodninger; men da det intetsteds er lykkedes mig at finde noget nævnt om de berørte Forhold, har jeg ment at burde henlede Opmærksomheden derpaa.

### *Ardea* sp.?
Hejre.

Læge J. Frisch har meddelt, at han i 1878 af Grønlænderne fik en Hejre, rimeligvis skudt i Nærheden af Arsuk; den skal fuldstændig have lignet en almindelig Hejre (*Ardea cinera*).

### * *Tringa canutus* L.
Islandsk Ryle.

Den var ukjendt for en Del af Grønlænderne, saa den maa forekomme sjeldent ved Arsuk. To Individer bragtes af en Grønlænder 17. August; de vare skudte paa en af Øerne udfor Arsuk. 29. August modtog jeg en skudt i Smallesund og skjød samme Dag en der. Alle de skudte vare unge Fugle; de bleve trufne enkeltvis; Flokke saas ikke.

### *Tringa maritima* Brünn.
Sortgraa Ryle.

Den ynglede paa Øerne ved Arsuk, men ikke i stort Antal. I Sommermaanederne saas den kun sparsomt ved Arsuk og langs Kysten. Fra Midten af September begyndte den at blive hyppigere ved Arsuk. — Flyvefærdige, dog ikke helt udvoxne Unger, saas 14. Juli nærved Arsuk.

### *Ægialitis hiaticula* L.
Stor Strandpiber, Præstekrave.

Medens den aldrig blev truffen inde i Fjorden under mit Ophold i Ivigtut i 1890—91, var der i Arsuk og paa Rejser langs Kysten rig Lejlighed til at iagttage den.

Den ynglede ikke i Arsuks umiddelbare Nærhed, men vel nok af og til paa Øerne langs Kysten. Saaledes blev 10. Juli Han og Hun skudte sammen paa en af Øerne ved Isa Havn. Hunnen havde Rugeplet; det lykkedes ikke at finde Reden. Senere saas den jevnlig, og af Grønlænderne blev bragt adskillige fra forskjellige Steder. I størst Antal fandtes den ved Smallesund; her var paa en Ø en lang, smal Bugt med leret Bund, af hvilken en Del faldt tør med Lavvande. I Slutningen af August færdedes her en Del i Smaaflokke paa indtil 5, saavel Unge som Gamle, medens den iøvrigt jevnlig saas og hørtes omkring ved Stranden. Ved en Fjord Syd for Arsuk, af lignende Beskaffenhed som den omtalte Bugt, var den efter Grønlændernes Udsagn almindelig, og flere bragtes derfra. — Alle de, der saas, lignede i Stemme og Adfærd fuldstændig vor almindelige danske Art. Blandt de 12 skudte Præstekraver, som bleve undersøgte, var ingen af Arten *Æ. semipalmata*. 5 gamle Fugle maalte:

| | | Vinge. | Hale. | Tarse. |
|---|---|---|---|---|
| $^{11}/_{7}$ | Han: | $129^{mm}$, | $57^{mm}$, | $25^{mm}$. |
| $^{11}/_{7}$ | Hun: | $131^{mm}$, | $59^{mm}$, | $26^{mm}$. |
| $^{29}/_{7}$ | Hun: | $131^{mm}$, | $55^{mm}$, | $25^{mm}$. |
| $^{29}/_{7}$ | Han: | $129^{mm}$, | $57^{mm}$, | $24^{mm}$. |
| $^{29}/_{7}$ | Hun: | $133^{mm}$, | $57^{mm}$, | $24^{mm}$. |

### * ***Strepsilas interpres*** L.

Stenvender.

Den ynglede ikke ved Arsuk og blev kun truffen paa Efteraarstrækket i ringe Antal. Fra 11. August til 3. September saas 2, og 3 bragtes af Grønlænderne; alle bleve trufne umiddelbart ved Kysten. To skudte samme Dag ud af en lille Flok paa 4 maalte:

| Vinge. | Hale. | Tarse. |
|---|---|---|
| $159^{mm}$, | $61^{mm}$, | $26^{mm}$. |
| $157^{mm}$, | $61^{mm}$, | $26^{mm}$. |

### ***Lagopus mutus*** Mont.

Fjeldrype.

Den fandtes almindelig ynglende ved Arsuk og langs Kysten. — To Æg kun lidet rugede bleve bragte 13. Juni. Unger af en Lærkes Størrelse, som fløj godt, saas 16. Juli, omtrent halvvoxne Unger saas 3. August, fuldt udvoxne i Færd med at gaa over til Vinterdragt 23. August. Endnu 8. Oktober saas et ikke helt udvoxet Kuld.

3 Hanner og 4 Hunner skudte 30. April og 6. Maj vare alle i Vinterdragt. Hos en Hun skudt 10. Maj vare de brune Fjer begyndte at komme frem paa Hovedet; 10. Juli saas en Hun i fuld Sommerdragt sammen med en Han, der endnu var i Færd med at fælde, 25. Juli en Han, der endnu havde ufældede Haandsvingfjer, 22. August en Han i Overgang til Vinterdragt; i næsten fuldstændig Vinterdragt saas de første 28. September. — 4 Unger, der bleve skudte 23. August, vare i Færd med at fælde og i højst spraglede Dragter. Overalt saas under de graa Fjer hvide i Færd med at komme frem; en enkelt var næsten helt hvid paa Bryst og Bug. Mærkeligt var det at se Forskjellen paa Fjerenes Farve, idet nogle vare gulbrune med sorte Tværbaand siddende i en indbyrdes Afstand af henimod 1 ctm., andre havde Bundfarven dannet af tætte, gule og sorte Prikker, hvorover gik tætsiddende, smalle, sorte Tværbaand. Disse to Slags Fjer sad mellem hverandre, vare tilsyneladende lige gamle og gav sammen med de hvide Fjer, der mange Steder stak frem, Fuglene en højst ejendommelig Farve.

I Kroen paa to gamle Fugle, skudte 10. Juli, fandtes en Mængde grønne Blade og Rakler af Graapil (*Salix glauca*), intet andet. I Kroen paa en lille Unge skudt i Juli fandtes Blomster og enkelte Blade af Mosebøllen (*Vaccinium uliginosum*), en Del smaa Blade af en *Saxifraga*, en Del Fluer, enkelte Biller og talrige smaa, grønne Larver.

— —

I Vinteren 1891—92 blev ved Ivigtut skudt c. 3000 Ryper, i Vinteren 1892—93 c. 900, i Vinteren 1893—94 c. 2800. Vinteren 1892—93 var meget mild i Grønland, hvad nok kan have været Grunden til det ringe Antal Ryper, idet Ryperne om Vinteren i Grønland trække mod Syd. Ifølge Meddelelse fra Læge Lasson vare Ryperne i den meget strænge Vinter 1893—94 hyppigst i November, medens deres Antal i høj Grad aftog i Januar, Februar, Marts. Af og til fandt større Rypefald Sted nær ved Ivigtut. En Dag satte en Flok sig paa Hustagene og blev skudt ned derfra.

### *Haliaëtus albicilla* L.

Hvidhalet Havørn.

Den fandtes kun i ringe Antal langs Kysten og ved Arsuk, hvor den kun saas faa Gange i Løbet af Sommeren; den forekom langt sparsommere her end inde i Fjorden ved Ivigtut, hvor den jevnlig saas.

### *Falco gyrfalco* L.

Jagtfalk.

Den saas ikke ved Arsuk i Maanederne Maj — September og ynglede ikke der i Nærheden; derimod saas i Sommermaanederne enkelte langs Kysten, udelukkende graa Individer. I Begyndelsen af Oktober viste der sig en Del ved Arsuk og Ivigtut, flest hvide, af hvilke der blev skudt 3. To af disse, skudte ved Arsuk 5. Oktober maalte:

| Vinge. | Hale. | Tarse. |
|---|---|---|
| $372^{mm}$, | $202^{mm}$, | $62^{mm}$. |
| $411^{mm}$, | $221^{mm}$, | $65^{mm}$. |

### *Nyctea nivea* Thunb.

Sneugle.

Medens det i tidligere Aar hørte til Sjeldenhederne, at en Sneugle blev set eller skudt ved Ivigtut, skal den i de sidste Vintre jevnlig være bleven truffen der, og adskillige Individer ere skudte. I 1893 blev en skudt i Ivigtut 27. Februar (hvid), en 30. Marts nær Ivigtut (graa, Hun), en 31. Maj (hvid, Han). I 1894 blev en skudt i Februar nærved Ivigtut (Læge Lasson). — Fra Narssalik modtog jeg Skindet af en Sneugle (hvid) skudt i Sommeren 1893.

Grunden til Sneuglens større Hyppighed i de senere Vintre i Ivigtut er rimeligvis den Mængde Rotter (*Mus decumanus*), som nu findes der; de bragtes dertil med et Skib i 1890, have siden formeret sig stærkt og modstaaet langvarige og strenge Vintre. Sandsynligvis komme Sneugler hver Vinter strejfende til Ivigtut, men lokkes nu af Rotterne til at gjøre et længere Ophold i selve Byen. I Maven paa en af de skudte skal være fundet halvfordøjede Rotter.

### *Corvus corax* L.

Ravn.

Den fandtes kun i sparsomt Antal ved Arsuk i Løbet af Sommeren, var langt mindre hyppig her end inde i Fjorden ved Ivigtut og ved de nordligere Grønlænderbopladser, Tigsaluk og Kangarsuk, hvor den saas i stor Mængde omkring Husene og kun var lidet sky. Enkelte Par ynglede vistnok nær ved Arsuk. — I September begyndte Antallet at tiltage, 10. September saas i en Bugt af Fjorden en Flok paa 20.

Ved Kangarsuk saas en Dag en Ravn sidde og med Næbbet trække tørrede Angmagsætter (*Mallotus arcticus*) ud mellem Stenene i et af de Huse, som Grønlænderne bygge til Opbevaring af Fisken. Den var saa travlt beskjæftiget hermed, at jeg kom den ganske nær, før den fløj op.

### *Acanthis canescens* Gould. (Hornemanni Holb.)

En Grønlænder fortalte, da Fuglene blev ham beskreven, at den var vel kjendt i Arsuk, at den aldrig saas om Sommeren, men ret hyppig om Vinteren kom ned omkring Husene og da var meget tam. Grønlænderne havde et andet Navn for den end for den almindelige Sidserønnike.

### *Acanthis linaria* L. (A. l. rostrata Coues.)

Sidserønnike.

Den ynglede meget almindelig omkring Arsuk, syntes her saavel i Yngletiden som i Træktiden at være lige saa hyppig som inde i Fjorden.

Første Gang saas den 10. Maj ved Frederikshaab, en lille Flok; i de paafølgende Dage var den hyppig langs Kysten ned til Arsuk i Smaaflokke. I Slutningen af Maj holdt den sig omkring

Bygningerne i Arsuk for i Juli at sprede sig omkring til Redepladserne. I August og September fandtes den atter flokkevis i og omkring Arsuk, og Antallet tiltog til henimod Slutningen af September, da det ved indtrædende Frost aftog stærkt. I Begyndelsen af Oktober saas kun faa, 8. Oktober de sidste.

Parringen begyndte i Slutningen af Maj, Redebygningen i Begyndelsen af Juni. Den ynglede hyppigst opad de kratbevoxede Skraaninger. En ufuldført Rede fandtes 11. Juni; 17. Juni indeholdt den 5 Æg; Ungerne vare udfløjne 15. Juli. En anden Rede saas 20. Juni med 2 Æg, 4. Juli med et Par Dage gamle, 15. Juli med næsten flyvefærdige Unger. 25. Juli fandtes i Pilekrattet ved Ivigtut i en Højde af 4 Fod over Jorden en Rede med 5 Æg. Det kunde tyde paa, at enkelte yngle to Gange i gunstige Sommere; et Par, der var fanget Aaret iforvejen og holdtes i Bur i Ivigtut, havde paa denne Tid flyvefærdige Unger og laa nu atter paa Æg. — Fra 20. Juli vare de udfløjne Unger almindelige.

Angaaende Fjerskiftet har jeg faaet Bekræftelse paa mine tidligere Iagttagelser herom. — Den røde Farve paa Brystet fandtes kun hos et forholdsvis ringe Antal Hanner i Yngletiden; saaledes saas 11. Juni 5 Par, hvoraf Hannerne kun hos de 2 havde rødt Bryst. At de, der om Foraaret have rødt Bryst, ikke tabe Farven om Sommeren fremgaar af, at i Juli saas paa tre forskjellige Steder Fugle med prægtig rød Farve paa Brystet. — Efteraarsfældningen begyndte for de gamle Fugles Vedkommende omkring ved Midten af August. Efter 22. August saas ingen gamle Fugle mere i Sommerdragt. De Unge begyndte først Fældningen i September; efter Midten af September var den tilendebragt for den langt overvejende Dels Vedkommende. Alle de Fugle, der saas paa denne Tid, vare meget nær i samme Dragt. 15, der i Løbet af 8 Dage bragtes af Grønlænderne, undersøgtes 24. September og viste sig at have følgende Dragt: Alle havde rød Pande; hos den langt overvejende Del carmoisinrød, hos 3, hvor Fældningen ikke var helt endt, var den røde Farve ikke meget tydelig, men vilde øjensynlig komme. Paa Rygsiden havde alle Fjerene væsentlig ens Farve, vare sorte med brungule Kanter. Overgumpens Fjer vare sortebrune i Midten med gulbrune Kanter; paa Grændsen mellem disse to Farver fandtes hos enkelte en svag Rosafarve, kun stærkt udtalt hos et Individ. Spidserne paa Vingedækfjerene, der danne de to Tværbaand over Vingen, vare hos nogle gule hos andre hvide, men Overgange fandtes. Alle havde en sort Plet paa Hagen mere eller mindre udtalt. Fjerene paa Hals og Forbryst vare gullige eller hvidlige, en Del med sort Farve langs Skaftet, paa Bugen gullige, ligesaa paa Brystet; hos enkelte fandtes her et meget svagt Rosaanstrøg, men intetsomhelst, der kunde kaldes rød Farve.

Den her beskrevne Fjerdragt havde alle de Sidserønniker, der i sidste Halvdel af September saas i Arsuk. De fandtes her i Mængde, i Flokke paa indtil 30, oftest siddende omkring Husene paa Jorden, hvor de søgte deres Føde i Frøet af Græsarter og *Polygonum aviculare*, der voxede her i Mængde. De vare paa denne Tid overordentlig tillidsfulde, saa at man kunde gaa dem paa faa Skridt nær og let med Kikkert iagttage Enkelthederne i deres Dragt.

### *Plectrophanes nivalis* L.
Sneverling.

Den ynglede overalt ved Arsuk og langs Kysten, syntes her lige saa hyppig som inde i Fjordene.

Ved min Ankomst til Grønland 24. April vare Hannerne ret almindelige; c. 7 Mil fra Land kom en Hun i Overgangsdragt flyvende ombord i Skibet og opholdt sig der i nogen Tid. Indtil 8. Maj saas kun enkelte Hunner; derpaa begyndte deres Antal at tiltage, og Antallet af Hanner og Hunner var omtrent lige fra Midten af Maj. Den fandtes i Foraarstiden saavel ved Husene som rundt om paa Fjeldene. I Yngletiden var den hyppig ved selve Grønlænderbyen, men saas iøvrigt overalt saavel højt oppe paa Fjeldene som i Dalene, endogsaa paa de mindre Øer udfor Kysten, hvor man ellers ikke saa nogen af de andre Smaafugle. —

I Slutningen af August begyndte den at flokkes; henimod Midten af September bleve Flokkene større; 19. September kom flere Flokke paa henimod 50 flyvende indad Fjorden. Den fandtes paa denne Tid saavel ved Husene som højt tilfjelds og omkring i Dalene. Endnu i Begyndelsen af Oktober saas Flokke rundt om; Antallet aftog betydelig henimod Midten af Oktober, dog saas ved min Afrejse, 17. Oktober, nogle tilbage.

I April og den største Del af Maj holdt Fuglene sig sammen i Flokke; i Slutningen af Maj vare de allevegne parrede, men endnu ikke begyndte paa Redebygning; denne begyndte først noget hen i Juni. En Rede med 5 Æg fandtes 11. Juni, en med 1 Æg 12. Juni. Ungerne i den første Rede vare lige komne ud af Ægget 23. Juni; i den anden Rede fandtes 4. Juli snart flyvefærdige Unger. Udfløjne Unger saas første Gang 9. Juli, hyppig i de følgende Dage. Endnu 5. og 7. August saas ved Arsuk paa forskjellige Steder lige udfløjne, ikke fuldvoxne Unger, saa der synes at være en Del Forskjel paa Yngletiden.

Den sang allerede i Slutningen af April ret flittig, dog først hen i Maj var Sangen fuldt udviklet. Denne vedblev nu men med aftagende Kraft lige til Midten af Juli; umiddelbart efter at Ungerne vare udfløjne, blev Sangen en kort Tid kraftigere end før, for saa snart helt at forstumme. — Sangen var en Del forskjellig hos de forskjellige Individer; en Strofe, der lignede Bogfinkens, hørtes af og til, en enkelt Gang en, der lignede Musvitens toleddede Strofe.

De fleste af Hannerne vare i Sommerdragt i Slutningen af April, en Del endnu i Overgangsdragt; i Begyndelsen af Maj kom alle Hanner i Sommerdragt. Hunner bleve endnu trufne hen i Juni med Rester af Vinterdragten. — Efteraarsfældningen begyndte fra Midten af August, først hos de gamle Fugle, af hvilke ingen saas i Sommerdragt efter 23. August. De Unge begyndte at fælde i de sidste 10 Dage af August, men i første Halvdel af September saas endnu jevnlig unge Fugle i deres første Dragt, eller i Overgang til Vinterdragten.

### *Plectrophanes lapponica* L.

Laplandsverling.

Den ynglede sparsomt ved Arsuk og langs Kysten, saas almindelig paa Efteraarstrækket.

De første ankom til Frederikshaab 12. Maj, 2 Hanner og 1 Hun; de paafølgende Dage saas nogle ved Kysten.

Fabricius og Holbøll anføre, at den yngler inde i Fjordene, ligesom den efter Læge Krabbes Angivelse ikke syntes at yngle i Nærheden af Arsuk. Imidlertid fandtes flere Par ynglende umiddelbart ved Kysten Nord for Arsuk (Patusuk), ligesom ogsaa nogle ynglede neppe $^1/_2$ Mil Øst for Arsuk. Men i det hele fandtes den langt sparsommere herude end dybere inde i Fjorden, og paa Øerne udfor Kysten saas den aldeles ikke.

Paa Efteraarstrækket fandtes den i Slutningen af August og i September langs Kysten og ved Arsuk, enkeltvis eller faa sammen aldrig i større Flokke. Det første Frostvejr i Slutningen af September bragte den til at forsvinde.

Den ynglede paa lavtliggende Steder. med fugtig Bund og lidt Buske, saas overhovedet aldrig ret højt tilvejrs. Redebygningen begyndte hen i Juni. Udfløjne Unger saas 20. Juli; endnu 15. August saas nogle neppe flyvefærdige.

De to Hanner, der saas 12. Maj, vare i fuld Sommerdragt, medens den Hun, der var sammen med dem, var i Vinterdragt. Endnu henimod Midten af Juni vare Hunnerne i fuld Sommerdragt. — Alle, der saas paa Efteraarstrækket, vare i Vinterdragt.

### *Anthus ludovicianus* Gmel.

Medens den hverken af Hagerup eller mig er truffen i Ivigtut, var den i Arsuk ikke sjelden paa Efteraarstrækket fra 10. til 25. September; der saas da til forskjellige Tider 5, og 4 skudte bragtes af Grønlænderne. — Den opholdt sig i selve Byen eller i Nærheden deraf, hvor alle Individerne bleve sete og skudte; oftest var der to og to sammen; flokkevis fandtes den vistnok aldrig.

Alle Grønlænderne kjendte den, endog Børnene, saa den maa rimeligvis være en aarlig Gjæst. Det Navn, hvormed den almindelig benævnedes i Arsuk, var „mugsôrnak“, hvilket betyder, „den, der piber“; dog kjendtes ogsaa Navnet „kugsarnak“, som anføres af Holbøll og betyder „en Slags Digesmutte“ (kugsak).

### *Saxicola oenanthe* L.

Graa Digesmutte.

Den ynglede almindelig ved Arsuk og langs Kysten.

De første saas 3. Maj paa Frederikshaabs Storø (nordre); det var c. 10 Hanner. De paafølgende Dage saas atter nogle sammesteds omkring de grønlandske Huse. Det var i disse Dage meget koldt, indtil ÷ 6° C., dertil Nordenstorm. Kun Hanner saas til Midten af Maj. Indtil Slutningen af Maj holdt Fuglene sig mest omkring de grønlandske Bopladser; de ualmindelig store Snemasser hindrede dem rimeligvis i at søge Føde andetsteds. — I Løbet af Sommeren saas den overalt saavel paa Fjeldene som i Dalene, dog fandtes den ikke paa de mindre Øer langs Kysten og syntes i det hele at træffes i ringere Antal ude ved Kysten end inde i Fjorden. — Fra Begyndelsen af August til hen i September traf man den overalt i Dalene og paa Fjeldene op til en Højde af 1500 Fod; der var gjerne 3—5 sammen, aldrig større Flokke; maaske det var Familier, der vedblev at holde sammen. Den var paa denne Tid meget tillidsfuld og nysgjerrig; satte man sig ned i Nærheden af den, fløj den ofte hen paa den nærmeste Sten og betragtede Fredsforstyrreren eller fløj en lille Tur tæt omkring ham. Fra Begyndelsen af September aftog Antallet; de sidste saas 25. September.

Redebygningen begyndte i Slutningen af Maj. En Del ynglede i de grønlandske Grave, der bestaa af ovenpaa Jorden sammenhobede Sten; efter Midten af Juni saas hyppig nogle fra Gravene flyve ned at samle Føde ved Stranden og omkring Grønlænderhusene og bringe det tilbage til Ungerne. Udfløjne Unger saas første Gang 2. Juli, hyppig i de paafølgende Dage.

Sangen hørtes strax ved Fuglens Ankomst trods Storm og flere Graders Kulde, og syntes fuldt udviklet allerede i de første Dage. Den hørtes sidste Gang synge 25. Juni, i Modsætning til Snespurven ikke efter at Ungerne vare udfløjne.

Ved Ankomsten var den i temmelig ren Sommerdragt; allerede i Slutningen af Juli fandt Efteraarsfældningen Sted; fra 7. August vare de allerfleste i Vinterdragt. Dog saas endnu 21. August en Unge i Færd med at fælde.

En Hun skudt 7. Juli maalte:

| Vinge. | Hale. | Tarse. |
|---|---|---|
| $52^{mm}$, | $57^{mm}$, | $18^{mm}$. |

Kjøbenhavn. — Bianco Lunos Kgl. Hof-Bogtrykkeri (F. Dreyer).

Hr. stud. mag. Andersen
venskabeligst
fra Forf.

# SYFILIS I GRØNLAND

FOREDRAG HOLDT I MEDICINSK SELSKAB

AF

**O. HELMS,**
prakt. Læge.

SÆRTRYK AF

UGESKRIFT FOR LÆGER NR. 12

1894

Mine Herrer!

Naar man undersøger, hvad der er skrevet om Sygdomsforholdene i vore nordlige Bilande, saa forbavses man over den Forskel, der viser sig paa Litteraturen derom for Island og Færøerne paa den ene Side og Grønland paa den anden Side. Medens man, saavel i de medicinske Tidsskrifter som i større særskilte Afhandlinger, finder de hygiejniske og nosologiske Forhold i Island og paa Færøerne fyldigt beskrevne, findes der fra Læger kun meget faa Oplysninger om de samme Forhold i Grønland. Af større Afhandlinger findes aldeles ingen. Af mindre Artikler findes i alt fire, af hvilke endda den ene, forfattet af afd. Dr. *Fahnøe*, behandler Sygdomsforholdene ved Kryolitbruddet Ivigtut, altsaa væsentligst blandt danske; i „Bibliotek for Læger" 1864 findes en Artikel af Prof. *C. Lange*, der berejste Grønland i 1863; den er paa c. 40 Sider og er den fyldigste Beskrivelse af Sygdomsforholdene i Grønland, man har fra en Læge[1]). Hvad man ellers vil vide

[1]) En Fortegnelse over alt, hvad der er skreven om Grønland og Grønlænderne til 1880, findes i „Meddelelser om Grønland" XIII Hefte.

herom, maa søges i de Skrifter, der behandle Landets og Beboernes Forhold i Almindelighed, og hvad her findes stammer sjældent paa første Haand fra Læger.

Grønland ligger altsaa i saa Henseende ret uopdyrket hen, hvad der er saa meget mærkeligere, som her findes overordentlig interessante Forhold i nosologisk Henseende, som man skulde synes nok kunde vække Lysten til nærmere Undersøgelse. — Jeg skal tillade mig at omtale enkelte saadanne mere interessante Forhold ganske kort.

De fleste af vore akute Infektionssygdomme findes ikke i Grønland, saaledes *Morbilli*, *Scarlatina*, *Varicellæ*, *Febris rheumatica*. Variolæ har derimod, indslæbt fra Europa, hersket i morderiske Epidemier i Aarene 1733 og 1800, foruden senere i flere lettere Epidemier[1]). I det første Aar, mener *Egede*, døde der i det Distrikt, han berejste, mellem 2 og 3000, og Folkemængden har vel der højst været 5000.

En Sygdom have Grønlænderne, som fuldtud vejer op mod vore almindelige Infektionssygdomme; det er den aarlige tilbagevendende *Forkølelsesepidemi*, der gaar under Navnet „Snue“, „Sting“, „Influenza“ o. s. v., og som efter de flestes Mening er en virkelig Influenzaepidemi i Lighed med den, vi kende her hjemme fra. Den optræder hvert Aar med større eller mindre Intensitet, angriber næsten alle og bortriver mange. I 1884 døde f. Eks. i Frederikshaabs Distrikt c. 10 pCt. af Befolkningen af denne Sygdom, og lignende Dødeligheds-procenter findes oftere anført.

En endnu farligere Fjende have Grønlænderne i *Tuberkulosen*, der har en aldeles kolossal Udbredelse blandt Befolkningen; den findes saavel paa Vestkysten ved de danske Kolonier og Udsteder som paa Østkysten, hvor ingen saadanne findes[2]). Den optræder hyppigst som Lungetuberkulose.

*Skørbug* spiller blandt Grønlænderne selv en mindre

---

[1]) De allerfleste Grønlændere ere nu vakcinerede.

[2]) Den bekendte Grønlandsrejsende, Kapt. *G. Holm*, har meddelt mig, at han paa Østkysten i Angmagsalik hos en Grønlænderstamme, som aldrig tidligere havde været i Berøring med Europæerne, saa 2 Tilfælde, der frembød fuldstændigt samme Symptomer som Lungetuberkulosen blandt Grønlænderne paa Vestkysten.

Rolle; derimod har den, navnlig tidligere, spillet en stor Rolle blandt de danske i Grønland; saaledes døde i Vinteren 1862—63 i Ivigtut af 22 danske Arbejdere de 14 af Skørbug.

En Sygdom, som man havde Grund til at vente at træffe i Grønland, og som tillige kunde ventes at ville vise nogle særlige Forhold, var *Syfilis*: hvad man finder om denne Sygdom, er da ogsaa ret mærkeligt. Den findes aldeles ikke omtalt i de første 150 Aar af Grønlands Kolonisering, der som bekendt begyndte i 1723. Det er utænkeligt, at der ikke mange Gange i disse Aar skulde have været Anledning til Smittens Indførelse. Besejlingen dreves livligt saavel af danske som fremmede Fartøjer, Kolonier med stor dansk Besætning anlagdes, og efter alle Beretninger var der stærkt og i lange Tider uhindret Samkvem mellem Skibsmandskaber o. s v. og den grønlandske Befolkning, af hvilken Kvinderne viste sig meget imødekommende overfor de fremmede.

At det ikke har været ganske faa danske, som kom derop, ses f. Eks. af, at i Aaret 1728 ankom til Godthaab henimod 100 danske, hvoraf de 25 vare Soldater, der medbragte Familier. Desuden kom som Kolonister 12 Mænd med deres Koner. Mændene vare tagne ud af Slaveriet, Kvinderne af Børnehuset og de vare gifte ved Lodtrækning[1]). Paa mange andre Steder har der levet større danske Besætninger til Hvalfangst og deslige; danske Skibsbesætninger have jævnlig overvintret, og naar man ser, hvor blandet den grønlandske Befolkning nu er, tyder det jo paa et ret intimt Forhold mellem de Danske og Grønlænderinderne. Det er utænkeligt, at der ikke ofte paa Skibene skulde have været friske Tilfælde af Syfilis, saa Lejlighed til Indførelse af Smitten har der været.

Prof. *Lange* omtaler ogsaa i sin nævnte Afhandling det besynderlige i, at Syfilis ikke findes i Grønland, da han har set den Ugenerthed, hvormed Prostitutionen drives saavel i Land som om Bord paa Skibene[2]). Han

[1]) En lille samtidig Beretning om denne Begivenhed har til Titel „Sorrigs Maaneder omvexlede til Glædis Aar“ o. s. v. Glæden blev ikke saa langvarig, da de fleste døde paafølgende Vinter.

[2]) Nu ere Forholdene i den Henseende betydeligt forbedrede.

antog, at Grønlænderne vare immune overfor Syfilis. Fra *Lange*'s Afhandling er denne Mening gaaet over i *Hirsch*'s bekendte Haandbog i den geografiske Patologi og herfra videre i Haandbøgerne over Syfilis.

I 1872 omtales det første Tilfælde af Syfilis blandt den grønlandske Befolkning. Den angrebne Patient var en Grønlænderinde i Kryolitbruddet Ivigtuts Tjeneste. — Jeg maa her kortelig omtale, hvorledes Forholdene ved Ivigtut vare, da det er nødvendigt for Forstaaelsen af det følgende. — I 1856 var Kryolitbruddet anlagt. Her fandtes en ret stor, stadig skiftende, ugift, dansk Arbejderbefolkning. Talrige Skibe besejlede Pladsen. I Nærheden af Ivigtut laa flere Grønlænderpladser, af hvilke den vigtigste, Arsuk, laa $2^1/_2$ Mil derfra. De havde tilsammen en Befolkning paa c. 160 Individer. Fra disse Pladser ankom ofte Baade med kvindelig Besætning til Ivigtut, og i alle Beretningerne fra den Tid beskrives med levende Farver de meget løse Forbindelser mellem Arbejderne og Grønlænderinderne, hvad der ogaa giver sig Udslag i de mange uægte Børn. Gonorre var en meget hyppig Sygdom blandt Arbejderne og erhvervedes af dem fra Grønlænderinderne, der ofte vare angrebne deraf, medens den, saavidt jeg ved, aldrig er fundet hos en Grønlænder.

Ved Ivigtut fandtes til Stadighed 4 grønlandske Kvinder, de saakaldte Tjenerinder, til at lave Mad og passe Huset for Funktionærerne. De levede sammen med deres 6 Børn i et elendigt lille Rum med Grønlændernes sædvanlige Menage, fælles Afbenyttelse af Madkar o. s. v. — Fra 1864 var der ansat Læge ved Bruddet, og disses Indberetninger til Bruddets Direktion haves.

I Juli 1872 viste sig som omtalt de første Tilfælde af Syfilis; det var hos 2 Arbejdere, som havde Indurationer paa Penis og paastode, at de vare blevne smittede af en af de grønlandske Tjenerinder, som ved Undersøgelsen viste sig at have Slimpapler paa Labia majora og om Anus; hun paastod paa sin Side, at hun var bleven smittet af en af Arbejderne. At afgøre, hvorledes det forholdt sig, viste sig umuligt, men da samtidigt 2 Arbejdere behandledes for sekundær Syfilis, er der jo intet usandsynligt i, at en af dem har smittet

Grønlænderinden og hun derpaa smittet de andre Arbejdere. Alle 4 Arbejdere hjemsendtes om Efteraaret, hvorimod Grønlænderinden blev og, som det synes, færdedes frit sammen saavel med Arbejderne som med de 3 andre Grønlænderinder og deres 6 Børn. I Løbet af Vinteren 72—73 smittedes saa yderligere 2 danske Arbejdere foruden 2 af Tjenerinderne og 3 af deres Børn, hos hvilke kun fandtes sekundære Tilfælde, medens det udtrykkeligt anføres, at der hos de 2 Arbejdere fandtes haarde Chankere.

Hidtil havde Epidemien holdt sig til Ivigtut, men i Sommeren 1873 blev en Arbejder smittet og paastod bestemt at have erhvervet Sygdommen hos en Grønlænderinde fra Arsuk. Smittekilden blev imidlertid ikke konstateret. Det samme gentog sig i Foraaret 74, og tillige blev da en lille Dreng fra Arsuk som lidende af Syfilis behandlet i Ivigtut. Senere i 74 blev en lille Pige fra Arsuk behandlet for Syfilis i Ivigtut, men dog synes i Aarene 74—75 kun faa Grønlændere i Arsuk at have været angrebne; de 2 Læger, der i disse Aar fungerede i Ivigtut, foretog Rejser ned til Arsuk og undersøgte en Del af Befolkningen navnlig Børnene, men fandt kun enkelte Tilfælde. I de følgende Aar fra 76—81 vedblive vel Tjenerinderne og Børnene ved Ivigtut af og til at faa Udbrud, mest af tertiære Former, men Tyngdepunktet for Sygdommen er nu rykket til Arsuk, hvorfra Patienter i stigende Tal søge til Ivigtut for at behandles; i 78 blev her bygget et Sygehus til Behandling af Grønlænderne. I 79 udtalte Lægen i Ivigtut, at henved en Trediedel af Befolkningen i Arsuk var smittet, hvilket dog sikkert har været meget for højt anslaaet. I 80—82 synes Tilfældene at have kulmineret, idet da henimod 20 grønlandske Patienter behandledes for Syfilis i Ivigtut. I 82 ansattes en Læge udelukkende til Behandling af Grønlænderne; han synes[1]) kun at have haft faa, mest tertiære Tilfælde under Behandling. Da alle Grønlænderne i 81—82 vare flyttede til Arsuk, og Samkvemmet mellem dem og Ivigtuts Beboere hindredes, bliver det fra den Tid kun i Arsuk, at Syfilis spiller en Rolle. Fra 82 har da med større

---

[1]) Der findes kun meget sparsomme Optegnelser fra hans Tid.

og mindre Mellemrum været ansat Læge her. I Lægernes Indberetninger opføres kun meget faa Tilfælde af Syfilis, mest tertiære og kongenite, i alt i de sidste 10 Aar 10 Tilfælde. Siden 1890 er ikke diagnosticeret eller behandlet noget Tilfælde af Syfilis.

Under hele Epidemien er der behandlet ialt c. 50 Grønlændere for Syfilis; af disse Tilfælde falde de 20 i Aarene før 78, 20 i Aarene 78—83; fra 84—90 er der 10 Tilfælde, og siden 90 ere ingen Tilfælde optraadte.

At der mod en saadan Sygdom, der syntes, efter Erfaringer fra andre Lande, at rumme en Fare for alle de indfødte, blev truffet Forholdsregler, er selvfølgeligt. Af Lægerne i Ivigtut blev Faren for Smittens Forplantelse til Grønlænderne stadig paapeget, men den grønlandske Administration synes i Begyndelsen ikke rigtig at have ænset Faren, saa at det væsentligt i de første Aar var fra Kryolitselskabets Side, at Forholdsreglerne bleve trufne. Der blev foretaget Visitation af Arbejderne i Selskabets Tjeneste før deres Oprejse til Grønland og efter deres Ankomst derop, ligesom ogsaa Lægen i Ivigtut uden nogen Forpligtelse behandlede de smittede Grønlændere, ja endog jævnlig foretog Rejser til Arsuk for at undersøge og behandle Befolkningen der. Af de grønlandske Autoriteter blev der truffet en Del Forholdsregler, hvis Detailler jeg ikke skal gaa ind paa, men som væsentligst havde til Hensigt at forhindre Samkvemmet mellem de indfødte og Ivigtut. I 78 blev der af Kryolitselskabet opført et Sygehus i Ivigtut til Brug for Grønlænderne.

Hermed lod man sig nøje til 82, da der, for en meget stor Del ved afdøde Læge *Mønster*'s og Kontrollør i Ivigtut *Rossing*'s Bestræbelser, blev truffet gennemgribende Forholdsregler mod Sygdommen. Disse vare følgende: I. Alle Grønlænderinderne (paa een nær) med deres Børn bleve sendte bort fra Ivigtut. II. Forbud udstedtes mod, at Baade med kvindelig Besætning og i det hele taget Grønlænderinder kom til Ivigtut. III. En Lægepost oprettedes i Arsuk; Lægebolig og Sygehus byggedes her. Endelig foretoges en Del Forandringer, der angaa den specielt grønlandske Administration; tillige uddeltes til Grønlænderne trykte (paa grønlandsk) Beskrivelser af og Advarsler mod Sygdommen. Af de danske Øvrigheder i Grønland og af Grønlændernes Myndigheder, de saakaldte Forstanderskaber, blev truffet adskillige Bestemmelser til Forhindring af Sygdommens Udbredelse. De vigtigste af disse vare, at ingen Mand fra Arsuk maatte foretage en længere Rejse eller bosætte sig andetsteds i Grønland uden Lægeerklæring for, at han var sund, at ingen Pige fra Arsuk maatte gifte sig med en Mand andetsteds fra uden Sundhedsattest fra Lægen.

Overfor de Skibe, der besejlede Arsukfjorden, blev der ligeledes truffet forskellige Forholdsregler for at forhindre Indførelse af friske Tilfælde. — Alle disse Bestemmelser bleve sikkert gennemførte, saa godt det lod sig gøre; men ikke alle Detailler i dem vare gennemførlige.

Efter denne historiske Oversigt maa jeg tillade mig at indskyde nogle Bemærkninger om, hvorfra mit Kendskab til Sagen stammer.

I 90—91 var jeg ansat som Læge i Ivigtut og fik allerede her noget Indblik i og Interesse for de omhandlede Forhold. I Sommeren 93 har jeg i 6 Maaneder været ansat som Læge i Arsuk. Før min Oprejse havde jeg her hjemmefra samlet en Del Oplysninger om Sagen, blandt andet fra de nu levende Læger, der tidligere havde været ansatte i Ivigtut og Arsuk. Under mit Ophold i Arsuk omgikkes jeg daglig de c. 100 Mennesker, der boede her, og holdt stadig skarpt Udkig efter mulige Syfilistilfælde; desuden undersøgte jeg to Gange hele Befolkningen for Syfilis, hvad de mærkeligt nok fandt sig i uden videre Indvendinger[1]). Desuden har jeg undersøgt en Del af Befolkningen paa de nærmest liggende Bopladser for Syfilis. Ved disse Undersøgelser fandtes ikke hos nogen Udbrud af frisk Syfilis eller sikre Tegn paa nylig overstaaede syfilitiske Lidelser. Dernæst samlede jeg alle de Oplysninger, jeg kunde faa, om de for Syfilis behandlede Grønlændere og deres nærmeste Familie. Mine vigtigste Kilder vare Lægeindberetninger og Sygejournaler for Ivigtut og Arsuk,

---

[1]) Ganske ejendommeligt var det, at Mændene kun modstræbende lod sig undersøge og viste sig ret generte derved, medens det ikke syntes at genere Kvinderne i nogen væsentlig Grad.

desuden mundtlige Oplysninger fra Grønlænderne selv og endelig en Del Oplysninger fra forskellige Indberetninger og Skrivelser til den grønlandske Administration. Over en Del af Grønlænderne var der ført Sygejournal siden 1872, over Størstedelen siden 86. Alle Journaler vare selvfølgelig ikke lige omhyggeligt førte; enkelte Lægers Indberetninger gav kun meget sparsomme Oplysninger. Imidlertid fik jeg dog et ganske fyldigt Materiale og udarbejdede deraf Sygehistorierne for saavel de 50, der vare behandlede for Syfilis, som for alle nulevende og i de senere Aar døde Grønlændere i Arsuk og stillede disse Sygehistorier sammen slægtvis. Jeg tror nok paa den Maade at have faaet et ret godt Overblik over hele Epidemien.

Vilde man saa ud fra disse Sygehistorier se paa Epidemien i dens Helhed, saa møder straks den Vanskelighed, at, efter min Mening, overordentlig mange Tilfælde ere slupne med ind under Diagnosen Syfilis, som aldrig have været det. Det forvisker Billedet meget. En meget stor Del af Sygehistorierne pege bestemt paa andre Sygdomme, men at fremlægge Beviserne derfor vilde her føre for vidt. Jeg skal dog nævne enkelte særligt paafaldende Ting. En af de først smittede Kvinder føder i det Aar, hun blev smittet, og i de nærmeste Aar derefter, medens hun jævnligt var under Behandling, sunde Børn uden Tegn paa Syfilis. Et Ægtepar, hos hvem der aldrig har været Tale om Syfilis, faar 4 velskabte sunde Børn; det femte faar et halvt Aar efter Fødselen en Hudsygdom, der diagnosticeres som medfødt Syfilis. Blandt de 50 Tilfælde, jeg har samlet, findes ikke en eneste Primæraffektion omtalt, i hvert Tilfælde kun en ganske enkelt. Jeg tror, at jeg ved Sygehistorierne vil kunne godtgøre, at omtrent Halvdelen af Tilfældene ikke have været Syfilis. Dette maa ingenlunde opfattes som nogen Kritik af mine Forgængere i Ivigtut og Arsuk; de have ofte været i vanskelige Situationer overfor tvivlsomme Tilfælde, have ikke haft nogen som helst Lejlighed til Bistand af Kolleger, og have endelig altid haft et stort Ansvar ved at undlade at stille Diagnosen i et tvivlsomt Tilfælde. Gennemlæser man Sygehistorierne, ser man let nogle af Grundene til de diagnostiske Fejltagelser; det kan vel nok have Interesse at se lidt nærmere paa dem; de ligge ret nær og ere i Korthed følgende: Grønlændernes Sans for Hudpleje er som bekendt meget lidt udviklet. I Arsuk og vistnok i den største Del af Grønland, lider den allerstørste Del af Befolkningen af Pediculosis corporis & capitis; herved fremkaldes talrige Hudlidelser, Papler, Vesikler, Ekskoriationer, Pustler og Ulcerationer med og uden Skorper, Cikatriser og Pigmenteringer, hvilke Ting hver for sig kunde give den Læge, der i Forvejen var overbevist om at skulle finde Syfilis, og som kun havde Lejlighed til at se et mindre Antal Grønlændere, Indtryk af at være Syfilis. Saaledes findes ofte med Omhu beskrevet nogle brune, runde Pigmenteringer med lysere Centrum, som Tegn paa Syfilis, medens de utvivlsomt skyldes Pedikulose.

Leukoderma omtales ret jævnligt, men de Tilfælde deraf, jeg har set, have ved nærmere Eftersyn vist sig at være Cikatriser.

Universel Glandelsvulst findes jo altid ved udbredt Pedikulose; den anføres ofte i Journalerne som Tegn paa Syfilis, særligt anføres det ofte, at Glandulæ cubitales ere svulne; dette kan dog ikke forbavse, naar man ser Grønlændernes Hænder, paa hvilke der foruden meget Smuds oftest findes smaa Saar af forskellig Oprindelse.

Furunkulose med efterfølgende Cikatriser er almindelig blandt Grønlænderne, og endelig ere tuberkuløse Lidelser af forskellig Art overordentlig hyppige, og kunne vel ved deres Lokalisation i Hud og Knogler af og til simulere Syfilis.

Sluttelig maa jeg omtale nogle smaa Epitelfortykkelser paa Tungeslimhinden fra Knappenaalshoved- til Tiørestørrelse, som findes hos mange Grønlændere, vistnok paa Grund af Brugen af stærk Tobak. De anføres ogsaa undertiden som Tegn paa Syfilis, men have intet som helst dermed at gøre.

Jævnligt anføres det af Lægerne, at forskellige Hudlidelser, som man har haft mistænkt for at være Syfilis, hurtigt ere svundne ved Kvægsølvbehandling, hvad saa undertiden har fastslaaet Diagnosen. Men naar man betænker, at samtidig med denne Behandling oftest fulgte Indlæggelse paa Sygehus, Bade, Renlighed o. s. v., kan det jo ikke undre, at en Hudlidelse, der f. Eks. skyldtes Pedikulose, ret hurtigt svandt.

At sondre bestemt ud, hvilke af de 50 Tilfælde, der sikkert have været Syfilis, hvilke ikke, er temmelig umuligt, da jo en stor Del af Sygehistorierne ere meget mangelfulde Derved bliver det ret ørkesløst at indlade sig nærmere paa at drøfte de enkelte Symptomer og at undersøge, om der har været nogle særligt mærkelige Forhold ved Epidemien. Det synes næsten heller ikke at have været Tilfældet. De Symptomer, der anføres, ere jævnt hen de samme, vi se hos os og omtrent i samme Forhold. Syfilis insons synes at være forekommet meget hyppig forholdsvis. Haardnakkede Tilfælde omtales vel af og til, men oftest anføres, at Tilfældene ere lette og hurtigt vige for Behandling. Kun enkelte sværere Tilfælde omtales trods det dog ofte mangelfulde Lægetilsyn. Af de 50 Grønlændere, paa hvem der er diagnosticeret Syfilis ere de 25 døde; jeg har Dødsaarsagerne for næsten dem alle, men kun hos et Barn anføres Syfilis som Dødsaarsag. En voksen Kvinde skal være død af syfilitisk Kakeksi forbunden med stærk fremskreden Ftisis, Alkoholisme og Erysipelas faciei; de 3 sidste Dødsaarsager have vel nok spillet den vigtigste Rolle.

Det Spørgsmaal, der laa for mig, under mit Ophold i Arsuk var: Er der mere Syfilis her? Jeg tør besvare det med et bestemt: Nej. Derved mener jeg selvfølgeligt ikke, at tertiære Former ikke skulde kunne opstaa, men kun, at der for Tiden ingen som helst friske Tilfælde findes, og at smittende (primære, sekundære, kongenite) Tilfælde ikke længere kunne ventes. Naar jeg udtaler mig saa bestemt, saa støtter jeg mig ikke blot paa mine egne Undersøgelser. I 84 udtaler allerede afdøde Dr. *Sørensen*, at han „heller ikke i Aar har set noget friskt, smittende Tilfælde af Syfilis“, i 88 skriver Dr. *Østerbye* det samme i sin Indberetning og har senere i privat Meddelelse til mig pointeret det endnu bestemtere end i Indberetningen. Endelig finder jeg i Sommeren 93, at ingen af Beboerne i Arsuk have Udbrud af Syfilis eller Tegn paa nylig overstaaede saadanne, ligesom ingen Tilfælde ere diagnosticerede i de 3 sidste Aar.

Ganske vist er der i Aarene 85—90 opført 10 Tilfælde af Syfilis, men naar man ser lidt nærmere paa dem, tabe de en Del af deres Betydning. Af disse Tilfælde ere de 5 kongenite, de 3 tertiære og 2 anføres kun, fordi Grønlænderne selv sige, at de ere behandlede. Det er et Ægtepar, Stedets dygtigste Familie med smaa sunde Børn, og de have i en Aarrække ikke frembudt Tegn paa Syfilis. Tilbage blive 3 tertiære og 5 kongenite. De første have jo for saa vidt mindre Interesse; Diagnosen er maaske heller ikke aldeles uomtvistelig. Af de 5 for kongenit Syfilis behandlede ere de 2 døde; de 3 andre leve, ere raske og frembyde ingen Tegn paa Syfilis; de bleve behandlede i 89—90, men den behandlende Læge har privat meddelt mig, at han ikke bestemt vilde hævde Diagnosen. Saaledes reduceres de 10 Tilfælde til meget lidt, og naar jeg føjer det sammen med, hvad jeg selv har fundet, tror jeg nok at turde fastholde min Paastand: At der ikke mere er Syfilis i Grønland.

Et Spørgsmaal, som absolut maatte paatrænge sig, naar man beskæftigede sig med denne lille Epidemi, var: Hvad har bevirket, at Syfilis ikke har bredt sig videre blandt Grønlænderne, end den har, og hvad er Grunden til, at den saa hurtigt er forsvunden blandt dem?

Jeg maa her først gøre nogle Bemærkninger om Grønlændernes Levevis, der jo i øvrigt er bekendt nok. De leve i smaa Huse med kun eet Rum, hvor alle opholde sig om Dagen og sove om Natten, ofte 10—15 Mennesker paa en Plads ikke større end 25—30 Kvadratalen. Madkar, Kopper etc. benyttes i Fællesskab og afvadskes langtfra altid, naar de ere brugte. Og hvad deres sædelige Standpunkt angaar, da er det af en saadan Beskaffenhed, at en vid Udbredelse af Syfilis vilde være uundgaaelig i et saa lille Samfund, hvis Grønlændernes Modtagelighed for Sygdommen var den samme som vor. Kønslig Afholdenhed er sikkert et ret ukendt Begreb for Grønlænderne. Uægte Børn findes i stort Antal; saaledes er i Arsuk med dets 100 Indbyggere alene af den yngre Generation mindst 20 uægte fødte[1]); her findes f. Eks. en Pige, der har 3 Børn hver med for-

[1]) Dog maa det bemærkes, at en Del af disse have danske Fædre.

skellig Fader, og en ung Mand paa 18 Aar, der har 3 Børn med 3 forskellige Mødre, og meget bedre er det næppe andetsteds. Uagtet de Forholdsregler, der have været trufne, har der dog, navnlig i Epidemiens første 10 Aar, været rigeligt Samkvem mellem Arsuk og de omliggende Pladser, og fra disse har man aldrig hørt om Syfilis.

Naar man sammenholder de her anførte Fakta: At Syfilis ikke viste sig i de første 150 Aar efter Grønlands Kolonisation, at den saa blev indslæbt, saa at der opstod en lille Epidemi, der imidlertid kun bredte sig lidt og snart efter igen udslukkedes, saa synes jeg, at Forklaringen rimeligst maa være den, at der hos Grønlænderne findes en nedsat Modtagelighed for Syfilis, en relativ Immunitet. Dette er jo ingenlunde noget enestaaende. Fra Island berettes om noget lignende, hvor det dog drejer sig om den samme Race som vi; ligeledes skulle flere Negerstammer være immune overfor Syfilis, saaledes at enkelte Tilfælde kunne indslæbes iblandt dem uden at forplante sig videre.

De Resultater, jeg er kommen til, ere da i Korthed følgende:

I Halvfjerdserne og Firserne har der været en Del Tilfælde af Syfilis blandt Grønlænderne i Arsuk og Ivigtut.

Nu findes ingen Syfilis mere her.

Grønlænderne besidde ikke Immunitet fo Syfilis men dog i høj Grad nedsat Modtage lighed.

---

KJØBENHAVN. — FR. BAGGES BOGTRYKKERI.

1884

# NATUREN OG MENNESKET

ILLUSTRERET MAANEDSSKRIFT

FOR

## OPLYSNINGS OG VIDENSKABS FREMME.

REDIGERET AF

**S. MØRK-HANSEN.**

»Almene Fremstillinger er næsten ligesaa betydningsfulde for Videnskabens Fremgang som selvstændigt Arbejde!« *C. Darwin.*

---

**JULI 1895.**

---



KJØBENHAVN. — J. FRIMODTS BOGHANDEL.

# Vejrtegn.

(Vort Landbrug.)

---

## *Barometret.*

Stiger Kviksolvet hurtigt og højt paa en og samme Dag, kommer der vel godt Vejr, men det bliver ikke af Varighed. Omvendt tyder en hurtig Falden af Kviksolvet ikke altid paa Regn men paa stærk Blæst, og Vejret bliver i det hele ustadigt.

En langsom Stigen, der varer i flere Dage, tyder paa stadigt, tørt Vejr, mens en lignende langsom Falden varsler om vedholdende daarligt Vejr, og man kan med temmelig Sikkerhed slutte, at saa mange Dage, som Kviksølvet stiger med daarligt Vejr, lige saa mange Dage falder det igjen med stadigt, godt Vejr.

Naar Kviksølvet, mens det staar højt, og Vejret er varmt, pludseligt synker noget, saa er Tordenvejr i Færd med at danne sig. Tordenvejret er i Nærheden, naar Kviksolvet igjen begynder at stige, og der følger da godt Vejr efter; men stiger Barometret derimod ikke under Tordenvejret, saa vil der følge Tordenregn efter.

## *Vinden.*

Vindstille gaar for en Vejrveksling. Naar Vinden pludselig lægger sig, navnlig i stærk Varme, maa man vente Tordenvejr eller stærk Regn.

Middelmaadig eller stærk Vind tyder paa vedvarende godt eller daarligt Vejr.

Stærk Blæst, fra hvilket Hjørne den end kommer, fører en Vejrforandring med sig. Hertil maa dog ikke regnes Efteraars-, Foraars- eller Tordenvejrsstorme.

Syd, Sydøst og Vest er de rette Regnvinde. Søndenvinden fører Regnen med sig, Sydvestenvinden bringer den til at falde, og med Vestenvinden hører Regnen op. Nordenvinden jager den bort, Nordøstvinden taaler den ikke men er tør lige som Østenvinden.

# Sydgrønlands Skove.

Af prakt. Læge **O. Helms.**

---

For mange er Navnet Grønland forbundet med Forestillingen om umaadelig høje Kuldegrader, lang Vinternat og en Jordbund dækket af evig Is og Sne, hvor kun paa enkelte Steder lidt sparsomt Grønt pipper frem. Saaledes er det imidlertid ikke; der findes i Grønland ikke blot en rig Vegetation af Blomsterplanter men endog udstrakte Krat, der i Landets sydligste Del paa enkelte Steder naa saa stor en Højde, at man ikke betænker sig paa at tale om Skov.

De Træer og Buske, der danne Krat, ere følgende Arter: Hvidbirk *(Betula odorata)*, et Par andre Birkearter, af hvilke den mest udbredte er Buskbirken *(Betula intermedia)*, Graapil *(Salix glauca)*, El *(Alnus ovata)*, Røn *(Sorbus americana)* og Ene *(Juniperus communis var. nana)*.

Desuden findes de overordentlig udbredte Dværgbirke *(Betula glandulosa* og *B. nana)*, samt enkelte dels meget smaa, dels sjældne Pilearter. Hvidbirken er indskrænket til den allersydligste Del af Landet; de øvrige Arter findes over en stor Del af Sydgrønland, medens kun Pil og Ene naa op i Nordgrønland, hvor de endnu trives frodig højt over Polarkredsen.

I det følgende skal jeg søge at give en Forestilling om Trævegetationen langs Arsukfjordens Kyster, en Egn, der vistnok i de fleste Henseender kan gælde som Type paa et sydgrønlandsk Landskab. Nogen udtømmende Fremstilling af de træagtige Planters Forhold her maa man ikke vente; jeg har kun beskrevet, hvad jeg selv har iagttaget under min Færden i disse Egne.

Arsukfjorden ligger paa Grønlands Vestkyst under ca. 61 Gr. n. Br. Det er en 6 Mile dyb Fjord, som ender ved Indlandsisen. Den danner talrige Bugter omgivne af ca. 1000 Fod høje Fjælde, der dog mange Steder vige bort fra Kysten og give Plads for forholdsvis frodige Dalstrøg, gennemstrømmede af Elve.

Ud for Kysten ligger ikke, som ellers almindeligt i Grønland, en Bræmme af mindre Øer men kun et Par større; derimod findes en Øgruppe et Par Mil nord for Fjordens Munding.

Omtrent 3 Mile inde i Fjorden ligger Kryolithbruddet Ivigtut i en temmelig stor Dal, og ca. $^1/_4$ Mil indenfor Fjordmundingen Handelspladsen Arsuk.

Middeltemperaturen i Ivigtut er for hele Aaret + 1.0 Gr. C.; for den varmeste Maaned, Juli, + 9.6 Gr. og for den koldeste, Januar, ÷ 7.4 Gr. C. Nedbøren naar den betydelige Størrelse af 38 Tommer. Ved Kysten, hvor længere Tids Iagttagelser ikke ere foretagne, tror jeg dog, at Middeltemperaturen er en Del lavere.

Jordbunden er overalt Fjæld, hyppigst Gneis med andre Bjærgarter isprængte.

Et meget sparsomt Muldlag dækker i Dalene Klippebunden, som dog paa mange Steder rager nogen frem.

Der er meget betydelig Forskel paa Vegetationen ude ved Kysten og længere inde i Fjorden, og dette gælder ikke mindst for de træagtige Planters Vedkommende, hvis Antal og Størrelse tiltage stærkt fra Fjordens Munding til dens Bund, ligesom nogle Arter forst optræde et godt Stykke indenfor Kysten. De yderste lave Øer, der undertiden overskylles af Havet, ere helt golde; kun hist og her findes en sparsom Plantevækst; kommer man dernæst til de lidt større Øer nærmere Kysten, finder man enkelte Buske af Birk (*Betula glandulosa* og *Betula intermedia)* og Pil *(Salix glauca)*, der her krybe henad Klippen og kun paa lune Steder i Fjældrevner vokse opret. Hojden er ikke over 2—3 Fod, og Stammernes Tværsnit hojst lidt over en Tomme. Enen synes derimod at trives lige saa frodigt her som længere inde i Fjorden, medens de mindre haardføre Træarter, Røn og El, mangle.

Jo længere man nu fjærner sig fra Kysten, desto storre Højde opnaa Pilene, og desto storre Udstrækning faa de sammenhængende Krat, ligesom Birkene efterhaanden tage til i Storrelse og Antal. Forst naar man er kommen et Par Mil ind i Fjorden, træffer man paa de første El og Røn, men det er stadigt Graapilen, der udgør Hovedmassen af Trævegetationen, og som for en stor Del giver Dalene deres Karakter. Helt inde i Bunden af Fjorden tage dog paa flere Steder Birkekrattene Overhaand.

Med Hensyn til Trævegetationens Beskaffenhed og Omfang ligne de forskellige Dalstrøg hverandre temmelig meget, og jeg skal nu forsøge at give en Forestilling om deres Udseende ved at beskrive Forholdene i Ivigtutdalen.

Denne Dal ligger paa Fjordens Sydside, omtrent 3 Mile fra Kysten. Den er ca. 1/4 Mil lang og lidt mindre dyb, aaben ud mod Fjorden og paa de andre tre Sider omgiven af Fjælde paa henimod 1000 Fods Højde.

Talrige smaa Vandløb komme ned ad Fjældsiderne og gennemstrømme overalt Dalen for sluttelig at falde i Fjorden samlede til en større og en mindre Elv. Nær Stranden ligger Kryolithbruddet med dets halvhundrede Bygninger. Ved Stranden og mellem Bygningerne vokser der en Del spredte mindre Pile og Birke, men først hen ved 1000 Fod inde i Landet træffer man paa et mere sammenhængende Pilekrat, der indtager hele Midten af Dalen i en Længde af ca. 4000 Fod og en Dybde af ca. 1000 Fod. Fra dette større Krat, »Skoven«, som det almindeligt kaldes i Ivigtut, sendes der en Del Udløbere af lavere Krat opad Fjældsiderne til en Højde af et Par Hundrede Fod, medens Hovedkrattet ligger i en Højde af 50—125 Fod over Havfladen.

Det vestlige Parti af Hovedkrattet ligger paa en Skraaning med Hældning mod Nordost; det har Form som en ligebenet Trekant, hvis Grundlinie og Højde hver ere 1000 Fod. Toppunktet ligger ca. 125 Fod, Grundlinien ca. 75 Fod over Havfladen.

Hele Krattet er sammenhængende, uden ubevoksede Pletter, saa at man har Møje med at bane sig Vej igennem det.

Den langt overvejende Del af Bestanden er Graapil, medens de andre Træarter kun findes spredt og enkeltvis. Røn findes i Forhold til Pil omtrent som 1 til 500, desuden enkelte smaa Buskbirke og Enebuske.

Pilene have oftest Form som Buske med 4 til 5 Stammer fra Grunden, meget sjældent ere de enstammede. Højden er gennemsnitligt 4—6 Fod, og Stammens Diameter, maalt 1 Fod fra Jorden, mellem 1 og 1½ Tomme, men der findes Stammer af 8 Fods Højde og med 2 Tommers Diameter;

disse ere da ofte lidt krybende ved Grunden og maa rejses i Vejret for at naa den angivne Højde. Rønnen har Form som en Busk med mange Stammer. Højden er indtil 6 Fod, Diametren 1 Tomme, dog oftest mindre.

Jordbunden bestaar af et ganske tyndt Lag Muld og et tæt Lag af Rodtrevler, tilsammen næppe af mere end $1^1/_2$ Tommes Tykkelse.

Som Følge af den stærke Skygge, det tæt sammenfiltrede Grenelag afgiver, er Bundvegetationen meget fattig; foruden af Mos bestaar den mest af Star *(Carex)*, Kvan *(Archangelica officinalis)*, Løvetand *(Taraxacum officinale)*, Post *(Ledum groenlandicum)*, Løvefod *(Alchemilla vulgaris)* og enkelte Steder Revling *(Empetrum nigrum)*.

Det midterste Parti er 1600 Fod langt og 1000 Fod bredt. Paa Skraaningen længst mod Syd findes Pilekrat af samme Beskaffenhed som i det beskrevne vestlige Parti; paa den øvrige og største Del vokse spredte Pile af 2 til 4 Fods Højde og ringe Tykkelse. Imellem disse spredte Smaagrupper findes talrige aabne Pletter, dels mosdækkede Sumpe, dels temmelig nøgne Fjældknolde, der rage indtil 10 Fod op over den omgivende Jordbund. Denne bestaar i indtil 3—4 Fods Dybde af en blød Masse, for en stor Del Grus, der er skyllet med Elvene ned fra Fjældsiderne.

Fjældknoldene ere paa mange Steder dækkede af Rensdyrlav *(Cladonia rangiferina)*. En Del Revlinger og Mosebøller *(Empetrum nigrum* og *Vaccinium uliginosum)*, hvilke to Planter næsten overalt i Grønland dække Fjældsiderne, findes ogsaa her. Af Buske findes Dværgbirk og Buskbirk, den sidste mest som Espalier paa Sydsiden.

Det østlige Parti har Hældning mod Nordvest, det er ca. 1000 Fod langt og ca. 500 Fod bredt. Dets Beskaffenhed er i alt væsentligt som det vestlige Partis, dog findes her flere Ron, der udelukkende vokse paa de høje Steder.

Foruden det nu beskrevne Krat med dets Udløbere findes der desuden i Ivigtutdalen en Del Pil og Buskbirk. Pilene findes dels enkeltvis, dels i mindre Grupper. Opad Fjældsiderne blive de efterhaanden lavere og sjældnere, men endnu 1000 Fod tilvejrs træffer man lave Buske. Birken findes oftest enkeltvis, dog vokse undertiden flere sammen, dækkende et Areal paa et Par Hundrede Kvadratalen.

Saaledes som jeg nu har beskrevet Pilekrattet i Ivigtutdalen, ser det i det væsentlige ud ogsaa i de andre Dale i Fjordens indre Del. Synderlig storre Højde naa de enkelte Individer intetsteds, og skulde jeg angive en Gennemsnitshojde, vilde jeg sætte den til 4—5 Fod.

Med Hensyn til Voksestedets Beskaffenhed synes Pilen ikke at være kræsen, den vokser lige godt paa Fjordens Nordside og Sydside uden at bryde sig om Hældningsretningen, og Læforholdene synes for den kun at spille en underordnet Rolle.

Foruden Pilen danner i Arsukfjorden kun Buskbirken egentligt Krat. Som nævnt dækker den i Ivigtutdalen mindre Partier, og de i Bunden af Fjorden optrædende Birkekrat bestaa udelukkende af denne Art; desuden findes mange enkeltstaaende hist og her. Den synes at foretrække Skraaninger fremfor de fugtige Dalbunde, men ligesom for Pilens Vedkommende er Hældningsretningen den ligegyldig. Opad Fjældsiderne naar den til en Hojde af ca. 500 Fod. Buskenes Højde er intetsteds ret stor, i Gennemsnit 3—4 Fod og vist aldrig over 5 Fod. Stammerne ligge oftest henad Jorden, undtagen hvor de tilfældigvis ere komne til at vokse som Espalier opad en lodret Klippevæg. Stammernes Tykkelse umiddelbart over Jorden kan være ret betydelig, en Diameter af 3—5 Tommer er ikke ualmindelig, men de dele sig snart i flere mindre Stammer, der brede sig ud til Siderne og sende deres Kviste ind mellem Nabobuskenes, hvorved der dannes et Fletværk, som gør, at Krattet bliver vanskelig gennemtrængeligt trods den ringe Højde.

Dværgbirken *(B. glaudulosa)* vokser overalt paa Fjældet og i Dalene, snart dækker den større Flader, snart vokser den mere spredt. Den er næsten altid krybende, og Stammerne blive ikke stort over ½ Tomme tykke. Endnu i 1000 Fods Højde har jeg truffet denne Art.

Ellen *(Alnus ovata)* optræder først et Par Mil indenfor Fjordmundingen. Den synes at være mere fordringsfuld end de andre Arter; saaledes foretrækker den afgjort Skraaningerne fremfor Bunden af Dalene og synes særligt at ynde Skraaninger, der vende mod Syd. Den gaar 3—400 Fod opad Fjældsiderne. I Omegnen af Ivigtut, paa Fjordens Sydside, har jeg kun truffet en eneste Busk, og den voksede paa Nordsiden af en dyb Kløft, altsaa med sydlig Eksposition; derimod vokser den i Mængde paa Fjordens Nordside og kan allerede paa Frastand let skelnes fra de andre Arter ved sit mørke Løv. Den dækker aldrig større Flader men vokser enten enkeltvis eller, hvad der er det hyppigste, i smaa Grupper paa 4—5 Buske. Disse Grupper kunne ofte findes temmelig nær hinanden.

Ligesom Birken opnaar den en ret ansélig Tykkelse ved Jorden men deler sig snart i en Mængde i hverandre slyngede, bugtede og vredne Stammer, af hvilke sjælden nogen naar en Tykkelse af 2 Tommer, 2 Fod over Jorden

Nogen stor Højde naar den ikke, gennemsnitlig 3—5 Fod. Stammerne krybe vel ikke i saa høj Grad som Birkens men brede sig til Siderne, parallelt med Jorden.

Skulde jeg vove en selvfølgelig usikker Angivelse af

Mængdeforholdet mellem de forskellige nylig omtalte Arter inde i Fjorden, vilde jeg sætte 1 El til 20 Birk og til 100 Pile.

Sparsomst af alle Arterne findes dog Rønnen *(Sorbus americana).* Ogsaa den træffes først et Par Mil fra Kysten. Den foretrækker Skraaningerne for Dalbundene men stiller ikke særlige Fordringer, hvad Hældningsretningen angaar. Den gaar kun et Par Hundrede Fod tilvejrs. Den vokser saa at sige altid enkeltvis, aldrig i sluttet Bestand men vel indblandet i Pilekrattene. Fra Roden udgaa talrige mindre eller enkelte større, ranke Stammer, hvilke sidste kunne opnaa en Højde af 7 Fod uden at dele sig. Gennemsnitshøjden er 4—5 Fod. Stammernes Tykkelse bliver næppe over 1 Tomme.

En af Grundene til dens sparsomme Forekomst er, at Bærrene vistnok i de færreste Aar naa at blive modne. At det imidlertid af og til sker, blev jeg overbevist om ved at træffe den paa et ejendommeligt Voksested. Det var paa et lodret Fjæld ud mod Fjorden, helt inde ved Indlandsisen. Fjældet var beboet af flere Tusinde tretaaede Maager, der byggede Rede paa dets smalle Afsatser; paa nogle af disse, et Par Hundrede Fod tilvejrs, voksede smaa Rønnetræer, rimeligvis saaede ved Smaafuglenes Hjælp.

Ved sin ranke Vækst, sit smukke Løv og sine store hvide Blomsterskærme, der springe ud i Juli, danner Rønnen en Prydelse i et grønlandsk Landskab.

Endnu er der tilbage at omtale Enen *(Juniperus communis* Var. *nana),* den haardføreste af alle de grønlandske Træarter. Den vokser ved Kysten og inde i Fjorden, paa Nordsiden og Sydsiden, i Dalene og højt tilfjælds, og synes overalt at trives lige godt. I 1000 Fods Højde er dens Størrelse ikke væsentlig ringere end i de lune Fjorddale. Den hæver sig aldrig i Vejret, men de temmelig lange

Stammer ligge bugtede og vredne, ofte tilsyneladende helt tørre, henad Jorden, begravede i Mos. De friske grønne Grene hæve sig kun et Par Fod over Jorden. Stammerne kunne være flere Alen lange og 3—4 Tommer tykke; de anvendes af Grønlænderne, formodentlig paa Grund af deres Tørhed og Indhold af ætherisk Olie, med Forkærlighed til Brændsel.

Dyrelivet. Gaar man en Sommerdag gennem en af Fjordens kratbevoksede Dale, da ser man vel ikke noget rigt Dyreliv, men helt mangler det dog ikke.

Edderkopper krybe om paa Jorden, en enkelt Humlebi eller Sommerfugl svirrer forbi i Luften, medens Millioner af Myg pine og plage Vandreren.

Graver man ned i Muldlaget, vil man hist og her træffe en Regnorm, hvilke Dyr vel ogsaa nok her spille en betydelig Rolle for Vegetationen. I Bækken, der gennemstrømmer Krattet, spille smaa Bækørreder, og fra det lave Krat flyver en Rypehun op med sine smaa Kyllinger. I Busken tæt ved sidder den lille urolige Sidserønnike med den karmoisinrøde Hætte, ængstelig pippende af Frygt for, at vi skulle komme dens Rede for nær. Dens Frygt er ikke helt ugrundet, thi vi have opdaget, at Reden er anbragt i en Kløft i Pilebusken.

Rundt om paa Stenblokkene sidder Snespurvene og kvidre, og fra de aabne, sumpede Pletter i Krattet lader Laplandsverlingen sit melankolske Varselsraab høre, eller ogsaa se vi den hæve sig syngende i Luften eller med udbredte Vinger dale ned, efter at den har sunget sin Vise tilende. — Af Pattedyrene er der ikke noget, der særligt hører hjemme i Skoven, de færdes mest oppe paa Fjældene.

Saaledes som de omtalte Kratstrækninger findes nu, have de sikkert i det hele og store set ud i umindelige Tider, da de Indgreb, som gøres paa dem af Mennesker, kun ere forsvindende. Som Gavntræ er Veddet nemlig uanvendeligt paa Grund af Stammernes bugtede og vredne Form samt ringe Tykkelse, og som Brændsel benyttes det kun af Grønlænderne; de foretage hvert Efteraar Togter til det indre af Fjorden for at hente Brænde og hugge da en Del af de tykkeste Stammer, navnlig af Birk, El og Ene. Men den Mængde, der saaledes aarlig forbruges, er ringe i Forhold til, hvad der findes, og Forbruget øver ikke nogen nævneværdig Indflydelse paa Krattene i det hele taget.

---

# En ornithologisk Udflugt i Grønland.

Af Læge **O. Helms.**

---

Den beskrevne Udflugt blev foretagen fra Arsuk, et grønlandsk Udsted (mindre Handelsplads) ved Mundingen af Arsukfjorden, der ligger paa ca. 61° n. Br. Maalet for Turen var nærmest at iagttage Fuglelivet ved Kysten Nord for Arsuk, og i nedenstaaende Linier søges væsentligst at give en Skildring af dette. — Rejsen foretoges i en Træbaad med grønlandsk Besætning; Telte, Soveposer, Proviant osv. medførtes, da ingen Bopladser fandtes paa den Strækning. der skulde besøges. Hele Turen varede fra 8de til 12te Juli 1893.

Baaden laa i Vandet lastet med alt nodvendigt Tilbehør, Besætningen stod ved Stranden, og en Ven, der skulde deltage i Turen, var ankommen fra Ivigtut. Besætningen bestod af to Grønlændere og to Grønlænderinder, af hvilke den ene var min Tjenerinde Stine, som til dagligt Brug styrede Hus for mig. Da jeg talte til hende om at tage med paa Turen, var hendes første Spørgsmaal, om hun kunde faa Erika med, hendes lille seksaars Pige. Da det blev tilstaaet, var hun meget villig til at rejse med. Det andet kvindelige Medlem hed Bodil; hun fulgte sin Ægtefælle, der bar det meget dansk lydende Navn Peter Hansen. Han var en Blanding, opdragen ved Ivigtut Kryolithbrud; han talte godt Dansk, hvorfor han altid anvendtes som Tolk og var med ved alle mulige Lejligheder. En Fætter til ham, Pavia (grønlandsk for Poul), den dygtigste blandt de yngre Grønlændere i Arsuk, var den fjerde af Besætningen. Desuden ledsagedes vi, som altid naar man rejser i Grønland, af en Kajakmand, en gammel Sælhundefanger ved Navn Moses, en gemytlig og venlig lille Mand, velkendt med Kysten, med Vejr og Vind. — Klokken blev henimod 9 Aften, før vi kom afsted, men Turen skulde den Aften ogsaa kun gaa til en lille Ø Ukivigsalik, en Milsvej borte. Snart var Baaden klar, Moses havde provianteret sig med en stor Rulle Skraa og sat sin Kajak i Vandet, og rask gik det nordpaa i den smukke lyse Sommeraften. Kl. 10 naaedes Bestemmelsesstedet; Baaden lagdes ind i en Bugt, indenfor hvilken fandtes en hyggelig lille Dal, hvor der var fortrinlig Teltplads, grønklædt Klippebund og Læ imod Vinden. Lidt længere oppe paa Øen laa et Par smaa Soer, hvor der efter Grønlændernes Sigende plejede at yngle Lommer og Ænder. Nu fandtes der ingen, og Forklaringen herpaa var ikke vanskelig, thi da vi nærmede os Øen, saas et løjerligt Dyr løbe omkring paa den; ved nærmere Eftersyn viste det sig at være en blaa Polarræv, i Færd med at fælde sin Vinterpels, hvis lange Haar endnu sad hist og her i Totter men stærkt blegede, saa at den herved fik et besynderlig broget Udseende. Den maatte være sluppen over paa Øen om Vinteren, da der var islagt over til det faste Land, var saa bleven afskaaren, da Isen brød op, og havde nu i Foraaret og Sommeren fristet en kummerlig Tilværelse; til Føde havde den kun haft, hvad Havet skyllede op til den, sammen med Æg af Tejster, der pleje at yngle paa Øen i Mængde, og hvis Reder fandtes overalt paa de omværende Øer, kun ikke paa denne. Næste Dag maatte den lade sit Liv. — Teltene vare snart opslaaede, og Aftensmaden tillavet. En Toddy udenfor Teltet afsluttede Aftenen. Havet laa spejlblankt omkring os, men den rolige Flade var hist og her afbrudt af Isfjælde, hvis Kalven, der lød som Kanonskud, uafladelig hørtes. Mod Nord saas de Øgrupper, vi agtede at besøge, og bag dem den store Ø Sermersok's høje snedækkede Tinder. Mod Øst laa det faste Land og Mundingen af Arpagfikfjorden, og mod Syd kunde vi fra Øen Kajartaliks Havn se Mastetoppene af de Skibe, der laa her og ventede paa gunstig Lejlighed til at slippe ud gennem Storisen, den af større og mindre Flager og Stykker dannede Ismasse, der hvert Foraar og Sommer vanskeliggør Sejladsen paa Sydgrønlands Kyst. — Da vi vare krøbne i Soveposerne, hørtes umiddelbart over Teltet hurtige, kraftige Vingeslag, maaske et Par Lommer, der strøg forbi; overhovedet høres hver Lyd ude fra tydelig gennem den tynde Teltdug.

Næste Morgen vækkedes vi af Snespurvens *(Plectrophanes nivalis)* ihærdige Kvidren. Dens Stemme er et af de første Foraarstegn i Grønland; fra Begyndelsen af April høres dens Sang, der mest bestaar af korte Strofer og foredrages, medens den sidder paa et ophøjet Sted, en Klippeblok, et Hustag eller lignende, eller ogsaa medens den hæver sig i Luften og daler med udbredte Vinger. En flittig Sanger er den, synger fra det tidligste Daggry til langt ud paa Aftenen, og endnu langt hen i Juli, naar dens Unger ere udfløjne, og de øvrige Smaafugle forlængst have ophørt at synge, lader den Stemmen høre. — Klokken 6 bragte Stine os Kaffe paa Soveposen; saa maatte vi op og se efter Vejret; ja, det var godt nok, smukt, klart Solskin men temmelig stiv Nordenvind, og da Turen skulde gaa nordpaa, fandt vi det bedst at slaa os lidt til Ro. Tiden anvendtes saa til en Udflugt paa Øen. Lidt borte fra Teltpladsen sad en Snespurveunge, lige udfløjen af Reden; dens graabrune, uansélige Dragt ligner nu kun lidt de gamles brogede, sorte og hvide Fjerklædning. Rundt om i nogen Afstand sad dens Sødskende, medens Forældrene snart bragte dem Føde, snart, siddende paa en Sten, advarede dem mod os. Kun den ene Familie fandtes paa Øen, lykkelig undgaaede Rævens Efterstræbelser, men en Snespurverede ligger rigtignok ogsaa saa dybt gemt i Fjældrevner, at en Rævepote ikke kan naa den. Vestsiden af Øen var temmelig høj og gik stejlt ned mod Havet. Her, for talte Grønlænderne, pleje Skarverne *(Phalacrocorax carbo)* om Vinteren at have et Yndlingstilholdssted, naar de i Februar og Marts ere komne trækkende nordfra. Om Aftenen sætte de sig til Ro paa den stejle Klippevæg ud mod Havet; Grønlænderne ro saa i Kajak hen under Klippen og skyde dem ned.

Hele Øen var hurtig afsøgt; da Vinden vedblev at staa lige stærk, bestemtes det efter Frokost at sejle ind i Arpagfikfjorden, hvortil Vinden var gunstig. Baaden blev lastet, Sejlene sat, og forbi adskillige Smaaøer strøg vi ind mod Fjordens Munding. Paa Toppen af de lave Øer fandtes en Del af de ejendommelige græsklædte Forhøjninger, Maagetuer, der forekomme overalt paa Smaaøerne langs Grønlands Kyst og opstaa, hvor Maagerne Aar efter Aar benytte samme Redeplads. Rundt om paa Tuerne sad de store hvidvingede Maager *(Larus glaucus)*, men Rederne vare tomme. De store Unger vare tagne af dem Dagen iforvejen.

Farten ind ad Fjorden kunde ikke tænkes smukkere. Vejret var klart, Solen brændte, og efterhaanden som vi kom indad, stillede Vinden af, saa at Aarerne tilsidst maatte ud. I den yderste Del af Fjorden ligesom langs Kysten udenfor er Landskabet øde og vildt; de stejle Klipper rejse sig op af Havet graa og nøgne, og man forstaar ret den gamle tyske Mineralog Giesecke's Ord om denne Egn, at den er at anbefale for en menneskesky Eneboer. Men, efterhaanden som man kommer længere ind ad Fjorden, blive Fjældene lavere og mindre stejle; store Dalstrøg med smukke Søer, Elve og grønne Sletter findes, hvor Fjældene vige bort fra Kysten, og selve disses lavere Del antager en grønlig Farve; sejler man nær ind under Land, ser man, at det skyldes de lave Krat af Pil, Birk og El, der dække Skraaningerne nogle Hundrede Fod tilvejrs. Paa Fjordens Nordside laa en stor Sø. En af Grønlænderne oplyste, at her fandtes Torsk, hvad egentlig ikke var meget sandsynligt, da det var en Ferskvandssø, kun forbunden med Fjorden ved en lille Elv. Vi foreslog da Moses at gaa op i sin Kajak og pilke nogle af Torskene, men det havde han ikke Lyst til at indlade sig paa, thi i Søen fandtes nemlig et stort Udyr, der aad Kajak og Mand, naar man vovede sig derop. Ingen af vor Besætning havde vel set dette Uhyre, men mange paalidelige, desværre unavngivne Grønlændere havde truffet sammen med det. Derimod havde Moses og Peter set et af disse Dyr, som ikke synes sjældne i Grønland, nede i en Fjordarm ved Arsuk, hvor det skulde opholde sig til Stadighed; Grønlænderne holdt ikke af at sejle der, dog skulde der ingen Fare være, naar blot man holdt sig langs Land. Paa nærmere Forespørgsel om Dyrets Udseende kunde Peter kun forklare, at det havde »ligesom tre Tønder paa Ryggen«, muligvis noget i Lighed med Søslangernes Manke. Om Størrelsen kunde jeg heller ingen rigtig Besked faa, den syntes at være uhyre; for at faa et Maal til Sammenligning nævnede jeg den store Pukkelhval, Keporkaken *(Megaptera boops)*, der nok kan blive sine 100 Fod lang, men endog blot som Maal blev den afvist med den dybeste Foragt. Denne Samtale førtes selvfølgelig fra begge Sider med den dybeste Alvor, da Grønlænderne ikke gærne indlade sig paa nærmere Omtale af den Slags Ting med altfor skeptiske Tilhørere. (Et Par Maaneder efter kom Peter og fortalte mig, at nu havde en Baad mødt et af Uhyrerne længere oppe ved Kysten; jeg tror, at de endog vare vendte om for det).

Under disse Drøftelser havde vi efterhaanden naaet Bunden af Fjorden og lejrede os paa en smuk jævn Slette ved en bred Elv. Paa den anden Side af Elven stod allerede et Telt; det tilhørte Kateketen i Arsuk, der med en Del af de andre Grønlændere var heroppe paa Laksefangst. Maaden, hvorpaa denne Fangst foregaar, er ejendommelig. Ud for Elvens Udløb er dannet en lille Bugt med fladt Vand. Ved Lavvande bygges tværs over Bugten en Stendæmning, der rager lidt op over Vandet. Ved Højvande gaa Laksene, der paa denne Aarstid søge op i Elvene for at yngle, uhindret over Dæmningen for, naar Vandet falder, at søge tilbage til Fjorden igen. Saasnart dette sker, lægge nogle af Grønlænderne sig udenfor Dæmningen i Kajaker, andre spænde et Reb løst over Bugten fra den ene Bred til den anden, og i de 6 Timer, Vandet falder, gælder det nu om at gøre saa megen Larm som mulig, raabe, pladske i Vandet med Aarer og Rebet og kaste Sten ud fra Bredden, for at faa Laksene til at blive indenfor Dæmningen. Endelig er Vandet faldet tilstrækkeligt, Dæmningen staar over Vandet, og Fiskene ere indespærrede som i en lille Sø; over Dæmningen kunne de ikke komme, og ved Lavvande er der saa lidt Vand i Elven, at de daarlig kunne komme derop. Saa begynder den egentlige Fangst, som bestaar i, at Grønlænderne vade ud i Bugten og stikke Laksene, der forvildede svømme omkring, med en stor togrenet Gaffel paa Enden af en lang Stage. Det er ikke misundelsesværdigt at vade om i det kolde Vand, der kun er lidt over 0°, til midt op paa Livet. Den Færdighed, hvormed Laksene stikkes, er forbavsende; Gaflen jages i Vandet, den sprællende Laks løftes i Vejret og kastes ind paa Bredden, hvor Kvinder og Børn ere posterede og med Hænderne tage de Fisk, der i deres Iver for at slippe bort løbe op paa Landet. Af og til høres et Hyl, og et Par af Kvinderne styrte i vildt Løb op langs Elven, hvor man ser en enkelt Laks kæmpe sig op mod Strømmen i det flade Vand. Den undslipper imidlertid sjælden.

Vi kom til Bunden af Fjorden, da det næsten var Lavvande, og overværede hele den egentlige Fangst. I Løbet af en Time vare alle Laksene fangede, men Udbyttet var kun et Par Hundrede; ofte tages 1000 og flere paa en Gang. De fordeles saaledes, at hver faar, hvad han eller hun har stukket eller taget; de tørres saa paa Klipperne og gemmes til Vinterbrug. — For Kaffe og Sukker tiltuskede vi os saa mange Laks af Grønlænderne, at vi havde nok til et Par Dage. Medens Fiskene kogtes i det fri, gik vi en Tur op langs Elven, der viste sig at komme fra en stor Sø, hvis Tilløb var en Elv, der styrtede ned højt oppe fra Fjældet og faldt i Søen, delt i en Mængde Arme, der gennemstrømmede en frodig Dal. Her voksede Pil *(Salix glauca)* i Mængde men naaede ingen betydelig Højde, kun henimod 4 Fod. Endvidere voksede, navnlig lidt opad Skraaningerne, Birk *(Betula glandulosa* og *B. intermedia)*, og hist og her El *(Alnus ovata)*, der med sit kraftige, mørkegrønne Løv tydelig i Afstand kendtes fra de graagrønne Pile og de lysere Birke. Ingen af Ellebuskene hævede sig trods deres øjensynlige høje Alder saa meget over Jorden, at de kunde dække en oprejst Mand; Stammerne naaede i Tykkelse næppe 3 Tommer. — Stille og ensomt var det herinde, ikke anden Lyd hørtes end Millioner Mygs Summen og Elvens Brusen. Fuglelivet var saa sparsomt, som det vel kunde tænkes: et enkelt Snespurvepar med Unger og opad Skraaningen en lille Sidserønnike *(Acanthis linaria)* med pragtfuldt, højrødt Bryst. Saa man sig om i Dalen, hvor de klare Bække rolig flød over den grusdækkede Bund, med Bredderne kantede af lavt Krat, saftigt Græs og talrige Engblomster, medens smaa Ørreder hurtig smuttede ind under Bredden, opskræmte ved den usædvanlige Lyd af Fodtrin, da mindede dette Billede, hvorover den klare Julisol straalede, kun lidt om den Forestilling, man sædvanlig gør sig om et grønlandsk Landskab. Men oppe fra et lavt Fjæld blev Udsigten anderledes; neden for laa de tre Telte ved Elven, ved Stranden Baade og Kajaker; Grønlænderne vare travlt beskæftigede med at samle Fiskene, og fra to Kogesteder slog Røgen i Vejret, medens Duften af brændt Kaffe trak helt op til os og snart lokkede os ned til Gryderne. Endnu sent om Aftenen hørtes Grønlændernes Snakken og Latter fra Teltet hinsides Elven, men da vi næste Morgen stod op Klokken 7, var Kateketens Baad allerede sejlet. Atter idag det prægtigste Vejr, Fjorden som et Spejl, Luften dirrende af Varme men rigtignok fuld af Myg i en Grad, som gjorde, at vi skyndsomst kom ombord og roede udefter mod Kysten, hvor denne Plage mærkedes betydelig mindre. Saasnart Baaden var kommen lidt bort fra Teltpladserne, kom to Ravne *(Corvus corax)* flyvende der henimod, rimeligvis for at gøre sig tilgode med vore talrige Levninger. Paa Vejen udad Fjorden lagde vi til ved Søen, hvor Torskene og Søuhyret skulde opholde sig, men skønt vi gik helt rundt om den temmelig store Sø, lykkedes det os ikke at se noget til det. Derimod sad et Rypepar *(Lagopus mutus)* paa vor Vej og gjordes let til Bytte. Det var en Hun i sin mørke Sommerdragt og en Han, der endnu ikke var bleven færdig med Foraarsfældningen men havde mange af Vinterfjerene tilbage, slidte og smudsige. Ofte naar Rypehannen i Grønland ikke at faa anlagt Sommerdragt, for Vinterfældningen begynder, medens Hunnen allerede i Begyndelsen af Maj har faaet den morke Sommerklædning; paa den Tid ses da den snehvide Han og den morke Hun parrede. — Ellers fandtes her kun enkelte Sidserønniker og Snespurve. Nu gik det atter udad Fjorden, ved hvis Munding vi drejede nordpaa omkring det langt ud i Havet fremspringende Næs Kangengoak. Davisstrædet danner her en stor Bugt, mod Øst begrænset af Kystlandet ved Isa Havn, mod Nord af Øerne Sermersok og Tornarsuk og mod Syd af de Egne, vi just havde forladt. Inde i Bugten ligger en Gruppe af mindre Øer, og lidt længere ude i Havet en anden Øgruppe, Nunangoit. Det første, som her tiltrak sig vor Opmærksomhed, var et Fuglefjæld besat med hvidvingede Maager *(Larus glaucus)*. Hvad der mest udmærkede det var, at det i Modsætning til de fleste andre Fuglefjælde laa et godt Stykke fra Kysten, henved 2000 Fod. Fra Stranden skraanede Landet ret jævnt opefter, saa rejste sig pludselig en lodret Fjældvæg, og paa denne byggede Maagerne i en Højde af 500 Fod over Havfladen. Gennem Kikkert kunde Rederne tydelig skelnes, og omtrent ved hver af dem sad en Maage; af og til forekom det mig, som om en Unge rørte sig i Reden. Hele Kolonien var ikke stor, der var ialt ikke synderlig over 100 Reder. En ikke ringe Vegetation fandtes dels paa selve Rederne, dels paa de ubebyggede Dele af Afsatserne. Græsarter voksede i stor Mængde, ligeledes adskillige Blomsterplanter, som ikke lod sig bestemme paa Afstand; men hvad der fremherskede, var den gule Stenurt *(Sedum rhodeola)*, der ved næsten hver Rede naaede en Størrelse som ellers kun faa Steder, let kendelig ved sine store gule Blomsterskærme; den ligner iovrigt ikke lidt vor almindelige Sankthansurt, kun at dens Blomster ere stærkt gule. Maagerne sværmede under vore Iagttagelser omkring oppe ved Rederne uden at slaa ned efter os, som de undertiden gøre. Medens vi saa paa Fuglene, havde Besætningen fundet nogle af de store saftige Skærmplanter, Kvan *(Archangelica officinalis)*, der voxede i Mængde her som andre Steder langs Kysten, og hvis friske Stængelstykker, der have en behagelig krydret Smag, ere stærkt efterstræbte af Grønlænderne i Forsommeren. Lidt længere mod Nord skulde der findes en Koloni af de smaa tretaaede Maager *(Rissa tridactyla)*. Rederne vare der ogsaa paa et lille Fjæld, ialt kun en halv Snes, men de vare ikke beboede i Aar. Dermod fandtes her en Mængde Tejster *(Uria grylle)*, en af de Fugle, som overhovedet træffes hyppigst langs Sydgrønlands Kyst, hvor den yngler paa alle mulige Steder nær Vandet, ude ved Kysten og dybt inde i Fjordene, paa de lave Øer og i bratte Fjældvægge men aldrig i store Masser paa et Sted, saaledes som dens Slægtninge. Ved Foden af Fjældet laa en Del, og da vi roede forbi, kom nogle ud af Revner i Fjældvæggen, styrtede sig skraat ned i Vandet eller gjorde raske Sving frem og tilbage over vore Hoveder. Snart faldt de til Ro, lagde sig paa Vandet i nogen Afstand, samlede sig til Smaaflokke og svømmede saa langsomt hen mod Ynglepladserne, af og til dykkende alle som paa Kommando. Paa en lille Ø i Nærheden vare Rederne ret let tilgængelige; de fandtes dybt inde i Klipperevner, hvor de to Æg laa umiddelbart paa det stenede Underlag; af og til hørtes en uafladelig fin Piben; det var Ungerne, der vare komne ud af Ægget og nu forraadte deres Opholdssted. Omkring Øen laa over hundrede Tejster, men disse rugede dog ikke alle paa Øen; en Del af dem var yngre, endnu ikke yngledygtige Fugle, der levede sammen med Ynglefuglene. Medens vi opholdt os her, fløj uafladelig skrigende over vore Hoveder to gamle Svartbag-Maager *(Larus marinus)*. Deres ængstelige Skrig og hele nærgaaende Opførsel lod ingen Tvivl om, at vor Nærværelse var dem højst ubehagelig; det viste sig ogsaa at være rigtigt; paa Toppen af Øen laa nemlig paa en Tue deres Rede med et Æg i. Endnu var der en Ting, som jeg gærne vilde finde paa Øen, og som jeg var temmelig vis paa maatte være der; det var en Ederfuglerede. Da jeg i Foraaret paa en Rejse var kommen her forbi, fortalte Peter mig, at her hvert Aar ynglede en Ederfugl *(Somateria mollissima)* og kun en. En ivrig Søgen kronedes med Held; Reden fandtes men uden Æg, hvorimod Dunene laa fuldstændig urørte; muligvis har Naboskabet med Svartbagerne ikke været til Held for Æggene, thi Svartbagen beskyldes for at være en slem Æggerøver.

Under vort Ophold paa Øen havde Moses ude paa Fjorden skudt en ung Havlit *(Harelda glacialis)*, en Dykand, der ikke ofte ruger saa langt mod Syd i Grønland men om Vinteren i store Flokke kommer til Sydgrønlands Kyst og let kendes fra alle andre Fugle dels ved de lange Fjer, Hannen har i Halen, dels ved dens mærkelige Stemme, der høres melodisk paa lang Afstand, bestaaende af to Toner, der uafladelig gentages, hvor en Flok ligger. Klokken var nu bleven 3; noget Maaltid havde vi ikke faaet siden tidligt om Morgenen, saa vi skyndte os derfor mod Nord til den store Ø, som skulde tjene til Teltplads for Natten. Paa Vejen henimod den blev Opmærksomheden vakt ved en Fugl, der fløj omkring højt i Luften; dens langstrakte Skikkelse med de korte Vinger lod ingen Tvivl om dens Art; det var den saa almindelige rødstrubede Lom *(Colymbus septentrionalis)*. For 6 Aar siden havde Peter fundet den ynglende paa en Ø lidt længere vestpaa, og uagtet der jo ikke var nogen større

Sandsynlighed for, at den endnu skulde yngle der, lagdes dog Vejen derom. Vi gik i Land paa Øen og ledte efter Reden; paa en Gang saa jeg en af Grønlænderne med Bossen ved Kinden sigte hen mod Bredden af en lille Sø; jeg kunde intet se og spurgte, hvad der var; han pegede blot derhen, sigtede atter, og nu fik jeg Øje paa Maalet for hans Efterstræbelser. Ved Bredden af Søen laa en rødstrubet Lom øjensynlig paa Æg. Kroppen var ubevægelig, men den lange Hals bevægedes slangeagtig omkring for at iagttage Fredsforstyrreren. Jeg fik Pavia til at holde inde med sine morderiske Bestræbelser, og i Ro og Mag lagde vi os ned og saa paa Fuglen. Snart kom hele Selskabet til og betragtede Lommen ganske nær ved, medens den først blev liggende ubevægelig kun stadig drejende Halsen, derpaa lod sig glide ud i Søen, der næppe var 100 Fod lang og halv saa bred, svømmede lidt omkring der for saa endelig at tage Flugten. Saa tam er Lommen kun ved Reden, ellers er den vanskelig at nærme sig. Reden, om man kan kalde den saa, var en Fordybning i den fugtige Jord ved Søbredden, og som Underlag fandtes kun en eneste Kvist af Rævlingplanten *(Empetrum nigrum)*, ovenpaa hvilken laa et Æg, medens der ellers plejer at være to. Oppe paa en Tue i Nærheden laa Skaller af et andet, og da her tillige fandtes Ravneekskrementer, var det ikke vanskeligt at gætte Røveren. Senere paa Aftenen saa vi to Lommer flyve omkring højt i Luften, udstødende deres karakteristiske Lyd kakera-kakera osv., en Lyd, som man i Forsommeren jævnlig hører hele Natten igennem.

Nu gik det rask over til den større Ø, hvor vi havde bestemt at holde Hvil om Natten. Klokken 5 landede vi her og slog Teltene op ved Bunden af en lille Bugt, der dannede en udmærket Havn for Baaden. Øen er godt kendt af Folk, der berejse Kysten, da den danner en passende Hvileplads paa Rejsen mellem Udstederne Arsuk og Tigsaluk. En Ven af mig havde for faa Aar siden kun al for rig Anledning til at stifte Bekendtskab med den; han var paa Slutningen af sin Embedsrejse, næppe to Mil fra sit Hjem, og Provianten var næsten brugt op. En Nordenstorm tvang ham til at søge i Land paa Øen og holdt ham indespærret der i en Uge, forøvrigt noget ikke ualmindeligt paa Rejserne i Grønland, men Ulykken her var, at Provianten slap op, Sprit ligeledes, saa at han hverken kunde faa The eller Kaffe, og i de sidste Par Dage havde han kun Lakrits og Sodakager fra sin Medicinkasse at leve af; Grønlænderne vare ikke bedre farne, de fik vel skudt en And, men det forslog saa meget som ingenting. Til de øvrige Ubehageligheder kom den stadige Frygt for at faa Teltet revet ned over Hovederne af Stormen. Enden paa det blev, da Stormen varede ved, og Fasten blev noget langvarig, at de stak i Søen i et forrygende Vejr og efter en forvoven Sejlads kom velbeholdne hjem. Iaften var alt fredeligt og stille. Øen laa grøn og indbydende, og dog skulde ogsaa vi lære den at kende som et tvungent Opholdssted. Rask gik det nu med Teltslagning og Kogning, thi sultne vare vi alle. Medens de andre vare beskæftigede ved Teltene eller hvilede sig, gik jeg en Tur op paa Øen, kom til en lille Sø med lidt Eng og Mose paa Siderne; her hørtes en hjemlig Lyd velkendt af alle, der bo ved Stranden i Danmark. Det var den lille Vadefugl, Præstekravens (*Charadrius hiaticula*) klare Fløjt; snart fik jeg Øje paa Fuglen, der hurtig pilede henover Græsset, og lidt efter stod Magen for mig; deres Adfærd viste tydelig nok, at de havde Rede her. De kredsede omkring mig med ængstelige Skrig, af og til sættende sig kort Tid paa Jorden for saa atter at tage til Vingerne. Reden lykkedes det ikke at finde, men at de ynglede var sikkert nok, thi da de skudte laa i min Haand, saas paa Hunnens Bug en stor Rugeplet. Det var første Gang, jeg traf Præstekraven i Grønland, hvor den ellers ikke er meget sjælden, men ligesom Grønlands øvrige Vadefugle overhovedet kun findes i ringe Antal; de flade Strandbredder, som ere Vadefuglenes Yndlingsopholdssteder, findes kun faa Steder heroppe.

Tæt ved Præstekraverne gik en stilfærdig sortgraa Ryle (*Tringa maritima*), utvivlsomt Grønlands hyppigste Vadefugl. Det er en af de tammeste Fugle, jeg nogensinde har truffet; ofte har jeg staaet i faa Skridts Afstand og betragtet en lille Flok, der løb om paa Stenene ved Stranden, hurtig veg tilbage for en fremskyllende Bølge for saa atter at løbe hen og undersøge, hvad Bølgen havde bragt med op. For Tiden havde Rylerne Unger, rimeligvis godt gemte mellem Græsset, saa en Eftersøgning var haabløs.

Da Aftensmaaltidet var fortæret, var Klokken 8, og det var jo egentlig ikke for tidligt at slaa sig til Ro ovenpaa en vel tilbragt Dag, men Søen laa saa fristende blank, og nogle smaa Skyer ved Fjeldtoppene varslede, at vi ikke maatte vente for godt Vejr den følgende Dag. Desuden var der nok at se efter. Ovre paa den stejle Kyst af Øen Sérmersok skulde yngle Alke (*Alca torda*) og den store Tejste, Brünnichs Tejste (*Uria arra*), den sydligste Yngleplads i Grønland man hidtil kender for disse Arters Vedkommende. Vejen derover var ikke lang, men til alt Uheld begyndte Storisen, der havde ligget som et Bælte udenfor Kysten, at sætte indefter og gjøre Passagen vanskelig; saa maatte det opsættes, og i Stedet for kastede vi Øjnene paa de nærmest liggende Øer af Gruppen Nunangoit, der laa Vest for os, og hvis egentlige Undersøgelse først skulde gaa for sig næste Dag. Vejen herover var temmelig fri for Is, og da Turen kun skulde vare et Par Timer, medtoges ingen Bagage, og Gronlænderinderne bleve efterladte ved Teltene. Iforvejen forhørte jeg dog, om de ikke hellere vilde med, og om de ikke var bange for at blive tilbage; grønlandske Kvinder ere nemlig ikke meget heltemodige. Imidlertid viste de sig umaadelig kry, og vi andre roede saa afsted, maatte krydse lidt mellem Isen men kom godt over til Øerne. Her ovre mente Grønlænderne, at der rugede en Del Ederfugle. Paa den forste større Ø, der afsøgtes, blev der ikke fundet Reder, derimod adskillige Levninger af grønlandsk Beboelse og adskillige Grave. Fra en af disse stak en underlig Ting frem; nogle Sten væltedes til Side, og det viste sig da, at de dækkede alle en Grønlænders Redskaber, der efter fordums Skik vare lagte i Grav samtidig med Manden selv; her fandtes Pile, Kastetræer, Øjenskærme, Snushorn, Træstykker, anvendte til at gøre Ild med ved at gnides mod hinanden, forskellige Dele til Brug i Kajaken og ved Sælfangst, for en stor Del Ting, der nu vare gaaede af Brug eller havde en anden Form end den nu almindelige. Grønlænderne ynde ellers ikke, at man rører ved de gamle Grave, men her svarede de paa vor Forespørgsel, at det var dem ligemeget, og selv vare de ivrige ved Undersøgelsen; imidlertid, da det næste Dag blev Regnvejr, vare de ikke helt utilbøjelige til at anse det som en Hævn fra de plyndrede Eskimoers Aander. Paa Toppen af en nærliggende Ø knejsede nogle af de store hvidvingede Maager (*Larus glaucus*) oppe paa Tuerne; en Afsøgning af Øen efter Reder gav imidlertid intet Udbytte, Atter her forfulgte 2 Svartbager os med deres uafladelige Skrig, kredsende over vore Hoveder. Lidt borte fra Land opdagedes Grunden til deres Ængstelse. Paa et Isstykke laa en Unge, ikke mere end halvvoxen, og sejlede ud i Verden; hvor den var landet, er ikke godt at vide, hvis den ikke var kommen ombord hos os; nu ligger dens Skind paa zoologisk Musæum sammen med Præstekravernes og Rypernes. Det var nu bleven saa sent, at vi opgav Ederfuglerederne og søgte hjemefter; paa Vejen passeredes et lille nøgent Skær, der kun ragede faa Alen op over Vandet og ikke saa indbydende ud, ikke en Gang for en Ederfugl at bygge paa; Moses mente imidlertid, at det var bedst at prøve Lykken der. Netop som Baaden gled hen under Skæret, fløj deroppe fra en Del Ederfuglehunner skyndsomt ud i Vandet. Der var ingen Tvivl, her maatte de yngle. Skæret var næsten fuldstændig nøgent; kun paa en lille Plet fandtes en sparsom Plantevækst; i denne laa tæt ved hverandre 7 Ederfuglereder, alle med Æg fra 3 til 5 i hver; paa Siderne af Æggene og næsten dækkende dem laa de bløde elastiske Dun, som Fuglen plukker af sit Bryst til Beskyttelse og Varme for Æggene. Efter Grønlændernes Udsagn skulde Rederne være blevne plyndrede en Gang iaar, men Ederfuglen lægger et andet, ja et tredje Kuld, naar de første beroves den, men Antallet af Æg bliver mindre for hver Gang. Saa langt sydpaa spiller iøvrigt Indsamlingen af Ederfuglenes Æg og Dun kun en ringe Rolle; man skal mindst 50 Mil længere mod Nord for at træffe de rigtig store Ederfuglekolonier, hvor Fuglene yngle i Tusinder og atter Tusinder, og hvor Rederne dække alle de lave Øer saa tæt, at man næppe kan træde imellem dem. Medens vi stod ved Rederne, laa Hunnerne i Vandet tæt ved os sammen med enkelte Hanner i deres uanseelige Sommerdragt; iøvrigt bekymre Hannerne sig ikke om Æg og Unger; dem er det alene Hunnens Sag at udruge og sørge for. — Under alt dette var det bleven Midnat men dog ikke mørkere end en Sommeraftens Skumring hos os. Da vi passerede den nærmeste Pynt af vor Telte, hørtes Raab inde fra Land; der sad Grønlænderinderne og raabte ud til os: »Vi fryse, vi ere bange«. Heltemodet var rent borte nu, og højst fornærmede vare de; imidlertid stillede de sig snart tilfreds, da de kom om Bord hos os og fik en Snaps. Efter Hjemkomsten sad vi endnu længe og drøftede Dagens Begivenheder, og Klokken blev halv to, før vi kom til Ro; da var det allerede ganske lyst, og Snespurvene kvidrede rundt om Teltet.

Den følgende Morgen var Himlen overtrukken, og Luften saa truende ud. Først Klokken 9 kom vi ud af Poserne; da var det endnu stille, men paa en Gang kom et enkelt Vindpust, hvorefter det straks blev stille igjen. Det var ikke til at tage fejl af, der var en Sydveststorm i Anmarche. Vindstødene bleve hyppigere og hyppigere, og i Løbet af en Time havde vi Stormen med dens sædvanlige Følgesvend Regnen, der piskede mod Teltvæggen. Det var jo kedeligt at faa spildt en Dag, den sidste hele Dag, vi havde til Raadighed, men værre var det, at Storisen drev op mod Øen og truede med at spærre os inde. Foreløbig var der ikke andet at gøre end at indskrænke os til en Undersøgelse af Øen, hvor vi laa, og afvente bedre Tider. Øen var næppe en halv Mil i Retning Øst—Vest og en kvart Mil i Retning Nord—Syd, bestod af Fjæld, Gnejs; dens højeste Punkt var næppe 100 Fod. Paa Nordsiden gik Klipperne stejlt ned mod Vandet, paa andre Steder skraanede de mere jævnt ud mod Stranden, eller nærmest nede mod denne laa en jævn Sandslette. Oppe paa Øen laa hist og her smaa Søer, dannede ved at Regnvandet samlede sig i de naturlige Sænkninger i Klippen, og fra Søerne strømmede smaa Bække ned mod Stranden; omkring Søerne laa mose- og engagtige Strækninger. Ihvorvel Muldlaget, hvor der overhovedet fandtes et saadant, var overordentlig tyndt, groede dog ikke faa Planter paa

Øen, de samme, som man traf overalt langs Kysten. Paa mange Steder ragede den nøgne Klippe frem, men saa man nærmere til, vare Stenene næsten overalt klædte af graa skorpeformede Laver. Iøvrigt var Jordbunden dækket af Mosser og bladformede Laver, og dannende et Tæppe over dem bredte sig Revlinger og Mosebøller, »Blaabær«, som de kaldtes heroppe (*Empetrum nigrum* og *Vaccincum uliginosum*), uden Tvivl de mest udbredte Planter i Grønland. Blandt dem prangede ikke faa andre Blomsterplanter, som nogle af de mest fremtrædende en Fladbælg og en Pragtstjerne (*Lathyrus maritimus* og *Viscaria alpina*), forskellige Slags Stenbræk (*Saxifraga*) og en god Bekendt fra Danmark, Lovefod (*Alchemilla vulgaris*). Oppe i Søerne voxede en Del Vandplanter, hvoriblandt den ranke Vandspir (*Hippuris vulgaris*) og ved de fugtige Søbredder og paa Engstrækningerne adskillige Græsser og Stargræsser. I de smaa Dale, hvor der var Læ og Sol, trivedes en Del Buskvæxter, Pil (*Salix glauca*), Dværgbirk og bredbladet Birk (*Betula glandulosa* og *B. intermedia*), men ingen af dem naaede synderlig Højde, og Stammerne vare kun tynde, de tykkeste kun lidt over en Tomme i Tværmaal. Hist og her laa langs med Jorden de bugtede og vredne Stammer af Enen (*Juniperus communis* var. *nana*), ofte af betydelig Tykkelse og sikkert meget høj Alder; fra de tilsyneladende tørre Stammer, der ligge helt begravede i Mos, skyde Kviste frem med friske grønne Naale. Fugleliv var her ikke meget af; Snespurvefamilier fløj omkring overalt; af Sangfuglene i Grønland er denne den eneste, som yngler paa Øerne udfor Kysten. En enkelt Ravn sad paa Øens højeste Top, Tejster laa rundt om den, og lidt længere ude en Flok Ederfugle, en enkelt Maage strøg af og til forbi over Vandet. Overalt paa Øen ligesom iøvrigt paa alle Øerne langs Kysten fandtes

Spor af tidligere eskimoisk Bebyggelse, gamle Hustomter, tæt begroede med Marehalm (*Elymus arenarius*), Grave, bestaaende af løst sammenhobede Sten, og Rester af Stenrævefælder. Rimeligvis har Landet tidligere været tættere bebygget, og Bopladserne tillige mere spredte end nu. For os gik Dagen med denne Undersøgelse af Øen, medens Grønlænderne forslog Tiden henne i deres Telt med at drikke Kaffe og synge, dels Salmer, dels Sange af verdsligt Indhold. Henimod Aften stillede Vinden af, og Regnen ophørte, men mørkt og truende saa det ud.

Klokken halv tre næste Morgen vaagnede jeg og stak Hovedet ud af Teltdøren. Udsigterne vare ikke de bedste. Storisen var af Stormen dreven op mod os og satte nu ind mod Land, truende med at indespærre os. Endnu syntes den dog at være fremkommelig, men begyndte det atter at blæse, vilde det være umuligt at komme igennem den, Hurtig bleve Grønlænderne purrede, men langsomme vare de ganske vist til at komme op. De havde sikkert ikke noget imod at blive her i nogle Dage, da de havde fri Forplejning foruden deres Dagløn. Imidlertid, da de saa, at det var Alvor, vare Teltene snart revne ned og alt klart til Afrejsen. Fra Øens højeste Punkt havde vi spejdet ud efter den bedste Vej gennem Isen, og Moses gik i Forvejen med sin Kajak. Efter en Del Søgen fandt han en Vej, der syntes god, men paa en Gang var den spærret af to Isflager, der stødte sammen under Vandet, medens der foroven var aabent Vand imellem dem, dog ikke bredt nok for Baaden at knibe sig igennem. Vare vi blot igennem her, saa der fremkommeligt ud paa den anden Side; saa blev der taget fat paa at hugge Kanten af Isflagerne med Økse og Baadshage, og efter henimod en Times ihærdigt Arbejde lykkedes det at slippe igennem; naar her tales om Flager, maa man vel huske paa, at deres Tykkelse er meget betydelig, ofte 10 til 16 Fod. Derefter gik det forholdsvis let ud i aabent Vand, og Kursen sattes sydpaa. Vi vare ikke de eneste levende Væsener, der færdedes saa tidlig paa Morgenstunden. Store Flokke af tretaaede Maager sad tæt sammenpakkede paa Isstykkerne eller fløj mod Syd langs Kysten. De havde tilbragt Natten herude og trak nu ved Daggry ind til deres Reder paa Fuglefjældene inde i Fjordene for om Aftenen atter at flyve derfra. Ofte tilbagelægge de saaledes to Gange i Døgnet en Vej paa henved en halv Snes Mil, og hvortil saa denne Anstrængelse! ja, det er aldeles gaadefuldt, de fiske kun lidt undervejs, flyve om Aftenen lige til deres Bestemmelsessted, sætte sig her til Hvile paa Isstykker eller lægge sig paa Vandet for ved Daggry i større og mindre Flokke at vende hjem igen. Man kan kun sige, at Maager i Almindelighed holde af at tilbringe Natten ude ved det aabne Hav. Det modsatte er Tilfældet med Ederfuglene, der om Vinteren i uhyre Skarer trække ind ad Fjordene om Aftenen for ved Daggry at vende tilbage igen til Kysten. Oppe i Luften skreg Lommerne, og hist og her laa smaa Flokke af Strømænder (*Clangula histrionica*), der i denne Egn have et Yndlingstilholdssted. Hannen er i sin Parringsdragt, hvad Farvepragt angaar, en af Nordens skønneste Fugle; Farven er hovedsagelig graablaa med kraftig rustrøde Sider, rødgule Striber langs Issen og talrige smukt og ejendommeligt ordnede hvide Bælter, Striber og Pletter, spredte paa Hoved, Hals og Krop; det er ikke uden Grund, at Englænderne kalde den »Harlequin duck«. Alle de, vi saa herude, vare Hanner, der om Sommeren holde sig sammen i Flokke ude ved Kysterne, medens Hunnerne ruge i de indenfor liggende Fjorde, hvor de have Rederne gemte under Buske ved Bredden af de strideste Elve. Parringsdragten var nu borte, og i Afstand saa de helt sorte ud i deres uanseelige Sommerdragt. I Juli og August tabe Hannerne alle Svingfjerene og ere saa helt ude af Stand til at flyve; blive de forfulgte, maa de redde sig ved Dykning eller ved, saa godt det er muligt, at baske sig hen over Vandfladen med de nøgne Arme. Paa denne Tid blive de et let Bytte for Grønlænderne, der tage dem med Fuglepilen. Jeg har en Gang set dem bringe henimod 30 til Ivigtut, tagne paa denne Maade.

Sydpaa blev Isen mere spredt, og Vejret klarede op, saa at Rejsen nu gik i det smukkeste Solskin med stille Vejr. Klokken var bleven 9, og i Løbet af et Par Timer kunde vi være hjemme men foretrak at nyde den Tid, vi havde tilbage, herude i det fri. Ved en lille Bugt lagdes til Land, og Telt og Proviant bragtes ad en temmelig stejl Skraaning omtrent 150 Fod tilvejrs op paa en prægtig grøn Slette, hvorigennem fløđ en lille Elv. Her blev saa det sidste Maaltid paa Rejsen nydt for den aabne Teltdør under en Udsigt, som næppe kunde være skønnere. I Forgrunden den lysegrønne Slette, udbredt nedenfor os Davisstrædet med dyb blaa Farve, lidt ude afbrudt af det hvide solbeskinnede Isbælte og talrige hvide og lyseblaa Isfjælde, hvis Konturer længst ude smeltede sammen med Horizontens Taagestribe. Mod Nord laa Skuepladsen for de sidste Dages Glæder, lige ud for den smukke Ø Umanak med sine to spidse og stejle Toppe, og mod Syd de saa vel kjendte høje Øer og Fjælde ved Arsuk, over hvilke det snedækkede Kungnat, et af Sydgrønlands højeste Fjælde, ragede imponerende op.

Efter Frokosten tog vi i et Par Timer fat paa den afbrudte Morgensøvn, og gik derpaa i Vandet til stor Forbavselse for Grønlænderne. Varmt var det just ikke, hvad man da heller ikke maatte forlange, naar man tog Hensyn til den Mængde Is, der laa allevegne, men et dejligt forfriskende Bad var det. Efter en lille Tur tilfjælds, hvor af levende Væsener kun saas en Havørn (*Haliaetos albicilla*), der muligvis havde sin Rede her i Nærheden, gik vi ombord, og rask gik det nu hjemad.

Rejsen var endt.

**Sol- og Maaneringe.** Det hænder ikke sjældent, at man om Solen eller Maanen ser een eller flere store Lysringe, i hvilke der af og til bemærkes skinnende runde Lysskiver, de saakaldte Bisole eller Bimaaner, ligesom der ogsaa gennem disse Himmellegemer kan vise sig lyse Striber i vandret eller lodret Stilling, Sol- eller Maanesøjler. Undertiden optræder Fænomenet dog i særlig pragtfuld Form, idet Himlen gennembrydes af talrige, hverandre skærende Ringe. Kun faa Iagttagere have set det fuldstændigt, og medens det viser sig, kan det gentagne Gange ændre sit Udseende, saa at Beskrivelsen af det komplicerede Luftsyn bliver næsten lige saa vanskelig som Forklaringen over, hvorledes det tænkes opstaaet.

Vi skulle her give en Fremstilling af det fuldstændige Fænomen af den Art, som Lowitz saa i Petersborg den 18/29. Juni 1790 (se Fig. 1).

Ved en med Dunster opfyldt Atmosfære viste Synet sig fra Kl. $7^1/_2$—$12^1/_2$, dog ikke altid lige fuldstændigt.

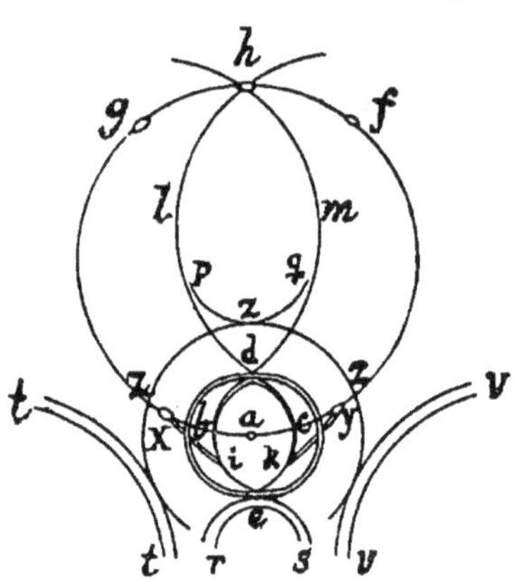

Fig 1.

1. En Ring af omtrent 22° Radius, som havde Solen a til Midtpunkt. Den er indvendig blaalighvid. I Reglen er dette en eneste Kreds, som paa den indre Side er skarpt begrænset men ligesom udvasket paa den ydre. Lowitz saa i Stedet for denne to hinanden skærende Kredse b c d e. Skæringspunkterne ere d og e.

2. En Ring z z z, der har Solen til Centrum og ligeledes er farvet med rodt inderst. I Reglen viser den renere Farver end den indre Ring. Dens Diameter er 44°.

### *Dug.*

Dug er en svag, paa Grund af den natlige Varmeudstraaling ved klar Himmel faldende Taage og bebuder en smuk Dag. Falder der ikke Dug i en stille, klar Nat, maa man være belavet paa Regn.

### *Taage.*

Taage med frisk Norden- eller nordostlig Vind lover godt Vejr; men naar Vinden springer til Syd og Vest kan man vente mere eller mindre vedholdende Regn.

En Taage, hvorigjennem man ser Solen ubestemt og bleg, tyder paa Regn.

Viser fjerntliggende Steder og Bakker sig ved klar Himmel i et graat Slør, kan man vente stadig tort Vejr; synes de derimod at være meget nær ved, og viser de sig smaa og tydelige, kommer der Regn den næste Dag.

### *Skyerne.*

Skyernes Størrelse og Tæthed tyder paa større eller mindre Fugtighed i Luften. Hurtigt flyvende Skyer tyder paa ustadigt Vejr. Stillestaaende bebuder en Forandring i Vejret. Skyer, der flyver over Kors, ere Forløbere for Uvejr eller for Storm.

Klare, løse Skyer, der tidlig stiger, tyder paa en smuk Dag. Driver smaa, mørke, sønderrevne Skyer under en helt overtrukken Himmel, maa man vente vedholdende Regn.

Morgengraat og rosenrod (ikke ildrød) Aftenrøde bebuder smukt Vejr. Viser Himlen sig ved Solnedgang meget rød imod Øst, kan man vente Blæst eller Torden, eller imod Sydøst kan ventes Regn.

En blakket, bleggul Aftenhimmel tyder paa Regn, en klar, gul Aftenhimmel derimod paa Blæst.

Regner det tidlig om Morgenen mellem 4 og 9, saa kommer der Solskinsvejr inden Middag. Begynder det at regne med tæt overtrukken Himmel om Eftermiddagen eller Aftenen, saa vil det ogsaa gjerne regne den næste Dag.

---

**Naturen og Mennesket** **koster 4 Kr. halvaarlig** og bestilles hos enhver Boghandler eller paa Postkontorerne.

Redaktør **S. Mørk-Hansen, Viby Højskole** ved **Aarhus**, modtager Manuskript, der saa vidt muligt ikke maa overstige et trykt Ark (16 Sider).

8. Aargang. 7.—8. Hefte.

# NATUREN OG MENNESKET

ILLUSTRERET MAANEDSSKRIFT

FOR

OPLYSNINGS OG VIDENSKABS FREMME.

REDIGERET AF

S. MØRK-HANSEN.

»Almene Fremstillinger er næsten ligesaa betydningsfulde for Videnskabens Fremgang som selvstændigt Arbejde!« *C. Darwin.*

JULI—AVGUST 1896.

INDHOLD: 

TRYKT HOS TH. THRUE I AARHUS.

**Fridtjof Nansen,** ved W. C. Brøgger og Nordahl Rolfsen. Det nordiske Forlag. 9 Kr. — Denne aktuelle Bog kom i en god Tid, mens Interessen for den berømte Nordpolsfarer var højest, og den ekspedite Hurtighed, med hvilken det driftige Firma var i Stand til umiddelbart efter Nansens Hjemkomst at lade de sidste 9 Hæfter følge de alt udkommende 5, vil sikkert medvirke til, at det store første Oplag er udsolgt, naar disse Linier læses, og et nyt vil da komme, forhaabentlig forøget med en foreløbig Beretning om den sidste store Tur, der egentlig først kan skabe det store Publikums Interesse for denne Bog.

Ti det kan ikke nægtes, at Biografien i og for sig var altfor bred, før Nansen blev den store Mand, hvis mindste Guttestreger maaske nu læses med Lyst, ligesom f. Eks. Anbringelsen af et Billede af »Liv« nu bedre kan forsvares. Havde den store Ekspedition, paa hvilken der naaedes saa nær Nordpolen, ikke lykkedes, vilde Biografiens Svinkeærender næppe have glædet Polarforskeren ved hans Hjemkomst.

Det er ikke for intet, at det norske Folk med Videnskabsmændene og Kongen i Spidsen har modtaget de djærve Polarfarere saa glimrende. Lad Reaktionen komme, det vil dog staa, at den første norske Polarekspedition med utrolig faa Omkostninger, med Menneskeliv, Skib og en Mængde Proviant i Behold, har bragt større Opdagelser end de fleste videnskabelige Polarrejser i dette Aarhundrede, lad saa være at de personlige Lidelser, de 12 kække Deltagere led, og den Risiko, de løb, ikke svarer til Resultaterne. Det sidste kan man altid sige: vent 100 Aar, og de samme Opdagelser vilde da kunne være udførte med langt mindre Møje og mindre Fare. Men de vilde da ikke have nyttet $^1/_{100}$! Sir Markham har Ret: Den hele civiliserede Verden er i Gæld til Nansen! Det vil gavne Norge, at Verdens Opmærksomhed paa saa smuk en Maade er henledet paa vort gamle Broderfolk, og det storartede Velkommen, der som en voksende Bølge brød sig

Iver og et Held som faa andre, endte som Misantrop. Han døde den 21. Aug. 1814 og ligger begravet paa Auteuil Kirkegaard. Der staar paa hans Gravsten, at hans Arbejder for at forbedre de Fattiges Kaar til alle Tider ville gøre hans Navn dyrebart for Menneskehedens Venner. Dette er ikke slaaet til. Han er nu kun kendt af saare faa udenfor Fysikernes snævre Kres. Netop fordi hans Virksomhed var spredt over saa mange forskellige Felter, vandt han stor Berømmelse blandt sine Samtidige; men skal en Mands Navn huskes af den store Almenhed ret længe efter hans Død, maa han have udført en eller anden enkelt Bedrift, der for sig alene er betydningsfuld nok til at sikre det mod Forglemmelse, og det har Rumford ikke gjort. Man faar først Indtryk af, at han var en stor og ejendommelig Personlighed, naar man opdager den indre Sammenhæng i hans spredte Virken. Denne Sammenhæng viser sig klart i hans Skrifter *), som man den Dag i Dag kan læse med Fornøjelse og virkeligt Udbytte.

---

*) Essays, political, oeconomical and philosophical by Benjamin Count of Rumford. — Tysk Oversættelse: Benj. Grafen von Rumford: Kleine Schriften.

# Oversigt over nogle nyere danske ornithologiske Afhandlinger.

Af Læge **O. Helms.**

---

Siden 1877, da Collins Udgave af Kjærbøllings Bog om Danmarks Fugle afsluttedes, have talrige mindre, ornithologiske Arbejder set Lyset herhjemme, dels udkomme som særlige Skrifter dels som Meddelelser i Tidsskrifter. De faunistiske have langt Overvægten, og kun med dem beskæftige vi os her, dog med Forbigaaelse af de ret talrige Afhandlinger om vore Bilandes Fugle, som ere fremkomne dels herhjemme dels i Udlandet, samt Meddelelser, der kun omfatte enkelte Arter.

Tilbage bliver dog en anseelig Række Arbejder, blandt hvilke først maa nævnes de i 1883 af Prof. Lütken paabegyndte, i 1885—86 af O. Winge, fra 1887 af H. Winge udgivne Aarsberetninger om danske Fugle. Disse Meddelelser, der i de første Aar bestod af fleres Iagttagelser og udkom i det i Tyskland udgivne Tidsskrift »Ornis«, have efterhaanden forandret Karakter, idet de fra 1888 væsentlig ere fremtraadte som Meddelelser om Fuglefaldet ved de danske Fyr, kun ledsagede af enkelte Oplysninger om særlig mærkelige Tildragelser i Aarets Løb, og fra samme Aar ere de offentliggjorte i »Videnskabelige Meddelelser fra naturhistorisk Forening.« — Fra alle danske Fyr indsendes til zoologisk Museum de ved Fyret faldne Fugle, i hvert Tilfælde Eksemplarer af de hver Nat faldne Arter, tilligemed Oplysninger fra Fyrmestrene, hvis aarlig indgivne Beretninger om Fuglelivet ved Fyrene ogsaa tildels trykkes. I intet andet Land er en saadan systematisk Indsendelse af Fugle fra Fyrene sat i Værk, og de aarlige Beretninger udgøre det interessanteste og paalideligste Bidrag til de senere Aars Kendskab til vort Lands Fuglefauna.

Omtrent samtidig med de under zoologisk Museums Ledelse udgivne Aarsberetninger begyndte Udgivelsen af en Række lokalfaunistiske Arbejder om Fuglene i forskellige Dele af Landet. I 1884 skrev Herschend om Skanderborgegnens Fugle, i 1886 Heiberg om Thylands Fugle, i 1887 Faber om Morsøs Fugle, i 1890 Christiansen om Viborgegnens, og i 1892 Barfod om Vordingborgegnens Fugle. Alle disse Afhandlinger ere skrevne væsentlig efter samme Type; det er Enkeltmands Iagttagelser fra en Egn, hvor han i længere Tid har boet og færdedes, og omhandler alle de af ham iagttagne Arter. Kun faa Meddelelser fra andre end Udgiveren selv ere tagne med, og de omtalte Skrifter give alt i alt gode og paalidelige Oplysninger om Fuglene i den paagældende Egn med adskillige interessante biologiske Iagttagelser, selv om Fabers og Barfods Meddelelser kunde have været fyldigere.

Et i 1888 af Collin udgivet andet Supplement til »Skandinaviens Fugle« (et første var udgivet umiddelbart efter Hovedværkets Afslutning) bestaar væsentlig i Uddrag af Herschends, Heibergs og Fabers Bøger foruden i Meddelser fra forskellige Mænd, hvis Kendskab til Fugle vistnok er ubestridelig.

I 1893 udkom »Næstvedegnens Fugle.« Denne Bogs Tilblivelsesmaade er ikke lidet forskjellig fra de førnævntes, idet ikke mindre end fem Forfattere (Baagøe, Olsen, Fahrenholtz, Scheel og Grønvold) anføres paa Titelbladet, og endda en overordentlig stor Mængde Oplysninger fra andre ere medtagne. De manges Samvirken har imidlertid ikke været til Gavn for Arbejdet; adskillige altfor tvivlsomme Meddelelser ere optagne, ligesom Bogen ikke er udarbejdet med stor Omhu og gør Indtryk af, at Udgiverne ikke have skænket Fuglelivet paa alle Aarstider den samme Opmærksomhed. Imidlertid giver Bogen trods dens Mangler en Del gode Oplysninger, men den staar langt under de tidligere omtalte.

1894 bragte en lille Afhandling af Hagerup om Terne- og Maagekolonier i Jylland, et meget oplysende Arbejde, som desværre fremkom paa Tysk i et her i Landet kun lidet kendt Tidsskrift.

I 1895 udkom som tredie Supplement til »Skandinaviens Fugle« en af Collin med ministeriel Understøttelse udgiven Bog paa c. 100 Sider. Bogen indeholder Oplysninger om en stor Del af de her i Landet forekommende Fuglearter, væsentlig af faunistisk Natur. Det er i og for sig et meget fortjenstfuldt Arbejde at samle og bevare fra Forglemmelse nyere Oplysninger om vort Fædrelands Fugle, selv om der, som i det foreliggende Værk, kun fremlægges det raa Materiale. Til et saadant Arbejde hører imidlertid først Fagkundskab, dernæst Kritik ved Indsamling og Sigtning af Materialet og endelig Omhu ved Sammenskrivning af de indvundne Iagttagelser. Alle tre Dele skorter det i høj Grad paa hos Udgiveren. — Nogen Tid efter Bogens Udgivelse er udkommet en Efterskrift, hvori nogle af de groveste og en ringe Brøkdel af de mindre Fejl ere rettede; de saaledes rettede Fejl lades her selvfølgelig uomtalte. — Bogens Indhold hidrører dels fra Literaturen dels fra private Meddelelser; men den foreliggende Literatur er rigtignok benyttet paa en højst forbavsende Maade. Medens »Næstvedegnens Fugle« saa at sige genoptrykkes med Fejl og meget tvivlsomme Angivelser, synes Udgiveren, hvor utroligt det end lyder, ikke at kjende Christiansens og Barfods føromtalte Afhandlinger, uagtet Medddelelser fra disse to Mænd jevnlig anføres. Winges Aarsberetninger citeres vel et Par Steder, men ogsaa til dem tages der grumme ringe Hensyn. Et ganske morsomt Eksempel herpaa er Meddelelsen om de to Vandstære af Varieteten melanogaster, der 25. Oktober 86 fløj mod Anholts Fyr, og som hvis Hjemmelsmand anføres »Jagtt., K.« (Jagttidende, Kalkau). Sidstnævnte har formodentlig læst Meddelelsen i »Jagttidende« og fortalt den til Udgiveren, men »Jagttidende« har rigtignok aftrykt Meddelelsen efter Winges Aarsberetning, saa det er en lang Omvej, de to stakkels Vandstære af Varieteten melanogaster have maattet gøre. — Læser en Udlænding Collins Bog, vil han faa det meget fejlagtige Indtryk, at »Næstvedegnens Fugle« er det Hovedværk, hvoraf vi Danske i de senere Aar have øst vor Viden om Landets Fugle, saameget mere som Udg. mod Skik og Brug ved en overordentlig stor Mængde Meddelelser ikke anfører, at de tidligere have været trykte andetsteds; eksempelvis kan blot anføres, at Hagerups Meddelelse om Gransangerens Ynglen her i Landet har været offentliggjort baade i »Naturen og Mennesket« og Winges Aarsberetning for 1893.

Værre end den uheldige Brug af Literaturen er imidlertid den Maade, hvorpaa Meddelelser fra en Mængde forskellige Mennesker ere skaffede tilveje og benyttede. Gennem en af Udgiverens Medarbejdere, fhv. Apotheker Baagøe, er der sendt Forespørgsler ud til en Del Mænd, der antages at have nogen Kendskab til Fugle, og paa den Maade er der indkommet talrige Oplysninger af højst forskelligt Værd. Medens adskillige Meddeleres Navne borger for deres Angivelsers Rigtighed, ere

[M]eddelelser fra en Mængde brave Mænd men mindre gode Ornithologer, [h]vor hvis Kendskab til Fugle Udg. ikke har haft nogensomhelst Sikkerhed, den videre tagne for gode Varer; ja selv anonyme Meddelelser ere [i]kke forsmaaede, saalidt som talrige Oplysninger fra Dagspressen, der [h]eppe kunne staa for den svageste Kritik. End ikke en Liste over [B]idragyderne findes, saa det er i mange Tilfælde aldeles umuligt at vide, [h]vem Meddeleren er, da oftest kun Meddelerens Navn, ikke tillige hans [S]tilling og Opholdssted anføres.

Hvorledes de indsendte Oplysninger ere behandlede, har Anm. for[u]den fra egen sørgelig Erfaring faaet Oplysning om fra forskellige Sider; [d]et viser sig, at Meddelelserne ere behandlede paa en meget skødesløs Maade og ofte ganske forandrede, saa at den oprindelige Mening slet ikke kommer frem; der vrimler af Fejl fra Udgiverens Side, uden at man endda behøver at regne de talrige Trykfejl med. Selvfølgelig kan her kun nævnes enkelte af Fejlene. Saavidt man kan se, have fire af Navnet Christiansen ydet Bidrag, men med Angivelsen af deres Navne hersker den vildeste Forvirring, saa at det ofte er umuligt at afgøre, hvem af dem en Meddelelse skyldes. Kgl. Skovfoged Christiansen benævnes haardnakket Skovrider, en Titel, der ogsaa tillægges kgl. Skovfoged Hansen, Tidsvilde; han kaldes iøvrigt afvekslende Skovr. N. P. H. Skovr. A. P. H. og kort og godt A. P. H., eller Skovr. H., hvilken sidste Betegnelse ogsaa bruges for en anden Mand. — Meget ofte anføres, at en Fugl er skudt der og der, hvor Meddelelsen kun har lydt paa, at den er set; i mange Tilfælde er det umuligt at se, om det ene eller det andet har været meddelt. — Iagttagelser anføres paa mange Steder under et ganske forkert Navn, ligesom Tidsbestemmelser og navnlig Stednavne behandles paa en uforsvarlig Maade. Skovløkken ved Mullerup bliver ikke mindre end to Steder til Skovbakken ved Tidsvilde; overhovedet er Stedsbestemmelsen Tidsvilde aldeles meningsløst føjet til næsten alle en Iagttagers Meddelelser. Foruden de i Efterskriften rettede Tilfælde ere mindst to andre Steder den samme Fugl opført to Gange, saa at man faar Indtryk af, at det drejer sig om to forskellige Individer; det er ved Krognæbet og den store Hornugle. Iøvrigt ere de to unge Hornugler, der anføres skudte i Tidsvilde Hegn, ikke skudte i 91 men i 85, og ikke i Marts men i August; Hjemmelsmanden til denne Meddelelse er ogsaa opgivet forkert. — Et galt Begreb giver det at læse, at en Vagtelrede er funden om Efteraaret, naar Meddelelsen lyder, at den er funden i August. — Det er en meget uheldig Rettelse, naar der i Collins Bog staar, at en Meddeler fandt dunklædte Unger af Tengmalms Ugle; vilde man ikke helt udelade en saa overordentlig tvivlsom Meddelelse, burde dog den oprindelige Tekst være fulgt nøjagtig; i »Næstvedegnens Fugle« staar, at vedkommende saa dem. — Af Fejl som de nævnte findes sikkert en uhyre Mængde i Bogen, da der jo ikke er nogen rimelig Grund til at antage, at de faa Bidragydere, hvis Meddelelser Anmelderen har haft Lejlighed til at kontrollere, skulde være blevne særlig slet behandlede; at dette er skæbnesvangert for Bogens Værd er indlysende.

Gennemgaar man nærmere Bogens Indhold, røbes snart Udgiverens Usikkerhed i den specielle Ornithologi; man kan ikke undlade at bebrejde ham, at han ikke har skaffet sig sagkyndig Hjælp til Gennemsyn af sit Værk, hvad neppe vilde have faldet vanskeligt. Selv om en Del af de værste Fejl ere rettede i Efterskriften, er der dog nok tilbage. — Neppe mange ville tro paa Angivelsen af den Masse Kongeørne, der skulle være skudte paa forskellige Steder her i Landet. En stor Del af disse anføres ogsaa fra Dagspressen, og som bekendt kaldes her enhver stor Ørn, ofte endog andre større Dagrovfugle, for Kongeørne. Den langt overvejende Del har sikkert været den her i Landet ynglende og om Vinteren ret almindelige Havørn og ikke den langt sjeldnere Kongeørn. — Naar det for Glente og Ravn anføres, at de ikke siden 1885 have ynglet i Tidsvilde Hegn, da ere disse Meddelelser trods deres utvivlsomme Rigtighed ganske vildledende, idet der forudsættes, at de have gjort det før 1885; men Sagen er, at Hjemmelsmanden, der forøvrigt opgives forkert begge Steder, først i 85 kom til Tidsvilde. — At fylde to Sider med Oplysninger om, hvor en saa almindelig Fugl som Vandrefalken er skudt og set, synes ret urimeligt men er dog altid bedre end, naar der anføres fire Tilfælde, hvor den krumnæbede Ryle er skudt; det giver jo et ganske forvansket Billede af denne paa mange Steder saa almindelige Fugls Forekomst. — Man begriber vanskelig, at Udg. søger at holde Liv i den Spetmejse, der skal have hugget de talrige Huller i et Lindetræ, og om hvis Adfærd der oprindelig berettedes i »Næstvedegnens Fugle«; Spetmejsens Tilstedeværelse ved Træet kendtes kun efter en ikke fuglekyndig Mands Opgivelse, medens derimod nu en Flagspette er truffen som Gerningsmanden; for Flagspettens Vedkommende er dette et almindeligt, ogsaa her i Landet velkendt Fænomen, saa den hele »interessante«

:istorie bliver til grumme lidt; selvfølgelig er den ikke bleven bedre ed at gaa over i det nyeste svenske Værk om Skandinaviens Fugle.

For adskillige Trækfugles Vedkommende er opgivet Ankomstider m Foraaret, alt for ofte uden noget vedføjet Navn. De ret hyppige leddelelser om, at en Fugl paa det og det Sted er ankommet til den g den Tid, ere i Virkeligheden uden Betydning, naar det kun drejer g om et enkelt Aar og ikke om Iagttagelser fortsatte flere Aar i 'ræk. I Winges Aarberetninger findes Ankomsttider til København pgivne for en Aarrække. Udg. har for de samme Aar benyttet Op'sninger fra en anden Kilde. Man staar da overfor det Særsyn, at f. :ks. Forstuesvalen i 1890 er kommen til København baade 27. .pril og 6. Maj, i 1892 27. April og 10. Maj, Bysvalen i 1892 baade . og 14. Maj o. s. v. o. s. v. De af Winge opgivne Tider ere ennemgaaende langt tidligere end de andre.

En Topmejse anføres som opstillet i Hr. Høsts Samling i Kolding. En Mand af dette Navn findes slet ikke der, hvorimod i sin 'id en Hr. Hirth skal have haft en nu ikke eksisterende Samling. — :et oplivende virker det, naar Udg. beretter, at det er bleven ham ıeddelt, at den graabenede Klires Rede undertiden findes intil 15 ılen over Jorden; det er jo dog ganske øjensynligt, at den nævnte leddeler ikke selv har gjort denne Iagttagelse*) men har sin Kundskab ra Studier af Literaturen; det nævnte Maal anføres f. Eks. i Brehms Thierleben.« — En Meddelelse om et ganske ungt Eksemplar af en nkelt Bekkasin, der blev skudt i August 85, burde have været ıdeladt, saa meget mere som den stammer fra samme Iagttager, der ıar fundet tretaaet Maage ynglende paa en Ø i Roskilde Fjord! let har uden Tvivl været en ung dobbelt Bekkasins korte Næb, ler har foranlediget Fejltagelsen. — Prof. R. Colletts gennem en Aarrække fortsatte Værk »Mindre Meddelelser vedrørende Norges Fugleauna« kender Udg. øjensynlig ikke; han vilde i saa Tilfælde ikke have nent, at Sabines Maage ikke før var truffen i Skandinavien. — Det er 'orhaabentlig en Skrivefejl, at der tales om en mørk Varietet af den spidshalede Kjove. — Den i Januar 92 skudte Stellers And op'øres som en gammel Han, den er, som der ogsaa staar i Winges Aarsberetning, en Hun. Og endelig skal endnu kun nævnes, at der ikke i Odense Museum findes en Anas mergoides; efter Meddelelse

*) Fuglen yngler ikke her i Landet.

fra Konserv. Hjeronimus skal en saadan en Gang være bragt ham men i saa forskudt Stand, at den ikke kunde udstoppes; den blev bortkastet og bør vistnok dermed ogsaa være ude af Literaturen. Endnu talrige Fejl kunde nævnes, men de anførte ville være tilstrækkelige til at vise Bogens Beskaffenhed. — De biologiske Meddelelser ere for en stor Del højst naive og bringe saa at sige intet Nyt.

Det er rimeligt, at den paabegyndte Række af lokalfaunistiske Arbejder i de nærmeste Aar vil blive fortsat, hvorfor man maa haabe og ønske, at der paa kommende Værker af den Art maa anvendes mere Omhu end paa den foreliggende Bog.

Foruden de her omtalte Afhandlinger er der i de senere Aar frem kommet ret talrige større og mindre ornithologiske Meddelelser i forskellige Tidsskrifter; men deres Indhold ligger væsentlig udenfor denne Oversigts Ramme.

frem imod ham og hans Fæller fra Vardø til Kristiania, vil gavne Folket selv. Et helt Folk trænger til at se, at Mennesket ikke lever af Brød alene, og den store Mandsdaad med Livets Indsats vil være Impuls til Fremgang ogsaa paa andre Omraader.

Professor Mohn sammenfatter de mest iøjnefaldende Resultater af Nansens Rejser i Opdagelsen af en Ø i Karahavet og flere Øer nord for Siberien, Paavisningen af et dybt isdækket Cirkumpolarhav nordvest for de nysiberiske Øer, hvis Vand især om Vinteren med Vindretningen, i Overensstemmelse med Nansens Teori, strømmer mod Nord, Paavisning af Glacialmærker paa den sibiriske Kyst, af Mangelen paa større Dyr og Trækfugle højt mod Nord og af alt Livs Ophør i de store Havdybder, hvorved en Teori om Organismernes polare Oprindelse skal bortfalde.

Om Polarforskningers Værd for Videnskab faar man god Oplysning i Biografien. »Der er for Tiden næppe nogen Opgave for Naturforskeren — Biologen og Geologen — som stilles med stærkere Krav til den forskende Menneskeaand, end Undersøgelser om den store Istid, Overgangstiden mellem de uddøde store Pattedyrs og det endnu levende Menneskes Tidsaldre og Aarsagerne til de vekslende kolde og milde Tider. Mange mener, at det netop væsenlig er Istiden, som har gjort Mennesket til Menneske, hævet det over Dyret, idet de haarde Livsbetingelser, som udryddede dets Konkurrenter i Kampen for Tilværelsen, skærpede og udviklede dets særskilte Evner, som gjorde det skikket til at udholde denne Række af Klimavekslinger, hvorunder Tertiærtidens store Kæmpedyr bukkede under«.

I Grønlands Isdække har vi det nærmeste Forbillede for Nordevropas Tilstand under Istiden, og Forskningerne, især vor Landsmands Dr. Rinks, de mange Isvandringer men ogsaa Nansens Færd tværs over Isen, har givet os mange Oplysninger herom; dog vil Undersøgelserne af de ukendte Egne om Polerne give os uundværlige Bidrag til Opklaringen af dette store Problem: »Polarforskningerne leverer Aktstykkerne til Forstaaelsen af et af de vigtigste Afsnit i Jordens Historie, det, der gjorde Mennesket til Jordens Herre«. —

Den smukt udstyrede Biografi, der forhaabentlig vil faa Fortsættelser, yder mange oplysende Billeder, bl. a. et interessant Portræt af Nansen, der minder om Stanley. Den »haarde Vaar« har gjort ham ældre end hans Aar, og vil han fortsætte Arbejdet mellem de tvende Kuldepoler i Nord, vil han hurtig ældes som Afrikaforskeren.

---

**Naturen og Mennesket koster fremtidig kun 3 Kr.** halvaarlig eller 6 Kr. for hele Aaret. Hver Januar og Juli begynder et nyt Bind, der bestilles paa nærmeste Postkontor eller hos Boghandlerne. Ældre Prøvehæfter kan faas, naar man sender 17 Øre til Red., der ikke modtager Bestillinger paa Tidsskriftet. **Aargangene 1893—94 er udsolgte, hvilket ogsaa gælder de første Aargange.**

Redaktør **S. Mørk-Hansen, Viby Højskole** ved **Aarhus,** modtager Manuskript, der saa vidt muligt ikke maa overstige to trykte Ark (32 Sider).

ith. Iagtt. fra
det nordlige Atlanterhav.
d. Medd. nat. Foren. 1897, pp. 216-236.]

(Særtryk af Vidensk. Meddel. fra den naturh. Foren. i Kbhvn. 1897.)

# Ornithologiske Iagttagelser fra det nordlige Atlanterhav.

Af

*O. Helms.*

---

Paa fire Rejser mellem Danmark og Grønland, i April 1890, Juni 1891, April og Oktober 1893, har jeg haft Lejlighed til at gjøre en Del Iagttagelser over Fugle. Forskjellige, der have gjort samme Rejse, have meddelt mig, hvad de have set af Fugle undervejs, og sammenstillede fremlægges nu alle Iagttagelserne som et Bidrag til Kundskaben om Fuglelivet paa et enkelt Strøg af Atlanterhavets nordlige Del. Den Strækning, der omhandles, er da væsentligst Atlanterhavet mellem 59° og 61° n. B., 1° og 50° v. L.; hvor Forholdene have gjort det rimeligt, er medtaget, hvad der er set af Fugle i Davisstrædets sydøstlige Del til c. 62° n. B. (saa langt som mine egne Rejser have strakt sig) samt i Nordsøen, Skagerrak og Kattegat. — At Iagttagelserne ere forholdsvis faa, skyldes — foruden den Omstændighed, at ikke ret mange med tilstrækkeligt Kjendskab til Fugle foretage Rejser til Grønland — vel i første Række Fuglelivets Sparsomhed paa Atlanterhavet, men dernæst de ofte indtrædende Vanskeligheder ved at foretage Iagttagelser undervejs, saasom Skibets Fart, dets Slingren, Umuligheden af at opholde sig paa Dækket i haardt Vejr, Søens Uro og den Rejsendes Søsyge. Paa den sidste Rejse, jeg gjorde fra Grønland i Oktober 1893, var det saaledes paa den kun 14 Dage lange Tur uafbrudt Storm, hvorved alt Ophold paa det stadig over-

Foruden de Landfugle, om hvilke man kan formode, at de, forstyrrede i deres Træk til eller fra Ynglestederne, ere drevne ud af deres Kurs, træffes af og til mere tilfældige Gjæster, dels særlig gode Flyvere som Svaler (*Hirundo*), dels Arter, der overhovedet have Tilbøjelighed til at strejfe overordentlig vidt omkring, uden at det egentlig staar i Forbindelse med Yngleforhold f. Ex. den Lille Regnspove (*Numenius phaeopus*), Vandrefalken (*Falco peregrinus*) og Sumphornuglen (*Otus brachyotus*), hvilke Holbøll alle gjentagne Gange har set paa sine Rejser over Atlanterhavet. Af disse yngler Vandrefalken i Grønland, medens den Lille Regnspove og Sumphornuglen ofte ere trufne der.

Svømmefuglene udgjøre den langt overvejende Del af de Fugle, der træffes paa Rejserne; de have Overvægten, hvad angaar Tallet saavel af Arter som af Individer; men medens som omtalt Landfuglene ofte sætte sig paa Skibet, ja fanges der, og deres Art derved let kan bestemmes, er dette i langt ringere Grad Tilfældet for Svømmefuglenes Vedkommende; de allerfleste af dem ses flyvende forbi Skibet eller liggende paa Vandet, medens Skibet bevæger sig forbi dem, saa at en nøjagtig Artsbestemmelse ofte bliver vanskelig.

Uagtet en stor Del af Grønlands Svømmefugle ere Trækfugle, ses intet Træk af dem lige saa lidt som af Landfuglene paa Rejsen over Oceanet og tildels af de samme Grunde; desuden er for en Del Arters Vedkommende Trækket om Foraaret endt paa den Tid, Skibene komme op i Nærheden af Grønland.

Med Hensyn til Svømmefuglenes Forekomst paa Havet kan man skjelne mellem Oceanfugle og Kystfugle; ved Oceanfugle skal da forstaas ikke blot saadanne Fugle, som udenfor Yngletiden stadig have deres Ophold og søge deres Næring paa det aabne Hav fjernt fra Kysterne, f. Ex. den store Skrofe (*Puffinus major*), men ogsaa Fugle som f. Ex. Brünnichs Tejste (*Uria arra*), der jevnlig træffes paa det aabne Hav i betydelig Afstand fra Land og tilsyneladende befinde sig vel der, selv om Hovedmængden af dem ogsaa udenfor Yngletiden opholder sig i Kysternes Nærhed. Ved Kystfugle forstaas derimod de Arter, hvis Liv saavel i som udenfor Yngletiden er bundet til Landets mere eller mindre umiddelbare Nærhed f. Ex. Ederfuglen (*Somateria mollissima*). Overgange bliver der selvfølgelig, men i de allerfleste Tilfælde er det ikke vanskeligt at afgjøre, om en Fugl skal regnes til den ene eller den anden Gruppe. Hvad der bestemmer, om en Fugl bliver Oceanfugl eller Kystfugl, er utvivlsomt i første Række dens Føde; men herom ved man saa ringe Besked, at Sammenhængen kun sjeldent kan paapeges. De Dybder, der træffes i Atlanterhavet undtagen i Landets mest umiddelbare Nærhed, ere overalt for store til, at nogen Fugl kan tænkes at leve her, som skal søge sin Føde paa Bunden af Havet; man ser da ogsaa, at Dykænderne (*Fuligula*), som væsentligst ere henviste til at søge deres Føde paa den omtalte Maade, slet ikke træffes paa Oceanet, uagtet adskillige Arter i Mængde ruge overalt i de nordlige Lande, at paa den anden Side Stormfuglene (*Procellariidæ*), der menes for en Del at leve af Smaagopler, høre til Oceanets almindeligste Fugle. Men herudover har man ikke mange Vink til Forstaaelse af, hvorfor den ene Art eller Gruppe træffes paa Oceanet fremfor den anden. Flyveevnen spiller øjensynlig en mindre Rolle; daarlige Flyvere som Alkefugle (*Alcidæ*) ses hyppig paa Oceanet, medens en saa fortrinlig Flyver som Sulen (*Sula bassana*) er en udpræget Kystfugl.

Blandt Svømmefuglene ere alle de Arter der ses af Andefamilien (*Anatidæ*) og Pelekanfamilien (*Steganopodes*) udprægede Kystfugle. Ænder træffes saa at sige kun umiddelbart ved Kysten, ej en Gang ude paa de mindre Have, som Nordsøen; de Arter, man nærmest kunde vente at finde, f. Ex. Ederfugl og Havlit (*Harelda glacialis*), ere ifølge deres Levevis i en ganske udpræget Grad Kystfugle. Den almindelige Ederfugl saas i Foraaret 1893 flokkevis i Udløbet af Øresund, og dernæst ikke, før vi nærmede os Skærgaarden ved Grønlands Kyst; Havliten holder sig endnu nærmere ved Land end Ederfuglen. Svaner (*Cygnus*) angiver Holbøll derimod at have set enkelte Gange i Atlanterhavet henimod Grønlands Kyst.

I Maagefamilien (*Laridæ*), af hvilken saa talrige Arter

yngle overalt ved de nordlige Have, findes baade Oceanfugle og udprægede Kystfugle, de sidste i langt overvejende Tal. Paa Oceanet ses i Virkeligheden kun hyppig en eneste Art, Tateraken (*Rissa tridactyla*), medens de allerfleste andre Arter, saavel af Maageslægten (*Larus*) som af Terne- og Rovmaageslægten (*Sterna* og *Lestris*) i højere eller ringere Grad ere bundne til Kystens Nærhed. I Kattegat, Skagerrak og Nordsøen ses talrige Maager af de almindeligere Arter. Svartbag, Sildemaage, Graamaage, Sølvmaage, Stormmaage (*Larus marinus, L. fuscus, L. glaucus, L. argentatus, L. canus*) og Taterak; dog ses i Nordsøen de fleste Arter som Individer i Nærheden af den norske Kyst eller af Øerne Nord for Skotland. Kommer man ud i Atlanterhavet, træffes stadig Taterak og i den østlige Del til omtrent 15° v. L. endnu af og til Graamaage, Terne (*Sterna macrura*) og Rovmaage (*Lestris parasitica*). Jo længere man kommer ud paa Oceanet, desto sparsommere blive Maagerne; fra 15—35° v. L. træffes væsentligst kun Taterak, en enkelt Gang Svartbag og stor Rovmaage (*Lestris catarrhactes*); længere over mod Grønlands Kyst ses atter Terne og Rovmaage, først helt inde ved Land begynde Graamaage og Svartbag at vise sig. Blandt de Fugle, der træffes paa Rejserne, kunne ingen med bedre Ret kaldes Oceanfugle end Stormfuglene (*Procellariidæ*), thi for de flestes Vedkommende gjælder det, at de ikke blot ikke ere bundne til Landets Nærhed, men at de endog udenfor Yngletiden sky Landet og de mindre Have. I vore hjemlige Farvande ses derfor ingen; i Nordsøen træffes om Efteraaret en Del Mallemuker (*Fulmarus glacialis*), men først ude paa det aabne Atlanterhav begynder Stormfuglenes egentlige Felt; her træffes da næsten altid Mallemuker, til visse Tider hyppig Skrofer (*Puffinus*) og Stormsvaler (*Procellaria*). Mallemukernes Hyppighed tiltager op i Davisstrædet, og dettes sydlige Del synes efter Holbøll's Angivelse om Sommeren at være Yndlingsopholdssted for den store Skrofe (*Puffinus major*) og Leach's Stormsvale (*Procellaria leucorrhoa*). Næstefter Stormfuglene ere Alkene (*Alcidæ*) maaske den Familie, hvoraf der hyppigst træffes nogle paa Oceanet; men de vise sig dog i langt højere Grad end Stormfuglene knyttede til Landet. Naar Holbøll om Søkongen (*Arctica alle*) og Brünnichs Tejste siger, at de ere sande Oceanfugle, der træffes overalt i Atlanterhavet, da stemmer det ikke ganske med mine Erfaringer; efter hvad jeg har set, vise alle Alkene en udpræget Tilbøjelighed til at have Kysten i ikke altfor stor Afstand. Men for de enkelte Arters Vedkommende er her en overordentlig stor Forskjel; saaledes ses Tordalken (*Alca torda*) næsten ikke paa Rejserne, og den almindelige Tejste (*Cepphus grylle*) kun helt inde ved Kysterne, ved Øerne Nord for Skotland og inde i den grønlandske Skærgaard. I Skagerrak og Nordsøen træffes talrige langnæbede Tejster (*Uria troile*) og en enkelt Søpagegøje (*Fratercula arctica*). I Atlanterhavets østlige Del findes de samme Arter sammen med enkelte Søkonger til c. 15° v. L.; herfra til henimod Grønlands Kyst træffes af Alke kun faa Brünnichs Tejster; op i Davisstrædet tiltage de stærkt i Tal og findes til Tider navnlig om Foraaret i store Masser. Alkene undgaa muligvis lettere Opmærksomheden end f. Ex. Maager og Stormfugle; de ligge nemlig oftest rolig paa Vandet uden at bekymre sig om det forbisejlende Skib; de flyve ikke op, naar det nærmer sig, dykke snarere og følge ej Skibet. Tilmed stikke de ret dybt i Vandet, og deres mørktfarvede Rygside gjør det vanskeligt at skjelne dem.

Afsætter man paa et Kort Stederne for alle de paa Rejserne sete Fugle, vil man finde følgende Fordeling i store Træk: I Skagerrak og den østlige Del af Nordsøen træffes ret talrige Fugle, saavel Arter som Individer. Over Nordsøen aftager Tallet betydelig for atter at stige stærkt henimod Øerne Nord for Skotland; herfra mod Vest til c. 15° v. L. findes den største Mængde Fugle, i hvert Tilfælde de fleste Arter; fra dette Punkt vestpaa aftager Tallet stadig; de færreste Fugle overhovedet træffes mellem den 20de og 35te vestlige Længdegrad; henimod Kap Farvel stiger Tallet atter jevnt for pludselig at voxe stærkt og holde sig højt i Davisstrædets sydlige Del.

Hvad angaar Mængden af Fugle paa Atlanterhavet til de forskjellige Aarstider, da træffes flest saavel Arter som Individer i Foraarsmaanederne April-Maj, tildels Juni, færre i Efteraarsmaanederne Oktober-November og færrest i Sommermaanederne Juli-August. Fra de egentlige Vintermaaneder December-Marts savnes næsten fuldstændig Oplysninger.

---

Da Rejserne oftest ere foretagne paa omtrent den 60de Breddegrad, anføres ved de enkelte Iagttagelser Bredden kun, naar den afviger 1° eller mere herfra; ellers angives kun Længden. Længde og Bredde opgives kun i hele Grader, da i Almindelighed de meddelte Stedsbestemmelser ikke give Underretning om, hvor en Fugl virkelig er set, men kun om Skibets beregnede Sted den paagjældende Dags Middag.

Hvor intet Navn anføres ved den enkelte Iagttagelse, er den gjort af mig selv.

For lettere Oversigts Skyld er under hver Arts Navn anført de af dens Yngleregioner, som omgive eller ligge i den her omhandlede Del af Atlanterhavet.

### *Turdus merula* L.

Solsort.

Skandinavien, britiske Øer.

Hagerup saa 4. November 1888 paa c. 62° n. B. omtrent 10 Mil fra Færøerne en Han, der fløj mod Syd. Sandsynligvis har den været paa Vejen fra Færøerne, hvor den jevnlig ses.

### *Turdus Pallasii* Cab.

Nordamerika.

En blev fanget 9. Juni 1867 af daværende Løjtnant Normann paa 59° n. B. og 49° v. L. og indsendt til zoologisk Museum. (Meddelt af H. Winge.)

### *Sylvia atricapilla* L.

Munkefugl.

Sydlige Skandinavien, britiske Øer.

Bay saa en 4. Oktober 1892 paa 8° v. L. sammen med flere andre Smaafugle.. — Rimeligvis har ogsaa den været paa Rejsen fra Færøerne, hvor den i de senere Aar er truffen nogle Gange.

### *Saxicola oenanthe* L.

Graa Digesmutte.

Skandinavien, britiske Øer, Færøer, Island, Grønland, Amerikas Nordøstkyst.

Blandt de Fugle, man med størst Sandsynlighed kunde vente at træffe paa Rejsen, maatte vel Digesmutten være, da den i Mængde foretager den lange Vandring over Atlanterhavet mellem Europa og Grønland. Imidlertid falder dens Vej som berørt tidligere neppe sammen med Skibenes; ogsaa synes der at høre et vist Held til for at faa Digesmutten at se paa Rejserne; medens Holbøll kort og godt angiver at have truffet og fanget den hyppig paa alle sine sex Rejser, vistnok i alle Dele af Atlanterhavet, har jeg selv aldrig set den paa nogen af mine Rejser, der ganske vist heller ikke ere faldne i Fuglens Træktid, som for Grønlands Vedkommende er om Foraaret i Maj, om Efteraaret i September og lidt ind i Oktober. Bruun har i Foraaret 1894 truffet den paa 7, 23, 33 og 38° v. L., henholdsvis 12, 15, 17 og 18 Maj, og i den Tid fanget baade Han og Hun. Traustedt har paa Rejsen fra Grønland i 1892 jevnlig set Digesmutter ombord i Atlanterhavet fra 3. til 21. Oktober. I Davisstrædet har Arctander set en c. 15 Mil fra Land 14. April 1875.

### *Hirundo rustica* L.

Forstuesvale.

Skandinavien, britiske Øer.

Bay saa en paa 63° n. B. og 4° v. L. 16. Juni 1891; den kredsede omkring Skibet og forsvandt derpaa i østlig Retning.

### *Hirundo riparia* L.

Digesvale.

Skandinavien, britiske Øer, Nordamerika.

Læge S. Hansen fangede en 31. August 1888 paa 59° n. B. og 31° v. L. og indsendte den til zoologisk Museum. (Meddelt af H. Winge.)

### *Zonotrichia leucophrys* Forster.

Østlige Nordamerika, Grønland?

Krabbe har i sin Samling Skindet af en, som blev fanget i Juni 1894 i Nærheden af Kap Farvel af Inspektør Fencker.

### *Plectrophanes nivalis* L.

Snespurv.

Skandinavien, Færøer, Island, Grønland, nordlige Amerika.

Blandt Spurvefuglene ses ingen paa Rejserne saa hyppig som Snespurven; dens Ynglepladser findes jo ogsaa overalt ved de nordlige Haves Kyster, saavel i den gamle som i den nye Verden, og den er, i hvert Tilfælde for en væsentlig Del, Trækfugl. I Nordsøen er den truffen om Efteraaret af Hagerup, Bay og mig selv. Paa hele Vejen over Atlanterhavet er den set nogenlunde jevnt fordelt paa Strækningen mellem Shetlandsøerne og Kap Farvel. Paa 5° v. L. er den truffen af Bay 6. Oktober 1892; Bruun har set den paa 16° v. L. 10. Oktober 1894, paa 17° v. L. 14. Maj 1894, paa 21 og 26° v. L. og 59° n. B. henholdsvis 9. og 8. Oktober 1894. Paa 27° v. L. har jeg selv set den 14. April 1893. En Han i Sommerdragt kom da ombord hos os; den fløj kvidrende til og fra Skibet og satte sig jevnlig paa det; kun i henved en halv Time fulgte den Skibet og gjorde ikke Indtryk af at være udmattet eller forkommen. I Davisstrædet er den jevnlig truffen (Arctander, Traustedt, Helms), antagelig paa Trækket til eller fra Amerika, hvorfra Grønland efter Holbøll's Mening faar sine Snespurve.

### *Falco peregrinus* Tunst.

Vandrefalk.

Skandinavien, britiske Øer, Grønland, Nordamerika.

10. April 1893 saas en Vandrefalk paa 12° v. L.; den opholdt sig paa Skibet i et Par Timer. Omtrent paa samme Sted saa Bruun en Falk, som han antager for en Vandrefalk, 13. Maj 1894.

### *Ægialitis hiaticula* L.

Præstekrave.

Skandinavien, britiske Øer, Færøer, Island, Grønland.

Bay saa to kredse om Skibet paa 13° v. L. 2. Oktober 1892.

### *Numenius phæopus* L.

Lille Regnspove.

Skandinavien, britiske Øer, Færøer, Island.

Bruun saa 15. Maj 1894 paa 23° v. L. en Regnspove et Par Gange i Løbet af Dagen. Den følgende Dag blev en fanget paa Dækket paa 28° v. L. Utvivlsomt høre disse Regnspover ligesom andre, der ere trufne paa Atlanterhavet bl. a. af Holbøll, til Arten *N. phæopus*, der er almindelig Ynglefugl paa Island og en ingenlunde sjelden Gjæst i Grønland, hvorhen den maa komme fra Europa, da Arten ikke forekommer i Amerika.

### *Lestris parasitica* L.

Spidshalet Rovmaage.

Skandinavien, Skotland, Færøer, Island, Grønland, Nordamerika.

En blev set 17. April 1893 paa 58° n. B. og 43° v. L. Arctander saa den jevnlig i Begyndelsen af April 1875 i Atlanterhavets østlige Del. Forskjellige Iagttagere have jevnlig paa Rejserne set Rovmaager i Atlanterhavet, uden at Arten kunde bestemmes; de fleste have utvivlsomt tilhørt denne Art.

### *Lestris catarrhactes* L.

Stor Rovmaage.

Shetlandsøer, Færøer, Island.

I Midten af April 1890 holdt en sig i et Par Dage ved Skibet paa c. 15—20° v. L. 18. Juni 1891 saas en paa 11° v. L. en enkelt Gang efter Skibet; da den viste sig, forsvandt hurtig alle Taterakerne. 11. April 1893 saas en paa 17° v. L.

### *Larus canus* L.

Stormmaage.

Danmark, Skandinavien, Skotland.

Paa min Oprejse i Foraaret 1893 saas den fra Kjøbenhavn gjennem Øresund, Kattegat og Skagerrak, til vi i Nordsøen tabte Norges Kyst af Syne paa 58° n. B. 6° ø. L.; her blev den afløst af Tateraken, saaledes at de to Arter kun paa en kort Strækning saas samtidig. Om Efteraaret synes den endnu mere at sky de aabne Have; paa min Hjemrejse i Oktober 1893 saas den først i Øresund.

### *Larus glaucus* Brünn.

Graamaage.

Island, Grønland, Nordøstamerika.

23. April 1893 saas en paa 49° v. L.; 27. Oktober 1893 saas to unge Fugle paa 7° v. L. Bruun saa 5. Oktober 1894 nogle paa 36° v. L. og 57° n. B.

### *Larus marinus* L.

Svartbag.

Skandinavien, britiske Øer, Færøer, Island, Grønland, Nordøstamerika.

I Midten af April 1890 saas paa c. 20° v. L. en ung Fugl. 11. April 1893 saas en ung Fugl paa 16° v. L.; den fulgte i nogen Tid Skibet, slog Følge med Taterakerne, fløj med dem og laa paa Vandet sammen med dem. 13. April 1893 saas en ung Fugl paa 24° v. L. I Davisstrædet saas en gammel Fugl 24. April 1893 paa 62° n. B. omtrent 8 Mil fra Grønlands Kyst.

## *Rissa tridactyla* L.

Taterak, tretaaet Maage.

Norge, britiske Øer, Færøer, Island, Grønland, Nordøstamerika.

Ingen, der har sejlet over Atlanterhavet til Grønland, har kunnet undgaa at lægge Mærke til denne smukke lille Maage, der træffes fra Kattegat, til man sætter Foden i Land paa Grønlands Kyst. Blandt alle Fugle, der træffes paa Rejserne, ses ingen maaske Mallemuken undtagen tilnærmelsesvis saa hyppig og stadig; men naturligvis er der Forskjel paa Fuglenes Tal saavel efter Stedet som efter Aarstiden.

I Øresund er Tatoraken ikke set paa Rejserne, men sikkert kommer den af og til derned, da den ofte er skudt i Farvandene omkring Kjøbenhavn; kommer man først ud i Kattegat, er den paa visse Aarstider, navnlig om Efteraaret, alt andet end sjelden. Saaledes har Hagerup 11. November 1888 og jeg selv 30. Oktober 1893 truffet den i stort Antal i Kattegat ned forbi Anholt; Mørket forhindrede mig desværre i at se, hvor langt den fulgte os mod Syd. Om Foraaret, paa den Tid Skibene gaa til Grønland (Slutningen af Marts), er den atter forsvunden fra Kattegat og begynder nu først at vise sig, naar man er kommen gjennem Skagerrak ud i Nordsøen. Ud for Skagen saas 3. April 1893 en ung Fugl, men ellers ingen i Skagerrak; om Efteraaret er den derimod hyppig her. I Nordsøen findes den altid, sparsomst om Sommeren vistnok i størst Tal om Efteraaret dog ogsaa ret hyppig om Foraaret. 5. April 1893 viste den sig, saa snart vi fra Skagerrak vare komne ud i Nordsøen paa 58° n. B. og 6° ø. L. I Atlanterhavet er den vel ubetinget den Fugl, der hyppigst ses, og af de fleste Iagttagere angives det kun, at den træffes over hele Atlanterhavet mellem Shetlandsøerne og Grønland. I størst Mængde synes den at findes her om Foraaret, i mindre om Efteraaret og i mindst om Sommeren. I Juni 1891 saas den saaledes slet ikke i adskillige Dage omtrent fra 25° til 11° v. L., medens den ellers ikke har været savnet nogen Dag paa mine øvrige Rejser. Nogen stor Rolle synes Landets Nærhed ikke at spille for den; dog træffes der maaske nok flere i Nærheden af Grønland og Europa end midt i Atlanterhavet. Op i Davisstrædet fortsætter dens Optræden sig, og den er her lige saa hyppig som i Atlanterhavet; dog ses den mindre almindelig i Nærheden af og inde i Storisen. Kommer man helt ind til Kysten, ses den atter i Mængde. Da jeg tidlig om Morgenen 24. April 1890 sejlede ind ad Arsukfjordens Munding, trak talrige Flokke ind ad Fjorden.

Blandt de Tateraker, der træffes paa Rejserne, er et forholdsvis stort Antal unge ikke udfarvede Fugle. I Grønland ser man i Sommertiden kun faa yngre Fugle; det er da rimeligt, at Størstedelen af disse søge deres Føde spredte i Davisstrædet og Atlanterhavet og først, naar de ere yngledygtige, søge til Land; men den største Del, af hvad der ses i Atlanterhavet og iøvrigt paa hele Rejsen, er dog gamle Fugle. Om Efteraaret forlade disse Grønlands og Islands Kyster og opholde sig vel væsentligst i det nordlige Atlanterhav Vinteren over; men Foraar og Sommer ses ogsaa her talrige udfarvede Fugle.

Egentligt Træk af Tateraker ser man ikke meget til. I Midten af April 1893 saas fra 16° til 32° v. L. af og til Flokke paa indtil halvhundrede Fugle flyve forbi Skibet henimod Aften og holde deres Kurs uden at bekymre sig synderlig om Skibet; muligvis vare de paa Vejen til Island, men maaske har det ogsaa kun været Fugle, der havde sluttet sig sammen for i Fællesskab at finde en Hvileplads for Natten.

Sammen med Mallemuken er Tateraken Skibenes Ledsager paa Grønlandsfarten. Hvor langt den enkelte Fugl følger Skibet er umuligt at sige; sandsynligst er det kun for en Dagsrejse; thi om Aftenen forsvinde alle Fuglene, og først næste Morgen komme atter nogle til. Hele Dagen igjennem kan man da se Skibet omgivet af et større eller mindre Antal, oftest henimod en Snes, dog ofte langt flere, der snart spejdende holde sig svævende over Kjølvandet for strax at slaa ned, saa snart et Stykke Flæsk eller Kjød kastes overbord (hvorimod de ikke bryde sig om Brød), snart ligge i nogen Tid paa Vandet svømmende efter Skibet, for saa atter at tage til Vingerne og i større eller mindre Bugter flyve omkring Skibet. Af og til flyve de højt tilvejrs over Mastetoppene, hvilket efter Sømændenes Mening skal varsle Storm.

Men Hensyn til Tidspunktet for Overgangen fra Vinter- til Sommerdragt har jeg haft Lejlighed til at gjøre enkelte Iagttagelser paa Rejserne. 5. April 1893 saas i Nordsøen 1 i Sommerdragt 3 i Vinterdragt, 7. April i Atlanterhavet nogle i Sommerandre i Vinterdragt, ligeledes 11. og 13. April. 16.—22. April saas en Del, der alle syntes at være i Sommerdragt, og da vi landede i Grønland 24. April, vare ingen der i Vinterdragt.

### *Sterna macrura* Naum.

Kysttorne.

Skandinavien, britiske Øer, Færøer, Island, Grønland, Nordøstamerika.

I Davisstrædet og den vestlige Del af Atlanterhavet saas af og til enkelte i Dagene fra 6. til 10. Juni 1891. 17. Juni saas nogle paa 14° v. L., 18. Juni saas paa 11° v. L. jevnlig Terner hele Dagen gjerne i Flokke paa 5—6; de fulgte ikke Skibet. B r u u n saa en paa 11° v. L. 11. Oktober 1894.

### *Puffinus major* Faber.

Stor Skrofe.

Ynglested ukjendt.

I Modsætning til de fleste andre Fugle synes den hyppigst at ses midt om Sommeren. Selv har jeg kun iagttaget den paa en af mine Rejser i Juni 1891. I Davisstrædet og derefter i Atlanterhavet til 14° v. L. saas i Dagene fra 6. til 17. Juni jevnlig enkelte Fugle og smaa Flokke paa 5—6 oftest flyvende forbi Skibet, strygende lavt over Vandspejlet. Endnu 18. Juni saas enkelte paa 11° v. L., længere mod Øst saas ingen. Undertiden fulgte de i kort Tid Skibet. H a g e r u p saa den i Slutningen af Oktober mellem 36° og 20° v. L., hyppigst omtrent paa 30° v. L.; der var aldrig flere end 4—5 samtidig.

### *Puffinus anglorum* Ray.

Almindelig Skrofe.

Britiske Øer, Færøer, Island.

Uagtet den yngler i ret stort Tal paa Øerne, der ligge nærmest Grønlandsruten, træffes den dog sjeldent paa Rejserne. Holbøll angiver saaledes paa sine sex Rejser kun at have set den i Oktober 1834, da den fandtes i Mængde i Atlanterhavet. Selv har jeg set nogle faa 8. og 9. April 1893 paa 61° n. B. og mellem 8° og 11° v. L.

### *Procellaria pelagica* L.

Lille Stormsvale.

Britiske Øer, Færøer, Island.

17. Juni 1891 saas 3—4 paa 14° v. L.; de fulgte i nogen Tid Skibet. 18. Juni saas en enkelt paa 11° v. L. Bay saa den i Begyndelsen af Oktober 1892 almindelig i Atlanterhavets østlige Del. Saavel denne Art som Leach's Stormsvale ere sikkert langt almindeligere paa Oceanet, end der fremgaar af ovenstaaende, men ofte opgives der af Iagttagerne kun at være set „Stormsvaler“ uden nærmere Betegnelse af Arten.

### *Fulmarus glacialis* L.

Mallemuk.

Skotland, Irland, Færøer, Island, Grønland, Nordøstamerika.

Næst efter Tateraken er Mallemuken den Fugl, der hyppigst træffes paa Grønlandsrejsen, og maaske den af alle Fugle, der mest trofast viser sig ved Skibet. Undertiden kan en Dag gaa paa Atlanterhavet, uden at den ses, men det er sjeldent; de fleste Optegnelser lyde kort og godt, at den følger Skibet, fra det kommer i Atlanterhavet, til det naar Grønlands Kyster, og blandt Søfolkene er det en velkjendt Sag, at den træffes, saa snart man fra Nordsøen kommer ud i Atlanterhavet.

I Kattegat er den ikke truffen paa Rejserne. I Skagerrak ses den kun om Efteraaret, tilmed vistnok ret sjeldent. Bay saa den her enkeltvis til Skagen 10. Oktober 1892. I Nordsøen træffes den ligeledes kun om Efteraaret. Da jeg i Slutningen af Oktober 1893 sejlede over Nordsøen, blev jeg meget forbauset over at se, at den her fandtes i omtrent samme Tal som i Atlanterhavet, medens jeg paa Foraars- og Sommerrejse slet ikke havde set den i Nordsøen. Hagerup saa en enkelt 7. November 1888 udfor Jæderen (Norge) c. 15 Mil fra Land. I Atlanterhavet findes Mallemuken til alle Aarstider, færrest om Sommeren, flest om Foraaret, medens den ogsaa om Efteraaret er ret hyppig; der ses nogle næsten hver Dag, men Tallet kan være meget forskjelligt. I Juni 1891 saas i Almindelighed kun nogle faa daglig, højst henimod en halv Snes ad Gangen; i Oktober 1893 saas som Regel henved 20 paa en Gang efter Skibet. Paa Foraarsrejserne derimod ses ofte 30—40 ad Gangen, ja til Tider langt flere. Op i Davisstrædet tiltager Antallet; saaledes saa Hagerup 21. April 1886 Mallemuker i hundredevis c. 20 Mil fra Grønlands Kyst paa c. 61° n. B. Saa snart man nærmer sig Storisen, forsvinde Mallemukerne; disse Ismasser, der ellers ere Yndlingsopholdssted for adskillige andre Fuglearter, synes at skyes af dem. Helt inde ved Kysten ses de aldrig i Sydgrønland, begynde først at vise sig en Mil ude tilsøs.

Blandt Mallemukerne findes vistnok to Farvevarieteter, lyse og mørke; de lyse ere næsten ensfarvet graahvide, dog lidt mørkere paa Ryg og Vinger, de mørke ere sammesteds mørkt blaagraa; de to Varieteter synes ikke at gaa jevnt over i hinanden, men blandt de mørke er der dog Nuancer i Farvens Styrke. De mørke synes at tilhøre en mere vestlig Form, idet deres Antal tiltager, jo længere man kommer mod Vest (Hagerup, Helms); i Atlanterhavet og i den østlige Del af Davisstrædet ere de mørke dog altid langt underlegne i Tal, saa at der neppe findes 1 mørk paa 10 lyse, medens det modsatte efter Kumlien[1]) skal være Tilfældet i Davisstrædets vestlige Del, langs Labradorkysten.

---

[1]) Bulletin of the United States National Museum Nr. 15, Washington 1879.

Mallemukerne følge Skibet fra det tidlige Daggry til langt hen i Skumringen, næsten altid i en Flok bag Skibet; af og til slaa de et Sving tilsøs for snart at vende tilbage. Undertiden hviler hele Flokken sig paa Vandet eller svømmer efter Skibet, men oftest holde de sig paa Vingerne, strygende lavt over Havfladen med næsten umærkelige Vingeslag. Begjærlig slaa de ned efter alt Slags Affald og skjelne med en vidunderlig Sikkerhed det tilkastede i Skibets urolige Kjølvand. Søfolkene fange dem undertiden paa en Fiskekrog med et Stykke Flæsk til Madding, men de lære hurtig at vogte sig for dette Lokkemiddel.

### *Sula bassana* L.

Havsule.

Britiske Øer, Færøer, Island, Nordøstamerika.

Hyppigst er den truffen i Nærheden af Øerne Nord for Skotland i Nordsøen og Atlanterhavet, men aldrig meget langt fra Land. I Begyndelsen af April 1890 saas her talrige udfarvede Fugle ofte liggende paa Vandet i neppe 30 Alens Afstand fra det forbisejlende Skib. Længst borte fra Land har jeg set den 18. Juni 1891 paa 9° v. L.; den næste Dag saas den enkeltvis ret almindelig hele Dagen paa 6° v. L.; det var mest gamle Fugle her saas, en enkelt yngre; 20. Juni 1891 saas 2, da vi sejlede mellem Shetlands- og Orkneyøerne. 7. April 1893 saas en Del, dog ialt neppe 10, imellem 3 og 5° v. L. Medens de ikke ere sete over hele Nordsøen undtagen nær Skotlands Kyst, ere de trufne i Skagerrak, hvor Bay saa en i Juni 1891 og jeg tre 30. Oktober 1893 omtrent 2 Mil Nordvest for Skagen.

### *Phalacrocorax* sp?

Skarv.

19. Juni 1891 kom en Skarv flyvende omkring Skibet paa 6° v. L.

### *Fratercula arctica* L.

Søpapegøje.

Skandinavien, britiske Øer, Færøer, Island, Grønland, Nordøstamerika.

18. Juni 1891 saas nogle hele Dagen rundtom Skibet enkelt- eller parvis paa 11° v. L.; den følgende Dag saas mærkelig nok ingen, hvorimod atter den 20. Juni en Mængde saas i Nærheden af den lille Ø Fair Isle mellem Shetlands- og Orkneyøerne baade Øst og Vest for den; de fandtes her enkeltvis, parvis og i Flokke; 21. Juni saas en enkelt i Nordsøen. 11. April 1893 saas enkelte paa 17° v. L., 12. April 1 paa 19° v. L.

### *Alca torda* L.

Tordalk.

Skandinavien, britiske Øer, Færøer, Island, Grønland, Nordøstamerika.

Krabbe saa 21. og 22. August 1889 omtrent paa Kap Farvels Længde 2 Gange 2 sammen.

### *Uria arra* Pall.

Brünnichs Tejste.

Island, Grønland, Nordøstamerika.

Bestemt at afgjøre om en Fugl er *Uria arra* Pall. eller *Uria troile* L., naar man ser den ligge paa Vandet eller flyve forbi, er vel umuligt, om end det forekommer mig, at Forskjellen i Næblængde er kjendelig paa Afstand. Utvivlsomt er det vel, at næsten alle Fugle af denne Slægt, der findes i Farvandene omkring Grønland, høre til den første Art, og den langt overvejende Del af dem, der findes i Nordsøen og Atlanterhavets østlige Del i Nærheden af Færøerne og Shetlandsøerne, til den sidste. Men over en stor Del af Atlanterhavet træffes Fuglene i mindre Tal; det viser sig imidlertid, at paa en Strækning fra omtrent den 15de til den 25de vestlige Længdegrad ere kun ganske enkelte trufne. Man kan da maaske med nogen Ret sætte denne Strækning som Skjel mellem de to Arters Forekomst; det vil blive gjort i det følgende, om end jeg ikke er blind for det vovede heri, da tilmed begge Arter yngle paa Island.

I Davisstrædet saa Hagerup 21. April 1886 større og mindre Flokke paa 61° n. B. omtrent 20 Mil fra Kysten og paa Vejen ind imod den. Sammesteds saas 23. og 24. April 1890 overalt i Storisen større og mindre Flokke; de bekymrede sig ikke om Skibet og laa ofte i kun faa Alens Afstand fra Skibssiden. 6.—7. Juni saas omtrent sammesteds og derfra sydefter i Davisstrædet, en Del, dog ikke i Flokke. 19.—20. Oktober 1888 saa Hagerup paa samme Strækning enkelte eller smaa Flokke. 17. Oktober 1893 saas adskillige omtrent paa samme Sted, dog kun enkeltvis eller to sammen. I Atlanterhavet var den ret almindelig i Dagene fra 8.—13. Juni 1891 enkelt- og parvis fra Davisstrædet og til c. 25° v. L.

## *Uria troile* L.

Langnæbet Tejste.

Skandinavien, britiske Øer, Færøer, Island.

I Skagerrak og Nordsøen er den truffen ganske almindelig Foraar og Efteraar (Hagerup, Helms), om Sommeren kun en enkelt Gang i Nordsøen. Foraar og Efteraar synes den derimod at være almindeligere her end i det aabne Atlanterhav. Paa Atlanterhavets østlige Del omtrent til 14° v. L. er den almindelig til alle Aarstider. 7. April 1893 saas paa 5° v. L. større og mindre Flokke paa indtil 50 Fugle; de to følgende Dage saas nogle paa Strækningen herfra til 11° v. L. Alle de, der saas her, vare i Sommerdragt, medens derimod alle de, der nogle Dage iforvejen vare sete i Nordsøen, vare i Vinterdragt. Hagerup saa sammesteds i Begyndelsen af April 1886 en Del smaa Flokke. I Juni 1891 saas i Dagene fra 17. til 20. paa Strækningen fra 14° v. L. til Shetlandsøerne ret talrige. 27. Oktober 1893 saas paa 7° v. L. en Del mindre Flokke. Hagerup saa enkelte i Begyndelsen af November 1888 paa Strækningen fra 14—8° v. L.

### *Arctica alle* L.

Søkonge.

Island, Grønland.

Medens Holbøll angiver, at den er en sand Oceanfugl, der træffes overalt i Atlanterhavet, har jeg selv kun truffet den paa min Rejse i April 1893. 11. April saas 3 paa 17° v. L., derefter saas ingen før 17. April, da nogle saas paa 43° v. L. og 58° n. B., og 23. April, da atter nogle saas paa 49° v. L. Alle de, der saas, vare i Sommerdragt.

(Særtryk af Vidensk. Meddel. fra den naturh. Foren. i Kbhvn. 1898.)

# Ornithologiske Iagttagelser fra Angmagsalik, Øst-Grønland, af J. Petersen.

Meddelte af

*O. Helms.*

---

Fra Hr. Johan Petersen, Bestyrer af Handelsstedet Angmagsalik i Øst-Grønland, modtog jeg i September 1897 nogle Fugleskind tilligemed skriftlige Oplysninger om de ved Angmagsalik forekommende Fugle. Da der kun foreligger faa Meddelelser om Fugleverdenen paa Grønlands Østkyst[1]), har jeg ment, at Offentliggjørelse af de modtagne Optegnelser og en kort Omtale af de hjemsendte Skind kunde være af Interesse. Hr. Petersen, der nu i tre Aar har opholdt sig ved Angmagsalik, har tidligere som Tolk deltaget i de to sidste danske Expeditioner til Øst-Grønland og levet flere Aar paa Vestkysten; han er, hvad jeg under Samvær med ham i Grønland har haft Lejlighed til at overbevise mig om, en særdeles god Kjender af Landets Fugle.

---

[1]) I følgende Værker findes hvad der er offentliggjort herom:

Scoresby: Journal of a voyage to the northern Whale-Fishery, Edinb. 1823.

Graah: Undersøgelses-Rejse til Østkysten af Grønland, Kjbh. 1832.

Die zweite deutsche Nordpolarfahrt in den Jahren 1869 und 1870, Leipzig 1873—74. (Vögel: Bearbeitet von Otto Finsch.)

Meddelelser om Grønland X: Den østgrønlandske Expedition udført i Aarene 1883—85 under Ledelse af G. Holm, Kjbh. 1888.

Meddelelser om Grønland XIX: Den østgrønlandske Expedition udført i Aarene 1891—92 under Ledelse af C. Ryder, Kjbh. 1896. (E. Bay: Hvirveldyr.)

Handelsstedet er anlagt tæt indenfor Mundingen af en Bugt eller Fjord, Tasiusak, som paa c. 65½° n. B. 37½° ø. L. fra Danmarksstrædet skyder sig ind i Landet. Vest derfor ligger en meget stor 15 Mil lang Fjord, Sermilik. Klimaet svarer omtrent til Vest-Grønlands under samme Bredde. Kysten er hele Aaret med Undtagelse af et Par Efteraarsmaaneder spærret af et flere Mil bredt Belte af Storis.

---

Følgende Arter ere iagttagne af Peterson:

***Colymbus glacialis*** L.
Islom.

Meget almindelig, yngler overalt ved Indsøer. I 1896 saas den midt i Maj overalt, hvor der var aabent Vand. I Tasiusak saas den først i sidste Halvdel af Juni. To hjemsendte Skind ere begge af gamle Fugle i Sommerdragt.

Vinge 360$^{mm}$, Hale 70$^{mm}$, Tars 90$^{mm}$
— 380$^{mm}$, — 70$^{mm}$, — 95$^{mm}$.

***Colymbus septentrionalis*** L.
Nordisk Lom.

Meget almindelig, yngler overalt ved Indsøer. I 1896 ankom den 14. Maj.

***Uria grylle*** L.
Almindelig Tejste.

Yngler.

***Arctica alle*** L.
Søkonge.

Yngler ved Sermilik. I November og December ses sædvanlig en Del.

***Rissa tridactyla*** L.
Tretaaet Maage, Taterak.

Yngler.

*Larus glaucus* L.
Graamaage.

Yngler. Saas i 1896 første Gang 12. April.

*Sterna macrura* Naum.
Kystterne.

Yngler. Et Skind af en gammel Fugl i Sommerdragt er hjemsendt.

Vinge 264$^{mm}$, Hale 175$^{mm}$, Tars 16$^{mm}$.

*Phalacrocorax carbo* L.
Almindelig Skarv.

Yngler ved Sermilik, findes ikke om Vinteren; Petersen har selv aldrig set den.

*Mergus serrator* L.
Toppet Skallesluger.

Yngler.

*Anas boscas* L.
Graaand.

Yngler. Saas i 1896 første Gang 12. Maj. Petersen modtog 13. Maj en Graaand, der var skudt af en Grønlænder.

*Harelda glacialis* L.
Havlit.

Yngler.

*Somateria mollisima* L.
Ederfugl.

Yngler.

*Anser albifrons* Bechst.
Blisgaas.

Skindet af en Blisgaas, skudt 19. September 1896 ved Tasiusak, er hjemsendt.

Det er en ung Fugl uden Spor af hvidt paa Panden. Paa Hagen findes en hvid Plet begyndende bag Undernæbet, 30$^{mm}$ lang 8$^{mm}$ bred. En lignende noget større Plet fandtes paa Skindet af en ung Blisgaas fra Vest-Grønland.

Vinge 370$^{mm}$, Hale 105$^{mm}$, Tars 71$^{mm}$.

12. Maj 1896 trak en Del Gjæs forbi Handelsstedet, 13. Maj saas en Masse dels flyvende, dels siddende paa Isen. — Selvfølgelig er det usikkert, om disse Fugle have tilhørt denne eller en anden Gaaseart. (Helms.)

### *Tringa maritima* Brünn.

Sortgraa Ryle.

Yngler. Saas 1896 28. April.

### *Ægialitis hiaticula* L.

Præstekrave.

Yngler.

### *Lagopus mutus* Mont.

Fjeldrype.

Den yngler overalt i Omegnen, men er ikke saa talrig som paa Vestkysten. I Vinteren 1894—95 indfandt Ryperne sig næsten ikke, i Vinteren 1896—97 var der mange. Vinteren var da ret mild; hyppige østlige Storme med Regn bevirkede, at der til langt hen paa Vinteren var forholdsvis liden Sne. — Rypen synes altsaa paa Østkysten ligesom paa Vestkysten om Vinteren at trække fra nordligere Egne mod Syd. (Helms.)

### *Haliaëtus albicilla* L.

Hvidhalet Havørn.

Den kjendes af Grønlænderne, men er vistnok meget sjelden, da Petersen selv aldrig har set den ved Angmagsalik.

### *Falco gyrfalco* L. (*F. candicans* Gmel.)

Jagtfalk.

Yngler ved Tasiusak og Sermilik. Skindet af en hvid Falk blev hjemsendt.

Vinge 362$^{mm}$, Hale 200$^{mm}$, Tars 67$^{mm}$.

### *Nyctea nivea* Thunb.

Sneugle.

En Sneugle blev skudt af en af de danske ved Angmagsalik i Oktober 1894; i Vinteren 95 blev en skudt ved Sermilik;

den bragtes til Petersen men opbevaredes ikke paa Grund af Skindets slette Tilstand. Petersen saa en gammel Fugl i December 95.

### *Corvus corax* L.

Ravn.

Yngler.

### *Corvus cornix* L.

Graakrage.

Skindet af en Krage blev hjemsendt. Den var skudt ved Kap Dan, et Par Mil fra Handelspladsen, 19. Marts 1897.

Vinge 293$^{mm}$, Hale 162$^{mm}$, Tars 53$^{mm}$.

### *Sturnus vulgaris* L.

Stær.

Skindet af en Stær i Vinterdragt, skudt 27. Oktober 1896 ved Angmagsalik, blev hjemsendt.

Vinge 129$^{mm}$, Hale 70$^{mm}$, Tars 31$^{mm}$.

### *Acanthis linaria* L.

Graasisken.

Yngler. Kom i 1895 i de sidste Dage af April.

### *Plectrophanes nivalis* L.

Sneverling.

Yngler. Ankom i 1895 enkeltvis 13. Marts; i de første Dage af April kom større Flokke. I 1896 blev den set i Slutningen af Marts og de første Dage af April ved de forskjellige Bopladser, men først 15. April ved selve Handelsstedet.

### *Plectrophanes lapponicus* L.

Laplandsverling.

Yngler. Ankom i 1895 i de første Dage af April.

### *Saxicola oenanthe* L.

Graa Digesmutte.

Yngler. I 1895 kom den i de sidste Dage af April.

*Motacilla alba* L.
Hvid Vipstjert.

Set i Foraaret 1895.

---

Af de her nævnte Arter er en, nemlig Graakragen, fuldstændig ny for Grønland. Stær vides kun at være truffen en Gang før, Hvid Vipstjert to Gange, sidste Gang ogsaa i Angmagsalik. De øvrige Arter ere almindelige paa Grønlands Vestkyst.

Ny for Øst-Grønland er Blisgaasen, forsaavidt som den ikke tidligere er set der med Sikkerhed. Finsch anfører den vel som forekommende, men støtter kun denne Antagelse paa nogle hjembragte Gaasesvingfjer, der bleve opsamlede paa den anden tydske Nordpolsexpedition i 1869—70.

En Del af de Arter, der af Petersen opgives at yngle ved Angmagsalik, ere ikke før fundne ynglende i Øst-Grønland, om end de ere trufne paa Aarstider og under Forhold, som sætte deres Ynglen udenfor Tvivl; dette gjælder f. Ex: Toppet Skallesluger, Sortgraa Ryle og Laplandsverling. Som hidtil ukjendte Ynglefugle i Øst-Grønland maa regnes: Tretaaet Maage, Skarv og Graaand. Graaanden er kun set en Gang tidligere paa Østkysten, paa Ryders Expedition i 1891, forøvrigt ogsaa den Gang af Petersen. Skarven, hvis Forekomst og Ynglen dog maaske bør betragtes med noget Forbehold, er tidligere kun nævnt af Graah. Søkongen er hidtil ikke i Grønland truffen ynglende saa langt mod Syd. Hvorvidt Graasiskenen er den paa Vestkysten almindelige Form *Acanthis linaria rostrata* Coues eller den nordlige Form *A. Hornemanni* Holb., maa foreløbig staa hen, da ingen Skind ere hjemsendte. Naar Brünnichs Tejste (*Uria arra* Pall.) ikke omtales, da beror det sikkert paa en Forglemmelse; der nævnes i Petersens Breve „Alke", som ogsaa af Holm anføres som forekommende ved Angmagsalik; hermed er uden Tvivl ment denne Art.

De af Petersen givne Oplysninger stemme overens med tidligere Meddelelser om Fuglefaunaen i Øst-Grønland i, at den er fattigere paa Arter vistnok ogsaa paa Individer end i Vest-Grønland. De vise endvidere, at medens det i Vest-Grønland væsentlig er nordamerikanske Arter, der optræde som tilfældige Gjæster, er det i Øst-Grønland Fugle fra Nordeuropa. Stæren, Kragen og den Hvide Vipstjert ville sikkert blive efterfulgte af en Række andre europæiske Arter. Grunden til deres Forekomst paa Grønlands Østkyst er uden Tvivl, at de under Trækket til eller fra deres Yglesteder ere bragte ud af Kursen; herpaa tyder ogsaa, at det er i de paagjældende Arters Træktid, de ere trufne. Af de tre omtalte har Hvid Vipstjert sin nærmeste Yngleplads paa Island, saa dens Forekomst ved Angmagsalik forklares ret let; Stær og Krage, der kun højst sjeldent ere trufne paa Island, yngle intetsteds nærmere end paa Færøerne. Imidlertid stemme de hjemsendte Fugle ikke overens med færøiske Stære og Krager navnlig ikke i Næbbets Størrelse, saa at det snarest maa antages at være Fugle, hvis Hjem er de britiske Øer eller Norge.

# Grønlands Forsyning med Brændsel.

Af

O. Helms,

Læge.

---

## Foredrag,

holdt i »Forstlig Discussionsforening« den 19de Marts 1898.

Trykt paa Foreningens Foranstaltning.

Trykt hos C. Nordlunde, Hillerød.

Mine Herrer! Naar jeg iaften skal fortælle noget om Grønlands Forsyning med Brændsel, vil jeg strax begrændse mit Emne, saa at det kun omfatter den koloniserede Del af Vestgrønland; endda bliver det et ret udstrakt Land, det drejer sig om, idet de danske Kolonier ligge spredte fra Landets Sydspids paa c. 60 ° n. B. til c. 73 ° n. B., en Kyst paa omtrent to Hundrede Mils Længde. Selvfølgelig ere Forholdene ikke ens paa denne lange Strækning, men dog ikke mere forskjellige, end at de nogenlunde lade sig afhandle under et. — Hele Grønland maa regnes som et Polarland, men Varmegraden aftager naturligvis stærkt, jo længere man kommer mod Nord, vistnok ret jævnt, hvorfor her kun skal anføres Forholdene ved en af de sydligste og en af de nordligste Pladser. I Ivigtut paa c. 61 ° n. B. er efter en tiaarig Iagttagelsesperiode Aarets Middeltemperatur + 1 ° C., Sommerens + 8, Vinterens ÷ 6, omtrent lig med Temperaturen i det nordligste Norge ved Vardø. I den nordligste Koloni, Upernivik, paa omtrent 73 ° n. B., er Aarets Middeltemperatur c. ÷ 8 °, Vinterens ÷ 19 °, Sommerens + 3 °. Nedbøren er i Sydgrønland paa de fleste Steder ret betydelig, ved Ivigtut saaledes 1200 mm. Inde i Fjordene er Temperaturen en Del højere end ved Kysten. Den omtalte Strækning af Grønland bebos af henved 10,000 Indfødte, spredte paa mindst et Par Hundrede større og mindre Bopladser. Den danske Administration, Kolonibestyrere og andre ansatte i den grønlandske Handels Tjeneste, Læger og Præster udgjøre med Familie neppe to Hundrede Mennesker. Medens de danske bo i Træhuse, indrettede paa hjemlig Vis og i det hele leve som i Danmark, bo Grønlænderne i Græstørvhytter og ernære sig ved Fangst af Havdyr. Hvad angaar Brændsel kan det siges i al Almindelighed. at Grønlænderne væsentlig benytte, hvad Landet selv frembringer heraf, de Danske væsentlig indført Brændsel.

Tran. Naar man taler om Brændsel i Grønland, maa det vel erindres, at oprindelig bestod Hovedmængden af Sælhundespæk eller Tran, der brændtes i aabne Kar, forarbejdede af en blød Stenart, Vægsten; ned i Trannen blev stukket en Væge af Mos, der antændtes, og saadanne Lamper, der brændte baade Nat og Dag, tjente saavel til Belysning som til Opvarmning af Husene. og over dem tilberedtes Maden. Nu ere Lamperne for en Del afløste af Kakkelovne til Opvarmning af Beboelsesrummene og aabne Ildsteder i en Udbygning paa Husgangen, hvor Maden tilberedes. I omtrent Halvdelen af de grønlandske Huse findes Kakkelovne, men endnu maa det siges, at Spæk, i hvert Tilfælde om Vinteren, er det vigtigste Brændsel for Grønlænderen, thi selv i de Huse, hvor Kakkelovne findes, brænder Natten igennem en eller flere Lamper, dels for Varmens Skyld, dels fordi Grønlænderne ikke tør ligge i Mørke.

For 40 Aar siden anslog Rink det aarlige Forbrug af Spæk til Brændsel til c. 4000 Tdr.; nu er det rimeligvis noget mindre.

Kul. Hvis der i tidligere Jordperioder, i Kridttiden og Tertiærtiden havde levet Mennesker i Nordgrønland, vilde de ikke have haft Mangel paa Brændsel, men neppe heller haft synderlig Brug derfor. Mægtige Skove bedækkede den Gang Landet, først bestaaende af Cycadeer og Naaletræer, senere af en Blanding af Naale- og Løvtræer, hvoriblandt Eg i mange Arter, Bøg, Valnød, Løn, for ej at tale om Laurbær, Figen, Ibentræ og Magnolier, altsaa en Flora, som nu findes 20—25° sydligere. Gjennemsnitstemperaturen maa dengang have været c. + 12° C., altsaa henved 20° højere end i vore Dage. Nu er som bekjendt den Herlighed forbi, men som Rester deraf findes de nordgrønlandske Kullag. Store Strækninger af Landet ere dækkede af Trap, og i Traplagene findes paa grumme mange Steder horizontale Striber af Kul, indlejrede i blød Sandsten eller Lerskifer. Tydeligst kommer det for Dagen ud mod Stranden. Trapfjeldene gaa gjerne stejlt ned et Stykke fra Kysten og efterlade her et fladere Forland, der skraaner jevnt ned mod Havet. Hvor der lige ud mod Vandet ved Bølgeslagets Indvirkning er dannet stejle Skrænter, eller hvor en Elv har skaaret sit Leje ned gennem Fjeldet, ses Kulstriberne tydelig. Lagene ere sjeldent ret tykke, højst 3—4 Fod, men ofte af betydelig Længde. — Paa det omtalte mod Søen skraanende Forland foregaar nu Brydningen paa følgende simple Maade. Hvor en saadan Kulstribe ligger gunstig for Bearbejdelse og Udskibning, ryddes ved Haandkraft det overliggende Lag af Sandsten og Ler, saa at Kullaget ligger frit for Dagen; mere end i faa Alens Dybde blottes Laget sjeldent, da den overliggende Masse saa tiltager formeget i Mægtighed. Med Hakke løsnes saamange Kul, der ønskes, de bæres til Stranden i Sække eller kjøres bort paa Hundeslæde. Selvfølgelig er dette en yderst primitiv Form for Kulbrydning; hvis man anlagde et Bjergværk paa sædvanlig Vis med en lodret Gang ned, til man naaede Kullaget, og derfra brød Kullene i horizontalt udgaaende Gange, vilde efter Rinks Mening en enkelt af de talrige Lokaliteter, hvor der findes Kul, være tilstrækkelig til at forsyne hele Grønland i lange Tider. — Det er især paa Øen Disko og det overfor liggende Land, at Kullagene findes; paa Disko findes de bedste Lag; herfra forsynede tidligere Kolonien Ritenbenk sig og fik aarlig 200 Tdr. Kul, hvad der jo ikke er saa lidt i Betragtning af, at der den Gang aarlig neppe udsendtes 2000 Tdr. Kul til hele Landet. I Koloniernes første Tid forsynedes de alle i Nordgrønland med indenlandske Kul. I den Del af Grønland, hvor der overhovedet forekommer Kul, findes de altid i kun faa Mils Afstand fra Kolonierne, saa at det vilde være en let Sag for Grønlænderne at forsyne sig dermed; man kan sikkert ogsaa nok gaa ud fra, at efterhaanden som Kakkelovne blive almindeligere, ville ogsaa Kullene anvendes mere af de Indfødte, omend disses velkjendte Uforsynlighed neppe lader dem drage den fulde Nytte deraf. Ved Ritenbenks Kulbrud paa Disko skulle de direkte Udgifter ved Brydningen i 1870 have været 66 Øre, og Kullene kunde sælges ved Kolonien for 1 Kr. pr. Td., hvilket maa kaldes billigt, naar man betænker, at indførte Kul samtidig kostede 7 Kr. pr. Td. — De grønlandske Kul ere Brunkul, og de regnes kun at have den halve Varmeevne af engelske Kul, men de skulle brænde jevnt og være gode til Husholdningsbrug. — Hvormeget der omtrentlig brydes nutildags, har det været mig umuligt at faa oplyst, jeg vilde gjætte paa omkring 1000 Tdr.

I de omtalte Lag ere Kullene strukturløse, men Aftryk af Blade, Grene osv. træffes i Mængde i de omgivende Ler- og Sandstenslag. Nordgrønland er overhovedet et af Verdens rigeste Findesteder for fossile Planter, og det er ikke alene Aftryk eller mindre Dele, der komme frem for Dagens Lys; saaledes omtaler Rink, hvorledes ved Omenaksfjorden Indlandsisen paa sin Overflade fører med sig hele forkullede Stammer med Rodstykker ved, af Farve neppe mørkere end Egetræ. Ja, paa et Sted, det berømteste Findested i Grønland for Planteforsteninger, Atanekerdluk, paa c. 70 ° n. B., er endog ved et Elveleje blottet en hel Skov af forkullede, opretstaaende Stammer.

Tørv. Den langt overvejende Del af det vestgrønlandske Lavland bestaar af Fjeld, dækket med en Vegetation af Laver, Mosser, urteagtige Planter og Halvbuske, som paa de fleste Steder har en Karakter, der meget nærmer sig til vore Lyngheders. Jordbunden er her ogsaa et Morlag, som i Hederne herhjemme, paa mange Steder af en torveagtig Karakter, idet den i Virkeligheden kun bestaar af en Skorpe af lidet omdannede Plantelevninger, Mos, Lav, Rødder og visnede Stængler og Blade af Urter og Halvbuske. Dette Lag er intetsteds tykt, neppe 6 Tommer, naar endda det øverste tætte Net af endnu levende Rødder medregnes. Denne Slags Tørv findes især langs Kysten og paa Yderøerne. — En anden Slags Tørv,! der findes ved Yderkysten, er Mostørv; der kan her paa Fjeldskraaninger og andre kun lidet fugtige Steder findes Moslag af flere Fods Tykkelse, kun grønt i Spidserne, medens hele den øvrige Del bestaar af en lysebrun, let, svampet, tørveagtig Masse. Saaledes skal der udfor Kolonien Egedesminde findes en lille Tørveø, paa hvilken der i umindelige Tider er skaaret Tørv til Brug i Kolonien. Tørven skjæres over hele Øen, der overalt er bevoxet med Mos. Den er løs, let og skjør, og naar en Tykkelse af flere Fod; muligvis foregaar dog Tørvedannelsen her under stærk Medvirkning af ophobede Lag af Søfuglegjødning.

Fra Mostørven findes sikkert Overgange til den tættere og fastere egentlige Mosetørv, dannet paa fugtige Steder af Tørvemosser, Sphagnum og Hypnum. Tørvemoser af forholdsvis stor Mægtighed, indtil 10 Fods Dybde, findes ikke saa ganske faa Steder, mest inde i Fjordene, men ere oftest af ringe Udstrækning. — Af det anførte vil man se, at Tørvedannelse er meget almindelig i Grønland, og navnlig Lyngtørven findes overalt langs Yderkysten, saa at man intetsteds der behøver at søge den længere end $^1/_4$ Mil fra de beboede Pladser; i Forhold til Befolkningens Antal ere Lagene simpelt hen uudtømmelige. — For Grønlænderne selv har Tørven en Del Betydning som Brændsel. Rink mener, at, hvis hver Familie om Sommeren vilde anvende 8 Dage til Tørveskjæring, kunde den have Brændsel nok for hele Vinteren; det gjør imidlertid kun de forsynligere blandt de Indfødte. Af de Danske benyttes ogsaa Tørven, idet de leje Grønlændere til at skære den. — Tørven skjæres i Almindelighed i ret store Stykker paa $^1/_6$—$^1/_8$ Kbfod. 1 Kbfod vejer lufttørret c. 22 Pd. Varmeevnen er kun ringe; 1000 Tørv af den her nævnte Slags regnes lig med $^1/_2$ Td. Stenkul; 1 Mand skal daglig kunne skjære c. 500 Tørv. — Hvormange Tørv, der i det hele anvendes i Grønland, kan umuligt siges. Rink angiver, at der i 1855 ved Godthaab blev skaaret 8000 Stkr. Tørv, og at der aarlig ved Kolonierne Jakobshavn og Klaushavn skjæres 20—30,000 Stkr., men ved grumme mange andre Kolonier og Udsteder skjæres Tørv i betydelig Mængde, saa at den aarlige Produktion vel nok naar op til nogle Hundrede Tusende.

Lyngbrændsel. Stige vi fra Tørven lidt højere tilvejrs, komme vi til et Brændsel, som for Grønlænderne spiller en overordentlig vigtig Rolle, Lyng eller Kvas. Som før omtalt ere i Grønland overalt store Strækninger bevoxede med Halvbuske, dannende som en Lynghede. Egentlig Lyng er der ikke imellem; Vegetationen bestaar fremfor alt af Revling (Empetrum ni grum)og Mosebølle (Vaccinium uliginosum); disse Arter voxe i utallige Mængder, idet dog oftest Empetrum har Overvægten; andre Planter deltage i ringere Grad i Dannelsen af Lyngheden, af Halvbuske: Port og Alperose (Ledum groenlandicum og Rhododendrum lapponicum), af Buske fremfor alle Dværgbirk (Betula nana og B. glandulosa) og Ene (Juniperus communis) foruden Graapil (Salix glauca) og andre Pilearter. — Overalt, hvor man færdes i Sydgrønland, dybt inde i Fjordene og paa Øerne i det aabne Hav, i Dalene og nogle hundrede Fod op ad Fjeldsiderne, findes denne Vegetation, som uden Tvivl for Grønlænderne selv er Hovedbrændselet Sommeren igjennem; selv naar Jorden om Vinteren er snedækket, vil der næsten altid, i hvert Fald fra det tidligste Foraar, findes snebare Pletter, hvor Brændsel af den Slags kan samles. — Hvormeget der i det hele bruges af denne Art Brændsel, er umuligt at angive, men efter min Mening har det for Grønlænderne lige saa megen Betydning, som alt andet Slags Brændsel tilsammen. Kvinderne samle hver Dag, eller hver Gang de skulle gjøre Ild paa, saameget de behøve, idet de simpelthen rykke Buskene op eller rive Kvistene af; de forveddede Stammer og de læderagtige Blade, der ofte indeholde ætherisk Olie, give et ganske godt Brændsel, selv om Brændeværdien kun er ringe i Forhold til Rumfanget; en Dragt paa c. 50 Pd. regnes lig med 1/24 Td. Stenkul.

Skovbrænde. Lige op til Polarkredsen findes i Grønland mindre Krat; men kun i Landets sydligste Del have de en saadan Udstrækning og Buskene en saadan Størrelse, at der kan være Tale om Udnyttelse af dem til Brændsel. De kratdannende Buske er Graapil (Salix glauca), Hvidbirk og Buskbirk (Betula odorata og B. o. var. tortuosa), El (Alnus ovata) og Røn (Sorbus americana), hvilke to sidste dog kun spille en mindre Rolle paa Grund af deres forholdsvis ringe Tal. — Enen (Juniperus communis) deltager ikke i Kratdannelsen, men har alligevel en Del Betydning som Brændsel. — Af Krattene ere Hvidbirkkrattene i Landets sydligste Fjorde de største og mest bekjendte. Hvidbirk findes mange Steder langt inde i Fjordene i lune, for Storm beskyttede Dale, men kun paa enkelte Steder grupperede saaledes, at der kan være Tale om Krat, endsige Skov. I Bunden af Tasermiutfjorden paa c. 60 ° n. B. findes det største Krat, der ofte er besøgt og beskrevet fra Aarhundredets Begyndelse til vore Dage. Hartz fandt her i 1889 tæt og højt Birkekrat af indtil 20 Fods Højde og i en Kløft en hel lille Skov; i Regelen udgik flere Stammer fra samme Rod, men hver Stamme bar en tydelig Krone, og man kunde med Lethed gaa oprejst inde i Skoven uden at støde mod Grenene. En saadan Skov er dog vist ret enestaaende; de fleste Beskrivelser af Krattene lyde paa, at de dannes af Buske, hvis bugtede Stammer ligge henad Jorden, begravede i Mos, medens Grene paa 2—3 Tommers Tykkelse skyde 8—10 Fod i Vejret. Nord for den 61de Breddegrad dannes Krattene af Graapil og Buskbirk, enten hver Art for sig eller begge i blandet Bestand. Pilebuskene kunne naa en Højde af 8 Fod med en Stammetykkelse af 2 Tommer. Krattens Udstrækning er ofte betydelig; saaledes omtaler Rink, at han vandrede en Strækning paa et Par Mil gjennem Pilekrat. Kryolithbrudet Ivigtut paa 61 ° n. B. ligger i en Dal dybt inde i en Fjord. Dalen er c. 1/4 Mil lang og bred; den største Del af den er dækket med lavt og spredt Pilekrat; paa to Steder findes sammenhængende Krat af Mandshøjde, hvert Sted dækkende henimod en halv Snes Tdr. Land; Buskene staa her saa tæt, at man har Møje med at trænge igjennem dem. — Birkekrattene findes først helt inde i Bunden af Fjordene, men her ofte meget udstrakte. Stammerne ere kun lave, forgrene sig meget snart, og Grenene strække sig mere ud til

Siden end i Vejret, saa at et saadant Krat danner et tæt, vanskeligt gennemtrængeligt Fletværk, ofte dækkende store Partier af Klippeskraaningerne. — El og Røn findes hist og her indblandede i Krattene, men kun i ringe Mængde. — Enebusken deltager som nævnt ikke i Kratdannelsen, men voxer ellers overalt; det er den eneste Busk, som ogsaa ude ved Kysten naar nogen betydeligere Størrelse; dens i Almindelighed krybende Stammer bliver ofte 5—6 Tommer i Diameter. Nogle af de største Diametre, der ere maalte for Stammer af grønlandske Buske, ere følgende:

| | | |
|---|---|---|
| Graapil . . . . | 2 | Tommer |
| Hvidbirk . . . | 7½ | — |
| El . . . . . . . | 3 | — |
| Ene . . . . . . | 8 | — |

men rigtignok mangler Angivelse af, hvor højt over Jorden de maalte Stykker ere tagne. — En Højde af Buske eller Træer over 20 Fod er neppe kjendt.

Af det foregaaende vil man kunne danne sig en Forestilling om, af hvad Art det grønlandske Skovbrænde er. Kun for Landets sydligste Del vil det kunne have nogen Betydning, og denne indskrænkes endda derved, at de større Krat altid ligge langt inde i Fjordene, medens de beboede Pladser ligge ved Kysten.

I Koloniernes tidligere Dage anvendtes Skovbrændet meget; Vahl angiver i Aarhundredets Begyndelse, at Birken i flere Fjorde har været meget brugt til Brændsel og er meget forhugget. Rink omtaler i Aarhundredets Midte, at der i Julianehaabs Distrikt kan hentes saa meget Brænde, der ønskes. For at skaffe en Konebaadslast, anslaaet til ¾ Favn, benyttes en Baad med 1 Mand og 3—4 Roersker i 3—8 Dage. Han anslaar det aarlige Forbrug for hele Sydgrønland til c. 100 Favne. Endnu benyttes Skovbrændet af saavel Danske som Grønlændere, og Benyttelsen er maaske snarest i Tiltagende.

Drivtømmer. Da, som omtalt, den økonomiske Betydning af Krattene svækkes ved, at de oftest ligge langt fra de beboede Pladser, er det heldigt, at der i Drivtømmeret findes en anden righoldig Kilde til Landets Forsyning med Brænde. Rejser man langs Kysten i Sydgrønland, vil man overalt, særlig naar Storisen ligger udfor den, spredt mellem Isen, endnu mere i de smaa Bugter paa Øerne, finde større eller mindre Træstykker liggende i Vandet eller af Højvandet førte op paa Land. — Ser man nærmere paa dem, opdager man snart, at det er Træstammer eller Stykker deraf. De uregelmæssig splintrede Endeflader og de ofte vedhængende Roddele vise tydelig, at Træerne ikke ere fældede, men knækkede eller oprykkede. Meget sjeldent ses Spor af Menneskehaand som en regelmæssig afsavet Flade eller Mærker af Øxehug. Barken er altid borte, kun sjeldent findes en ubetydelig Rest; Farven er paa Overfladen bleg, enten mat eller sølvhvid, selve Overfladen enten glat eller fint lodden, alt noget, som tyder paa, at Stammerne i lang Tid have været under stærk baade mekanisk og kemisk Paavirkning. Løfter man paa et saadant Stykke Træ, er det saa tungt, at man næsten forbavses over, at det kan flyde, og ligger det i Vandet, rager det ogsaa kun ganske forsvindende op over Vandskorpen; i tør Tilstand er Vægtfylden derimod kun ringe. Aarringene ere altid smaa, gennemsnitlig 1 mm, sjeldent 2 mm brede. Har man Lejlighed til at undersøge en større Mængde Stykker, vil man snart se, at den langt overvejende Del udgjøres af Naaletræ, forholdsvis faa af Løvtræ. Af 22 Stykker, samlede paa en Expedition, vare 18 af Naaletræ, 4 af Løvtræ. Paa en anden Ekspedition samledes paa Sydgrønlands Vestkyst 122 Stykker, der senere underkastedes en nøjagtig Undersøgelse. Det viste sig, at 25 vare af Løvtræ, nemlig af Populus tremula og Salix vitellina, medens Resten stammede fra Naaletræer; blandt disse havde Larix siberica og Picea occidentalis langt Overvægten, medens enkelte Stykker vare af Pinus cembra, Pinus silvestris og Abies siberica.

Om Drivtømmerets Oprindelse har der tidligere hersket delte Meninger; nu er der ikke længere nogen Tvivl herom. Stammernes Art viser, at de hidrøre fra den gamle Verden, de smalle Aarringe, at de have groet paa et koldt, sandsynligvis ret nordligt Sted. Tanken ledes da let hen paa Siberiens udstrakte Skovegne, og undersøge vi Forholdene her, forklares Drivtømmerets Tilstedekomst let. De uhyre Landstrækninger, der gjennemstrømmes af Kæmpefloderne Ob og Jenisej, hver paa over 500 Mils Længde med et Utal af Bifloder, ere netop bevoxede med Skove, bestaaende af de Træer, hvoraf Stammer findes opskyllede paa Grønlands Kyster. Paa lange Strækninger dannes Flodbredderne af høje skovbevoxede Grusbrinker, hvoraf undertiden vældige Masser styrte ned i Floden; andre Steder er der langs Floden fladt Land, dækket af El, Bævreasp, Pil og Naaletræer. Hvert Foraar stige Floderne over deres Bredder, 30—40 Fod over dagligt Vande, og rive med sig alt, hvad der i vid Omkreds findes af løse Træer eller nedstyrtede Stammer; med Strømmen føres de saa ud i det nordlige Ishav, hvor de fryse inde for derpaa før eller senere med de atter løsnede Ismasser at foretage en Rejse over mod Grønland, ned langs Østkysten, bøjende om Kap Farvel op langs Vestkysten. Her skylle Stammerne op paa Land, navnlig fanges en Mængde som i en Si, hvor der udfor Kysten ligge tætte Øgrupper. — Paa denne lange Rejse, der sikkert ofte varer flere Aar, gaa de fleste Løvtræer paa Grund af deres større Vægtfylde tilbunds. Selvfølgelig blive Stammerne undervejs afkvistede og afbarkede. Overfladen poleres enten glat eller flosses lidt ved at rulles mod skarpere Isstykker; den bleges tillige ved Indvirkning af Sol og Saltvand.

Størrelsen af Drivtømmeret er overordentlig forskjellig; der findes Stammer og Stykker i alle Størrelser. De største Stammer drive op i Landets sydligste Del i Julianehaabs Distrikt, men den største Mængde i det betydelig nordligere Godthaabs Distrikt. De fleste Stykker, man finder, ere ret smaa; Stammer paa 10—12 Fod ere temmelig almindelige, paa 20—30 Fod ikke sjeldne. Ved Julianehaab drev en Gang et Stykke op paa 60 Fods Længde; en anden Stamme gav savet og skaaret henimod 4 Favne Brænde. Det største Stykke, jeg selv har set, var en knækket Stamme med vedhængende Rod paa 35 Fods Længde. 3 Fod fra Roden var den 18 Tommer i Diameter, paa Midten 11 Tommer og ved den øverste Ende 9½ Tomme, kunde altsaa give henimod ½ Favn Brænde. Selvfølgelig benyttes dette letvundne Brændsel meget af Grønlænderne; hvor de langs Kysten finde en Stamme, som de ikke strax kunne bringe med hjem, trække de den op paa Land over Højvandsmærket, hvor den da maaske kan ligge i flere Aar til Ejeren henter den; overalt ved Kysten ligge saadanne Stammer og Bunker af mindre Tømmer. Rink anslaar den Mængde, der aarlig samles i hele Sydgrønland, til 200 Favne, hvoraf Størstedelen brændes; uden Tvivl vilde der kunne samles langt mere.

Af det foregaaende vil let ses, at det er ganske betydelige Mængder af Brændsel, som Grønland byder dets Indbyggere, og nogen Forandring heri vil neppe kunne tænkes i en overskuelig Fremtid, selv om Benyttelsen af det indenlandske Brændsel blev endog betydelig større end nu. — Hvad der indføres fra Danmark, kan ejheller kaldes særdeles meget i Betragtning af det kolde Klima. I Femaaret 1894—98 er der i Gjennemsnit aarlig indført c. 50 Favne Bogebrænde og 3000 Tdr. Kul. Den største Del heraf forbruges af de Danske til Opvarmning af Boligerne og til Koloniens Arbejder, Tranbrænding, Bagning etc.

---

Til Slutning skal jeg kun berøre et Spørgsmaal, som staar i en ret naturlig, omend noget fjernere Sammenhæng med det her behandlede Emne, nemlig hvorvidt en rationel Skovdyrkning er mulig eller er forsøgt i Grønland og da med hvilket Resultat. — Det eneste af de indenlandske Træer, for hvis Vedkommende der kunde være Tale om Skovbrug, er vel Hvidbirken, og det ligger da nær at spørge, om de Grupper af større Birke, der endnu findes, ere Rester af Skove, som fordum dækkede Dalene, eller om det kun er paa Grund af, pletvis forekommende, særlig gode Betingelser, at Træerne enkelte Steder have opnaaet større Højde end den almindelige; det sidste er uden Tvivl Tilfældet. Selv om der baade under den oldnordiske Bebyggelse er ryddet godt op i Krattene, midt i hvilke netop de fleste Nordboruiner findes, og selv om der i den senere Kolonisations første Dage huggedes betydelig mere end nu, kan man dog ikke antage, at Trævæxtens Karakter væsentlig er forandret saaledes som f. Ex. paa Island. Til større Skove have Naturforholdene neppe noget Steds været gunstige nok, og ere det sikkert ejheller nu. — Enkelte Gange er der gjort Forsøg paa at faa Naaletræer til at voxe i Grønland. I 1846 blev der i det indre af Agdluitsokfjorden ved Lichtenau, altsaa i Landets sydligste Del, saaet Frø af Rødgran. I 1886 blev to 40aarige Træer hjembragte herfra, de vare kun 3 Fod høje af forkroblet Udseende. Deres største Diameter var henholdsvis 63 mm og 37 mm, Aarringenes Gjennemsnitstykkelse 0,94 mm og 0,59 mm, dog de yngste paa det største Træ indtil 3,3 mm brede. I 1891 sendtes en Del norsk Frø af Rødgran og Birk til Julianehaab og saaedes i Fjordenes Indre. Om dets Skjæbne har jeg intet hørt. Ved Ivigtut blev i 1891 plantet en Del Naaletræer, hvis Art jeg ej mindes; i 1893 stod en Del af dem endnu, tilsyneladende ganske godt; senere har jeg intet hørt om dem. I 1892 plantedes i Kolonibestyrerens Have ved Holstensborg (paa c. 67 ° n. B.) en Del Bjergfyrplanter, der vistnok alle gik ud, skjønt enkelte overlevede et Par Vintre. I Sommeren 93 blev ligeledes ved Holstensborg saaet en Del Frø af Hvidgran og Bjergfyr; i 1894 var der kommet en Del tilsyneladende ret kraftige Planter op.

Af Literaturen har jeg væsentligst benyttet følgende Arbejder:

Rink: Grønland geografisk og statistisk beskrevet. Kbhv. 1857.

Kraus: Treibholzer (Die zweite deutsche Nordpolarfahrt. Leipzig 1874).

Steenstrup: Om de kulførende Dannelser paa Øen Disko osv. (Videnskabelige Meddelelser fra naturhistorisk Forening. Kbhv. 1874).

Ørtenblad: Om Sydgrønlands Drifved (Kgl. Vetensk. Akademis Förhdl. Stockholm 1881).

Hartz: Botanisk Rejseberetning fra Vestgrønland 1889—90 (Medd. om Grønland XV).

E. Warming: Om Grønlands Vegetation (Meddelelser om Grønland XII).

Kolderup-Rosenvinge: Det sydligste Grønlands Vegetation (Meddelelser om Grønland XV).

C. Hage: Obfloden. Geografisk Tidsskrift 1881.

Hr. Kontorchef Ryberg har velvilligst meddelt mig forskjellige Oplysninger.

---

Under den paafølgende Diskussion blev det af flere (Prof. Warming, Dr. O. G. Petersen, Forstkand. Sarauw) betvivlet, at det er muligt at bestemme Drivtømmerets Art med Sikkerhed. En Adskillelse af Løvtræ- og Naaletræved er vel mulig, men synderligt videre kan man næppe komme. Medens Foredragsholderen og Dr. Kolderup-Rosenvinge nærmest ere tilbøjelige til at tvivle om Muligheden af at frembringe ny Skov i Grønland, mente Prof. Warming, at der fremdeles bør gøres Forsøg, særlig med Bjergfyr. Fra flere Sider hævdedes det, at Vinteren ikke er for streng, og Sommeren ikke for kort, til at en Skov af Naaletræ vil kunne vokse i Sydgrønland, derimod mente Foredragsholderen og Dr. Kolderup-Rosenvinge, at Vinden, det store Snefald og Overgrundens ringe Mægtighed vil forhindre en Skovs Trivsel, medens Forstassistent Helms antog, at disse Forhold ikke vil kunne skabe uovervindelige Hindringer, naar man indskrænker sig til at dyrke Naaletræer med fladtstrygende Rødder. Forstkandidat Sarauw ønskede Oplysninger om det øverste Jordlags Karakter. Foredragsholderen betvivler, at der forekommer Blysand og Rødjord under Moren; paa de Steder, hvor han har fundet skør Jord under Jordbundsdækket, har det været Sand, aflejret af Elvene. I Jorden under Krattene findes jevnligt Regnorme.

I Anledning af en Forespørgsel fra Foredragsholderen om Betimeligheden af at indføre brændselsbesparende Ovne (Spalteovne) i Grønland, oplyste Forstass. Helms, at Brændselet benyttet i saadanne Ovne giver omtrent dobbelt saa megen Varme som i de almindelige, og henstillede til „den grønlandske Handel“ at sætte sig i Forbindelse med Prof. C. V. Prytz for at faa nærmere Oplysninger om Skovforeningens Ovne. Kontorchef Ryberg oplyste, at Kul medtages til Grønland tildels for at give Skibene den fornødne Ligevægt, det kommer altsaa paa en Maade fragtfrit derop, hvilket jo formindsker Trangen til brændselsbesparende Ovne, samt at „den grønlandske Handel“ er begyndt at indføre Bøgebrænde til Grønland i større Mængde end tidligere til Brug ved Bagning af Rugbrød.

Ornithologische Beobachtungen vom nördlichen Atlantischen Ozean. (Uebers. v. O. Haase.)

Verner Hall.

[Journ. f. Ornith., Jan. 1899, p. 75–95.]

(Sonderabdruck aus: Journal für Ornithologie. Januarheft 1899.)

# Ornithologische Beobachtungen vom nördlichen Atlantischen Ozean.

Von **O. Helms.**

Aus „Videnskabelige Meddelelser fra naturhistorisk Forening, Kjöbenhavn 1897“ übersetzt von **O. Haase.**

Auf vier Reisen von Dänemark nach Grönland, im April 1890, Juni 1891, April und Oktober 1893, habe ich Gelegenheit gehabt, einige Beobachtungen über Vögel zu machen. Verschiedene, welche dieselbe Reise gemacht haben, teilten mir mit, was sie an Vögeln unterwegs sahen und, zusammengestellt, lege ich nun alle Beobachtungen vor als einen Beitrag zur Kenntnis des Vogellebens auf einem einzelnen Striche im nördlichen Teile des Atlantischen Meeres. Die Strecke, welche behandelt wird, ist im wesentlichsten der Atlantische Ozean zwischen dem 59.° und 61.° n. B., und dem 1.° [1]) und 50.° w. L.; wo die Verhältnisse es wünschenswert machten, wurde mit aufgenommen, was an Vögeln im südöstlichen Teile der Davisstrasse bis etwa 62° n. B. (so weit wie meine eigenen Reisen sich erstreckten) gesehen worden ist, sowie in der Nordsee, im Skagerrak und Kattegat. — Dass verhältnismässig wenige Beobachtungen vorliegen, das verschuldet — ausser dem Umstande, dass nicht gerade Viele mit hinreichenden ornithologischen Kenntnissen Reisen nach Grönland unternehmen — wohl in erster Reihe das spärliche Vogelleben auf dem Atlantischen Meere, dann aber die häufig eintretenden Schwierigkeiten, unterwegs Beobachtungen vorzunehmen, wie zum Beispiel die Schnelligkeit des Schiffes, sein Schwanken, die Unmöglichkeit, sich bei rauhem Wetter auf Deck aufzuhalten, die Unruhe der See und die Seekrankheit der Reisenden. Auf der letzten Reise, welche ich von Grönland im Oktober 1893 machte, herrschte während der nur 14 Tage langen Fahrt unaufhörlich Sturm, wodurch jeder Aufenthalt auf dem stets überschwemmten Decke höchst unangenehm wurde und Beobachtungen sowohl mit blossen Augen wie noch mehr mit dem Fernrohre so zu sagen unmöglich waren. Im Gegensatze hierzu waren die Verhältnisse auf meinen Reisen im Juni 1891 und April 1893 recht günstig. Das Wetter war oft klar, der Wind nicht stark und

---

[1]) Die Längengrade in dieser Abhandlung zählen von Greenwich.

die See recht ruhig. Täglich verbrachte ich da viele Stunden mit meinem Fernglase auf Deck, um nach den Vögeln zu sehen.

Eine frühere besondere Arbeit über das hier behandelte Thema giebt es, soviel ich weiss, nicht; dagegen finden sich zerstreut in Reisebeschreibungen und anderswo verschiedene Mitteilungen über Vögel, welche in demselben Teile des Atlantischen Meeres gesehen wurden; den vollkommensten Bericht giebt die Holböll'sche Abhandlung „Ornithologiske Bidrag til den grönlandske Fauna" (Naturhist. Tidsskr. IV Bd. 4. H. Kopenhagen 1843). Darin werden eine Reihe interessanter Beobachtungen über Vögel gegeben, welche H. im Atlantischen Meere und in der Davisstrasse auf seinen Reisen zwischen Dänemark und Grönland angetroffen hatte. Im allgemeinen geschieht dies aber nur mit sehr unbestimmter Ortsangabe. Diese Mitteilungen habe ich zum Vergleich mit den von mir zusammengestellten Beobachtungen benutzt.

Die Herren, welche mir bereitwilligst ihre Aufzeichnungen überlassen haben und denen ich hiermit Dank sage, sind: Architekt Hagerup, Kolding, cand. phil. E. Bay, Kopenhagen, Premierlieutenant D. Bruun, Viborg, Kreisarzt Arctander, Storehedinge, Arzt Krabbe, Godthaab (Grönland) und Adjunct Traustedt, Herlufsholm. Aus dem Journal des zoologischen Museums hat der Viceinspektor H. Winge mir einzelne Fälle über das Vorkommen der Vögel in dem hier behandelten Teile des Atlantischen Ozeans mitgeteilt; sowohl hierfür, wie für verschiedene Winke bei der Bearbeitung meiner Abhandlung bin ich ihm Dank schuldig.

---

Die Vögel, welche man auf dem Atlantischen Meere trifft, können naturgemäss in zwei Gruppen eingeteilt werden, in Land- und Schwimmvögel, indem man zu den Landvögeln alle Ordnungen rechnet ausser Schwimmvögeln.

Der Aufenthalt der Landvögel auf dem Meere wird, er sei freiwillig oder unfreiwillig, notwendigerweise von kurzer Dauer sein, u. a. aus dem Grunde, dass wohl kaum ein Landvogel (mit wenigen Ausnahmen) sich Nahrung auf dem offenen Meere verschaffen kann, da solche entweder nicht vorhanden ist, oder wegen fehlender Ruheplätze nicht verzehrt werden kann. Über das nördliche Atlantische Meer geht jeden Frühling und Herbst ein Strom von Vögeln, im Frühjahr teils vom europäischen Festlande und den britischen Inseln nach den Faröern und Island, wahrscheinlich zum Teil von hier nach Grönland, teils von Nordamerika über die Davisstrasse nach Grönland; im Herbste den entgegengesetzten Weg. Über den offenen Atlantischen Ozean selbst, auf dem Wege, welchen die Schiffe nach Grönland nehmem (unter etwa 60° n. B.) findet aber fast kein regelmässiger Zug statt; das an 300 Meilen breite Meer wird sicherlich nicht gutwillig von einem Zugvogel aufgesucht; einen eigentlichen Zug sieht man auch nirgends hier; was man an Zugvögeln trifft, sind einzelne Vögel oder wenige vereint, welche infolge ungünstiger Witterungsverhältnisse, Sturm und Nebel, aus dem Kurse gebracht wurden und nun, ermattet oder verirrt, die Ruhe suchen, welche das Schiff ihnen geben kann. Bisweilen ruhen die Vögel nur kurze Zeit auf dem Schiffe aus, bisweilen verbringen sie halbe Tage dort, und oft sind sie so ermattet, dass sie sich mit den Händen greifen lassen. Es ist besonders in der Nähe von Land, dass man diese Vögel sieht — zum grössten Teile Sperlingsvögel, einzelne Raub- und Watvögel — ausser in der Nordsee, im östlichen Teile des Atlantischen Meeres. Auf dem offenen Atlantischen Ozean sieht man nur ganz wenige Arten, vor allem den Schneeammer (*Plectrophanes nivalis*) und den Steinschmätzer (*Saxicola oenanthe*); dieser, welcher einer der häufigsten Kleinvögel in Grönland. ist wahrscheinlich der einzige Sperlingsvogel, welcher nach Grönland — auf jeden Fall Westgrönland — von Europa kommt. In der Davisstrasse wird der Zustrom stärker; hierüber kommen die Vögel von Amerika nach Grönland, und hier begegnet man wahrscheinlich zugleich den Vögeln, welche über Island nach der Ostküste Grönlands gekommen sind und längs derselben nach Süden fliegen, um bei Kap Farvel umzuwenden und längs der Westküste nordwärts zu gehen. Hier werden zu Zeiten grosse Scharen Zugvögel angetroffen; so giebt Holböll an, dass er eine Menge Schneeammern und Birkenzeisige (*Acanthis linaria*), Schmal- und Plattschnäbelige Wassertreter (*Phalaropus hyperboreus* und *Ph. fulicarius*) sowie Sandregenpfeifer (*Aegialitis hiaticula*) ausser verschiedenen anderen Arten wie Lerchenammer (*Plectrophanes lapponicus*) und *Anthus ludovicianus* gesehen habe.

Ausser den Landvögeln, von welchen man vermuten kann, dass sie, in ihrem Zuge nach oder von ihren Brutplätzen gestört, aus ihrem Kurse getrieben wurden, trifft man ab und zu mehrere zufällige Gäste, teils besonders gute Flieger wie Schwalben (*Hirundo*), teils Arten, die überhaupt den Hang haben, ausserordentlich weit umherzustreifen, ohne dass es eigentlich mit den Brutverhältnissen in Verbindung steht, z. B. der Kleine Brachvogel (*Numenius phaeopus*), der Wanderfalk (*Falco peregrinus*) und die Sumpf-Ohreule (*Otus brachyotus*), welche Holböll alle zu verschiedenen Malen auf seinen Reisen über das Atlantische Meer gesehen hat. Von diesen brütet der Wanderfalk auf Grönland, während der Kleine Brachvogel und die Sumpf-Ohreule oft dort getroffen werden.

Die Schwimmvögel machen den weit überwiegenden Teil der Vögel aus, welche auf den Reisen getroffen werden; sie haben das Übergewicht, was die Anzahl der Arten sowohl als auch die der Individuen betrifft; doch während, wie gesagt, die Landvögel sich oft auf's Schiff setzen, ja dort gefangen werden, und ihre Art somit leicht bestimmt werden kann, ist es in weit geringerem Grade der Fall für die betreffenden Schwimmvögel; die allermeisten von ihnen sieht man am Schiffe vorbeifliegen oder auf dem Wasser liegen, während das Schiff sich bei ihnen vorbei bewegt, so dass eine genaue Artbestimmung oft schwierig wird.

Obgleich ein grosser Teil der grönländischen Schwimmvögel Zugvögel sind, sieht man keinen Zug von ihnen so leicht wie von Landvögeln auf der Reise über den Ozean und zum Teil aus demselben Grunde; überdies ist, für einen Teil der bezüglichen Arten der Frühjahrszug zu der Zeit beendigt, wo die Schiffe in die Nähe Grönlands kommen.

Hinsichtlich des Vorkommens der Schwimmvögel auf dem Meere kann man unterscheiden zwischen Ozeanvögeln und Küstenvögeln; unter Ozeanvögel sollen nicht nur solche Vögel verstanden werden, welche ausserhalb der Brutzeit stets ihren Aufenthalt auf dem offenen Meere, fern von den Küsten nehmen und ihre Nahrung daselbst suchen, wie z. B. der Wasserscherer (*Puffinus major*), sondern auch Vögel, wie z. B. die Brünnichs-Lumme (*Uria arra*), welche häufig auf dem offenen Meere getroffen werden in bedeutender Entfernung vom Lande und anscheinend sich dort wohl befinden, selbst wenn die Hauptmenge von ihnen sich auch ausserhalb der Brütezeit in der Nähe der Küsten aufhält. Unter Küstenvögel sind dagegen die Arten zu verstehen, deren Leben während wie ausserhalb der Brutzeit an die mehr oder weniger unmittelbare Nähe des Landes gebunden ist, z. B. die Eiderente (*Somateria mollissima*). Übergänge kommen selbstverständlich vor, doch in den allermeisten Fällen ist es nicht schwer zu bestimmen, ob ein Vogel zu der einen oder zu der anderen Gruppe gerechnet werden soll. Was da entscheidet, ob ein Vogel Ozean- oder Küstenvogel, ist unzweifelhaft in erster Linie seine Nahrung; doch hierüber weiss man so wenig, dass der Zusammenhang nur selten sich andeuten lässt. Die Tiefen, welche man im Atlantischen Meere trifft, ausser in der unmittelbarsten Nähe des Landes, sind überall zu gross, um glauben zu machen, ein Vogel, welcher auf dem Meeresgrunde seine Nahrung suchen soll, könne hier leben; man sieht denn auch, dass die Tauchenten (*Fuligula*), welche im wesentlichen darauf angewiesen sind, ihre Nahrung in der besprochenen Weise zu suchen, gar nicht auf dem Ozean angetroffen werden, obgleich verschiedene Arten in Menge überall in den nördlichen Ländern brüten, — dass auf der anderen Seite Sturmvögel (*Procellariidae*), die zum Teil von Hydromedusen leben, zu den gewöhnlichsten Vögeln des Ozeans zählen. Aber darüber ist man noch nicht recht im klaren, warum eine Art der Gruppe vor der anderen auf dem Ozean getroffen wird. Das Flugvermögen spielt augenscheinlich eine geringere Rolle; schlechte Flieger wie Alken (*Alcidae*) werden häufig auf dem Ozean gesehen, während ein so vorzüglicher Flieger wie der Basstölpel (*Sula bassana*) ein ausgeprägter Küstenvogel ist.

Unter den Schwimmvögeln sind alle Arten, welche aus den Familien *Anatidae* und *Steganopodes* gesehen werden, ausgeprägte Küstenvögel. Enten trifft man sozusagen nur unmittelbar an der Küste, nicht einmal draussen auf den kleineren Meeren, wie die Nordsee; die Arten, welche man nächstdem zu finden erwarten möchte, z. B. Eiderente und Eisente (*Harelda glacialis*), sind infolge ihrer Lebensweise in einem ganz ausgeprägten Grade Küstenvögel. Die gemeine Eiderente wurde im Frühjahre 1893 scharenweise bei der Mündung des Öresund gesehen und nächstdem nicht, bis wir uns den Scherengewässern[1]) an der grönländischen Küste näherten; die Eisente hält sich noch näher am Lande als die Eiderente. Schwäne (*Cygnus*) giebt Holböll

[1]) Das Gewässer, welches über blinden Klippen (Scheren) hinwegspült und zugleich von Klippenufern eingefasst ist.

dagegen an, einzelne Male im Atlantischen Meere gegen die grönländische Küste hin gesehen zu haben.

In der Familie der Möven (*Laridae*), von welcher so zahlreiche Arten in den nördlichen Meeren brüten, giebt es sowohl Ozeanvögel als auch ausgeprägte Küstenvögel, die letzteren in weit überwiegender Zahl. Auf dem Ozean sieht man wirklich häufig nur eine einzige Art, die Dreizehige Möve (*Rissa tridactyla*), während die allermeisten anderen Arten, sowohl von der Gattung *Larus* wie von *Sterna* und *Lestris*, in höherem oder geringerem Grade an die Nähe der Küste gebunden sind. Im Kattegat, Skagerrak und in der Nordsee sieht man zahlreiche Möven der gewöhnlicheren Arten, Mantel-, Herings-, Eis-, Silber-, Sturmmöve (*Larus marinus*, *L. fuscus*, *L. glaucus*, *L. argentatus*, *L. canus*), und die Dreizehige Möve; doch werden in der Nordsee die meisten Arten wie Individuen in der Nähe der norwegischen Küste oder der Inseln nördlich von Schottland gefunden. Kommt man hinaus in's Atlantische Meer, so trifft man stets die Dreizehige Möve und im östlichen Teile bis ungefähr 15° w. L. noch ab und zu die Eismöve, die Küstenseeschwalbe (*Sterna macrura*) und die Schmarotzermöve (*Lestris parasitica*). Je weiter man hinaus kommt auf den Ozean, desto sparsamer werden die Möven; vom 15—35° w. L. wurde im wesentlichsten nur die Dreizehige Möve getroffen, ein einziges Mal die Mantelmöve und die grosse Raubmöve (*Lestris catarrhactes*); weiter hinüber nach der grönländischen Küste sieht man wieder Küstenseeschwalben und Schmarotzermöven, erst ganz nahe dem Lande beginnen Eismöve und Mantelmöve sich zu zeigen. Unter den Vögeln, welche auf der Reise getroffen werden, können keine mit grösserem Recht Ozeanvögel genannt werden, als die Sturmvögel (*Procellariidae*), denn für die meisten von ihnen gilt es, dass sie nicht nur n i c h t an die Nähe des Landes gebunden sind, sondern dass sie sogar ausserhalb der Brutzeit das Land und die kleineren Wasser meiden. In unseren heimischen Fahrwassern sieht man deshalb keine; in der Nordsee werden im Herbste einige Eissturmvögel (*Fulmarus glacialis*) angetroffen, aber erst draussen auf dem offenen Atlantischen Meere beginnt das eigentliche Feld der Sturmvögel; hier findet man denn fast immer Eissturmvögel, zu gewissen Zeiten häufig Sturmtaucher (*Puffinus*) und Sturmschwalben (*Procellaria*). Die Eissturmvögel nehmen an Häufigkeit in der Davisstrasse zu, und der südliche Teil der letzteren scheint nach Holböll's Angabe im Sommer der Lieblingsaufenthalt des Wasserscherers (*Puffinus major*) und Leach's Sturmschwalbe (*Procellaria leucorrhoa*) zu sein. Nach den Sturmvögeln sind die Alken (*Alcidae*) vielleicht die Familie, wovon am häufigsten einige auf dem Ozean getroffen werden; aber sie erweisen sich doch in weit höherem Grade als die Sturmvögel ans Land gebunden. Wenn Holböll vom Krabbentaucher (*Arctica alle*) und der Brünnichs-Lumme sagt, dass sie wahre Ozeanvögel wären, welche überall im Atlantischen Meere sich fänden, so stimmt es nicht ganz mit meinen Erfahrungen überein; nach dem, was ich gesehen, zeigen alle Alken eine ausgeprägte Neigung dafür, die Küste in nicht allzugrosser Entfernung zu haben. Für das Vorkommen der einzelnen Arten ist aber hier ein ausserordentlich grosser Unterschied; so sieht man den Tordalken (*Alca torda*) fast garnicht auf den Reisen, und die Gryll-Lumme (*Cepphus grylle*) nur in der Nähe der Küsten, bei den Inseln im Norden von Schottland und in den grönländischen Scherengewässern. Im Skagerrak und in der Nordsee wurden zahlreich Langschnabel-Lummen (*Uria troile*) und ein einziger Lund (*Fratercula arctica*) getroffen. Im östlichen Teile des Atlantiks findet man dieselben Arten und einzelne Krabbentaucher (*Arctica alle*) bis ungefähr 15° w. L.; von hier bis zur grönländischen Küste trifft man von Alken nur wenige Brünnichs-Lummen; in der Davisstrasse nehmen sie stark an Zahl zu und zu Zeiten, namentlich im Frühjahre, finden sie sich in grossen Massen. Die Alken entgehen möglicherweise leichter der Aufmerksamkeit als z. B. Möven und Sturmvögel; sie liegen nämlich meist ruhig auf dem Wasser, ohne sich um das vorbeisegelnde Schiff zu kümmern; sie fliegen nicht auf, wenn es sich nähert, tauchen vielmehr und folgen nicht dem Schiffe. Überdies stecken sie recht tief im Wasser und ihr dunkler Rücken macht es schwierig, sie zu unterscheiden.

Zeichnet man auf einer Karte die Stellen für alle auf den Reisen gesehenen Vögel, so wird man in grossen Zügen die folgende Verteilung finden: Im Skagerrak und im östlichen Teile der Nordsee werden recht zahlreiche Vögel, sowohl Arten wie Individuen getroffen. Über der Nordsee nimmt die Zahl bedeutend ab, um gegen die Inseln nördlich von Schottland wieder stark zu steigen; von hier gegen Westen bis ungefähr 15° w. L. giebt es die grösste Anzahl Vögel, in jedem Falle die meisten Arten;

von diesem Punkte nimmt die Zahl westwärts stetig ab; die wenigsten Vögel überhaupt trifft man zwischen dem 20. und 35.° w. L.; gegen Kap Farvel steigt die Zahl wieder langsam, um plötzlich im südlichen Teile der Davisstrasse stark anzuwachsen und sich daselbst hoch zu halten.

Was die Menge der Vögel auf dem Atlantischen Meere zu den verschiedenen Jahreszeiten betrifft, so findet man die meisten — Arten wie Individuen — in den Frühlingsmonaten April bis Mai, zum Teil Juni, weniger in den Herbstmonaten Oktober-November und die wenigsten in den Sommermonaten Juli-August. Aus den eigentlichen Wintermonaten Dezember-März fehlen Beobachtungen fast vollständig.

---

Da die Reisen zumeist unterm 60. Breitengrade ungefähr unternommen werden, so wird bei den einzelnen Beobachtungen die Breite nur angeführt, wenn sie 1° oder mehr hiervon abweicht; sonst wird nur die Länge angegeben. Länge und Breite werden nur in ganzen Graden angegeben, da im allgemeinen die mitgeteilten Ortsbestimmungen nicht den Nachweis geben, wo ein Vogel wirklich gesehen wurde, sondern nur die berechnete Stelle des Schiffes zu Mittag des betreffenden Tages feststellen.

Wo kein Name bei den einzelnen Beobachtungen angeführt ist, sind solche von mir selbst gemacht worden.

Der leichteren Übersicht wegen sind unter dem Namen jeder Art diejenigen ihrer Brutplätze genannt, welche in dem hier behandelten Teile des Atlantiks liegen oder denselben umgeben.

### *Turdus merula* L.
Schwarzdrossel.

Skandinavien, britische Inseln.

Hagerup sah am 4. November 1888 unter ca. 62° n. B., ungefähr 10 Meilen von den Färöern entfernt, ein Männchen, welches nach Süden flog. Wahrscheinlich ist es auf dem Wege von den Färöern gewesen, wo sie öfter gesehen wird.

### *Turdus pallasii* Cab.

Nordamerika.

Ein Stück wurde am 9. Juni 1867 von dem damaligen

Lieutenant Normann unter 59° n. B. und 49° w. L. gefangen und an das Zoologische Museum gesandt. (Mitgeteilt von H. Winge.)

### *Sylvia atricapilla* L.

*Mönchsvogel*[1]), Mönchsgrasmücke.

Südliches Skandinavien, britische Inseln.

Bay sah eine am 4. Oktober 1892 unter 8° w. L. zusammen mit mehreren anderen Kleinvögeln. — Wahrscheinlich ist auch sie auf der Reise von den Färöern gewesen, wo sie in den späteren Jahren einige Male getroffen wurde.

### *Saxicola oenanthe* L.

*Grauer Deichschlüpfer*, Steinschmätzer.

Skandinavien, britische Inseln, Färöer, Island, Grönland, Nordostküste Amerikas.

Unter den Vögeln, welche man mit grösster Wahrscheinlichkeit auf der Reise anzutreffen erwarten darf, dürfte wohl der Steinschmätzer sein, da er in Menge die lange Wanderung über das Atlantische Meer zwischen Europa und Grönland unternimmt. Indes fällt sein Weg, wie früher berührt, schwerlich mit dem der Schiffe zusammen; auch scheint ein gewisses Glück dazu zu gehören, den Steinschmätzer auf den Reisen zu Gesicht zu bekommen. Während Holböll kurz und gut angiebt, ihn häufig auf allen seinen sechs Reisen getroffen und gefangen zu haben, gewiss in allen Teilen des Atlantiks, habe ich ihn selbst nie auf allen meinen Reisen gesehen, die ganz gewiss auch nicht in die Zugzeit des Vogels gefallen sind, welche für Grönland in den Mai und September bis wenig in den Oktober hinein fällt. Bruun hat ihn im Frühling 1894 unter 7, 23, 33 und 38° w. L. am 12, 15., 17. u. 18. Mai getroffen und in der Zeit sowohl Männchen wie Weibchen gefangen. Traustedt hat auf der Reise von Grönland im Jahre 1892 oftmalig Steinschmätzer an Bord im Atlantischen Meere vom 3. bis 21. Oktober gesehen. In der Davisstrasse sah Arctander einen etwa 15 Meilen vom Lande am 14. April 1875.

---

[1]) Da es Manchen interessieren dürfte, zu sehen, wie die Dänen ihre Vogelnamen gebildet haben, so gebe ich neben der bei uns üblichen Bezeichnung die wörtliche Übersetzung des dänischen Vogelnamens. Dieselbe ist durch Cursivschrift ausgezeichnet.

### *Hirundo rustica* L.

*Hausflurschwalbe,* Rauchwalbe.

Skandinavien, britische Inseln.

Bay sah eine unter 63° n. B. und 4° w. L. am 16. Juni 1891; sie umkreiste das Schiff und verschwand darauf in östlicher Richtung.

### *Hirundo riparia* L.

*Deichschwalbe,* Uferschwalbe.

Skandinavien, britische Inseln, Nordamerika.

Arzt S. Hansen fing eine am 31. August 1888 unter 59° n. B. und 31° w. L. und sandte sie an das zoologische Museum. (Mitgeteilt von H. Winge.)

### *Zonotrichia leucophrys* Forster.

Östliches Nordamerika, Grönland?

Krabbe hat in seiner Sammlung den Balg von einem Vogel dieser Art, welcher im Juni 1894 in der Nähe des Kap Farvel von Inspektor Fencker gefangen wurde.

### *Plectrophanes nivalis* L.

*Schneesperling,* Schneeammer.

Skandinavien, Färöer, Island, Grönland, nördliches Amerika.

Unter den Sperlingsvögeln sieht man auf den Reisen keinen so häufig wie den Schneesperling; seine Nistplätze finden sich ja auch überall an den Küsten der nördlichen Meere, sowohl in der Alten wie in der Neuen Welt, und er ist in jedem Falle in einem wesentlichen Teile Zugvogel. In der Nordsee wurde er im Herbste von Hagerup, Bay und mir selbst angetroffen. Auf dem ganzen Wege über das Atlantische Meer ist er, einigermassen gleich verteilt, auf der Strecke zwischen den Shetlandsinseln und Kap Farvel gesehen worden. Unter 5° w. L. ist er von Bay am 6. Oktober 1892 getroffen worden; Bruun hat ihn unter 16° w. L. am 10. Oktober 1894 gesehen, unter 17° w. L. am 14. Mai 1894, unter dem 21. und 26.° w. L. und 59° n. B. am 9. und 8. Oktober 1894. Unter 27° w. L. habe ich selbst ihn am 14. April 1893 gesehen. Ein Hahn im Sommerkleide kam da zu uns an Bord; er flog zwitschernd das Schiff hin und her und setzte sich öfter darauf; nur gegen $^1/_2$ Stunde folgte er dem Schiffe und machte er nicht den Eindruck, als wäre er ermattet oder verkommen. In der Davisstrasse wird er oftmals getroffen (Arctander, Traustedt, Helms), wahrscheinlich auf dem Zuge nach oder von Amerika, woher Grönland nach Holböll's Ansicht seine Schneesperlinge erhält.

### *Falco peregrinus* Tunst.

Wanderfalk.

Skandinavien, britische Inseln, Grönland, Nordamerika.

Am 10. April 1893 wurde ein Wanderfalk unter 12° w. L. gesehen; er hielt sich auf dem Schiffe ein paar Stunden auf. Ungefähr auf derselben Stelle sah Bruun einen Falk, welchen er für einen Wanderfalk hielt, am 13. Mai 1894.

### *Aegialitis hiaticula* L.

*Pfarrerkragen*, Sandregenpfeifer.

Skandinavien, britische Inseln, Färöer, Island, Grönland.

Bay sah zwei um das Schiff kreisen unter 13° w. L. am 2. Oktober 1892.

### *Numenius phaeopus* L.

Kleiner Regenbrachvogel.

Skandinavien, britische Inseln, Färöer, Island.

Bruun sah am 15. Mai 1894 unter 23° w. L. einen Regenbrachvogel ein paar Mal im Laufe des Tages. Am folgenden Tage wurde einer auf Deck gefangen unter 28° w. L. Zweifellos gehören diese Brachvögel ebenso wie andere, welche auf dem Atlantik u. a. von Holböll getroffen wurden, zu der Art *N. phaeopus*, welcher gemeiner Brutvogel auf Island und ein keineswegs seltener Gast in Grönland ist. Nach Grönland wird er von Europa kommen, da die Art in Amerika nicht vertreten ist.

### *Lestris parasitica* L.

*Spitzschwänzige Raubmöve*, Schmarotzer-Raubmöve.

Skandinavien, Schottland, Färöer, Island, Grönland, Nordamerika.

Eine wurde am 17. April 1893 unter 58° n. B. und 43° w. L. gesehen. Arctander sah sie öfter Anfang April 1875 im östlichen Atlantischen Meere. Verschiedene Beobachter haben oftmals auf Reisen Raubmöven auf dem Atlantischen Meere gesehen, ohne dass die Art bestimmt werden konnte; die meisten haben unzweifelhaft dieser Art angehört.

### *Lestris catarrhactes* L.

Grosse Raubmöve.

Shetlandsinseln, Färöer, Island.

Mitte April 1890 hielt sich ein Exemplar ein paar Tage lang bei dem Schiffe auf unter etwa 15—20° w. L. Am 18. Juni 1891 zeigte sich eine unter 11° w. L. ein einziges Mal hinter dem Schiffe; als sie erschien, verschwanden schnell alle dreizehigen Möven. Am 11. April 1893 wurde eine unter 17° w. L. gesehen.

### *Lestris pomatorhina* Tem.

Breitschwänzige Raubmöve.

Skandinavien, Island, Nordamerika.

Zwei Exemplare zeigten sich am 18. Juni 1891 unter 12° w. L.

### *Larus canus* L.

Sturmmöve.

Dänemark, Skandinavien, Schottland.

Bei meiner Abreise im Frühjahre 1893 sah ich sie von Kopenhagen durch den Öresund, das Kattegat und Skagerrak, bis wir in der Nordsee die Küste Norwegens aus dem Auge verloren unter 58° n. B. 6° ö. L.; hier wurde sie von der Dreizehigen Möve abgelöst, so dass beide Arten nur auf einer kurzen Strecke zu sehen waren. Im Herbste scheint sie noch mehr das offene Meer zu meiden; auf meiner Heimreise im Oktober 1893 sah ich sie erst im Öresund.

### *Larus glaucus* Brünn.

*Graumöve*, Eismöve.

Island, Grönland, Nordostamerika.

Am 23. April 1893 wurde ein Vogel dieser Art unter 49° w. L. gesehen; am 27. Oktober 1893 zwei junge Vögel unter 7° w. L. Bruun sah am 5. Oktober 1894 einige unter 36° w. L. und 57° n. B.

### *Larus marinus* L.

*Schwarzrücken*, Mantelmöve.

Skandinavien, britische Inseln, Färöer, Island, Grönland, Nordostamerika.

Mitte April 1890 wurde unter etwa 20° w. L. ein junger Vogel gesehen. Am 11. April 1893 zeigte sich ein junger Vogel unter 16° w. L.; er folgte eine Zeit lang dem Schiffe, begleitete die Dreizehigen Möven, flog mit ihnen und lag mit ihnen zusammen auf dem Wasser. Am 13. April 1893 wurde ein junger Vogel unter 24° w. L. gesehen. In der Davisstrasse zeigte sich ein alter Vogel am 24. April 1893 unter 62° n. B., ungefähr 8 Meilen von der Küste Grönlands entfernt.

### *Rissa tridactyla* L.

*Taterak*, Dreizehige Möve.

Norwegen, britische Inseln, Färöer, Island, Grönland, Nordostamerika.

Keinem, der über den Atlantik nach Grönland gefahren ist, kann es entgangen sein, auf diese hübsche kleine Möve sein Augenmerk zu richten, welche man trifft vom Kattegat an bis dass man den Fuss auf Land an der Küste Grönlands setzt. Unter allen Vögeln, welchen man auf den Reisen begegnet, sieht man keinen, vielleicht mit Ausnahme des Eissturmvogels (*Fulmarus glacialis*), annähernd so häufig und beständig; natürlich ist ein Unterschied in der Anzahl der Vögel sowohl nach Ort wie Jahreszeit vorhanden.

Im Öresund ist die Dreizehige Möve auf den Reisen nicht gesehen worden, aber sicherlich kommt sie ab und zu dahin, da sie oft in den Fahrwassern um Kopenhagen geschossen wurde; kommt man erst hinaus in's Kattegat, so ist sie zu gewissen Jahreszeiten, namentlich im Herbste, alles andere als selten. So hat Hagerup am 11. November 1888 und ich selbst am 30. Oktober 1893 sie in grosser Anzahl im Kattegat in der Nähe der Insel Anholt getroffen; die Finsternis vereitelte leider die Beobachtung, wie weit sie uns nach Süden folgte. Im Frühjahre, zu der Zeit, wo die Schiffe nach Grönland gehen (Ende März), ist sie aus dem Kattegat wieder verschwunden und beginnt nun erst sich zu zeigen, wenn man durch das Skagerrak hinaus in die Nordsee kommt. Bei Skagen wurde am 3. April 1893 ein junger Vogel gesehen, aber sonst keiner im Skagerrak; im Herbste ist sie dagegen hier häufig. In der Nordsee findet man sie immer, am sparsamsten im Sommer, gewiss in grösster Anzahl im Herbste, doch auch recht häufig im Frühjahre. Am 5. April 1893 zeigte sie sich, sobald wir vom Skagerrak hinaus in die Nordsee gekommen waren, unter 58° n. B. und 6° ö. L. Im Atlantischen Meere ist sie wohl unbedingt der Vogel, welcher am häufigsten gesehen wird, und die meisten Beobachter geben nur an, dass sie über den ganzen Atlantik zwischen den Shetlandsinseln und Grönland getroffen werde. In grösster Menge scheint sie hier im Frühlinge vorzukommen, in geringerer im Spätjahre und in geringster im Sommer. Im Juni 1891 wurde sie so während mehrerer Tage, ungefähr vom 25° bis 11° w. L., überhaupt nicht gesehen, während sie sonst keinen Tag auf meinen übrigen Reisen fehlte. Irgend eine grosse Rolle scheint die Nähe des Landes für sie nicht zu spielen, jedoch trifft man sie vielleicht doch mehr in der Nähe von Grönland und Europa als mitten im Atlantischen Meere. Hinauf in die Davisstrasse setzt sich ihr Auftreten fort, und sie ist hier ebenso häufig wie im Atlantik; weniger gemein ist sie aber in der Nähe des Grosseises und innerhalb desselben. Kommt man ganz hinein nach der Küste, so sieht man sie wieder in Menge. Als ich früh am Morgen des 24. April 1890 in die Mündung des Arsukfjords fuhr, zogen zahlreiche Scharen in den Fjord hinein.

Unter den Dreizehigen Möven, welche man auf den Reisen trifft, ist eine verhältnismässig grosse Zahl junger nicht ausgefärbter Vögel. In Grönland sieht man zur Sommerzeit nur wenige jüngere Vögel; es ist wahrscheinlich, dass der grösste Teil von ihnen der Nahrung verteilt in der Davisstrasse und im Atlantischen Meere nachgeht, und dass sie erst, wenn sie brutfähig sind, das Land aufsuchen; aber die meisten, welche auf dem Atlantik und übrigens auf der ganzen Reise gesehen werden, sind doch alte Vögel. Im Herbste verlassen diese Grönlands und Islands Küsten und halten sich wohl im wesentlichen im nördlichen Atlantik den Winter über auf; aber Frühjahr und Sommer sieht man auch hier zahlreiche ausgefärbte Vögel.

Einen eigentlichen Zug von Dreizehigen Möven sieht man nicht viel. Mitte April 1893 bemerkte ich vom 16.° bis 32.° w. L. ab u. zu Schwärme bis zu fünfzig Vögeln am Schiff gegen Abend vorbeifliegen; sie hielten ihren Kurs, ohne sich sonderlich um das Schiff zu bekümmern. Möglicherweise waren sie auf dem Wege nach Island, aber vielleicht sind es auch nur Vögel gewesen, welche sich vereinigt hatten, um in Gemeinschaft einen Ruheplatz für die Nacht zu finden.

Zusammen mit dem Eissturmvogel (*Fulmarus glacialis*) ist die Dreizehige Möve der Begleiter der Schiffe auf der Grönlandsfahrt. Wie weit der einzelne Vogel dem Schiffe folgt, ist unmöglich zu sagen; wahrscheinlich geschieht es nur für eine Tagesreise; denn am Abend verschwinden alle Vögel und erst am nächsten Morgen kommen wieder einige herzu. Den ganzen Tag hindurch kann man das Schiff von einer grösseren oder kleineren Anzahl umgeben sehen, am häufigsten sind es gegen 20 Stück, doch oft viel mehr, welche bald spähend sich schwebend über dem Kielwasser halten, um sofort herniederzuschiessen, sobald ein Stück Speck oder Fleisch über Bord geworfen wird (wohingegen sie sich um Brot nicht kümmern), bald eine Zeitlang auf dem Wasser liegen, dem Schiffe nachschwimmend, um dann wieder aufzustehen und in grösseren oder kleineren Windungen das Schiff zu umfliegen. Ab und zu steigen sie hoch empor über die Spitzen der Masten, was nach der Meinung der Seeleute Sturm verkünden soll.

In Hinblick auf den Zeitpunkt des Überganges von der Winter- zur Sommertracht habe ich Gelegenheit gehabt, einzelne Beobachtungen auf den Reisen zu machen. Am 5. April 1893 sah ich in der Nordsee 1 im Sommer-, 3 im Winterkleide, am 7. April im Atlantischen Ozean einige im Sommer-, andere im Winterkleide, ebenso am 11. und 13. April. Vom 16.—22. April wurde ein Teil gesehen, welche alle in Sommertracht zu sein schienen, und als wir am 24. April in Grönland landeten, war keine im Winterkleid zu sehen.

### ***Sterna macrura*** Naum.

Küstenseeschwalbe.

Skandinavien, britische Inseln, Färöer, Island, Grönland, Nordostamerika.

In der Davisstrasse und im westlichen Teile des Atlantiks sah ich hin und wieder einzelne in den Tagen vom 6. bis 10. Juni 1891. Am 17. Juni wurden einige unter 14° w. L. beobachtet, am 18. Juni zeigten sich unter 11° w. L. öfter Seeschwalben den ganzen Tag hindurch, in der Regel in Gesellschaften von 5—6; sie folgten nicht dem Schiffe. Bruun sah eine unter 11° w. L. am 11. Oktober 1894.

### ***Puffinus major*** Faber.

*Grosse Skrofe*, Wasserscherer.

Brutplatz unbekannt.

Im Gegensatze zu den meisten anderen Vögeln scheint dieser am häufigsten mitten im Sommer gesehen zu werden.

Selbst habe ich ihn nur auf einer meiner Reisen beobachtet, im Juni 1891. In der Davisstrasse und nach dem im Atlantischen Meere bis 14° w. L. zeigten sich in den Tagen vom 6. bis 17. Juni wiederholt einzelne Vögel und kleine Gesellschaften zu 5—6, zumeist am Schiffe vorbeifliegend, indem sie niedrig über den Wasserspiegel hinstrichen. Noch am 18. Juni sah ich einzelne unter 11° w. L., weiterhin nach Osten wurde keiner bemerkt. Bisweilen folgten sie eine kurze Zeit lang dem Schiffe. Hagerup sah ihn Ende Oktober zwischen 36° und 20° w. L.; am häufigsten unter ungefähr 30° w. L.; es waren nie mehr als 4—5 gleichzeitig.

### *Puffinus anglorum* Ray.

*Gemeine Skrofe*, Sturmtaucher.

Britische Inseln, Färöer, Island.

Obgleich er in recht grosser Zahl auf den Inseln, welche an dem Wege nach Grönland liegen, brütet, trifft man ihn doch selten auf den Reisen. So giebt Holböll an, dass er ihn auf seinen sechs Reisen nur im Oktober 1834 gesehen habe, wo er in Menge im Atlantischen Meere gefunden wurde. Selbst habe ich einige wenige gesehen am 8. und 9. April 1893 unter 61° n. B. und zwischen dem 8.° und 11.° w. L.

### *Procellaria pelagica* L.

Kleine Sturmschwalbe.

Britische Inseln, Färöer, Island.

Am 17. Juni 1891 sah ich 3—4 unter 14° w. L.; sie folgten eine Zeit lang dem Schiffe. Am 18. Juni zeigte sich eine einzelne unter 11° w. L. Bay sah sie Anfang Oktober 1892 häufig im östlichen Teile des Atlantiks. Sowohl diese Art wie auch Leach's Sturmschwalbe sind sicher viel häufiger auf dem Ozean, als aus obenstehendem hervorgeht, doch werden von den Beobachtern oft nur „Sturmschwalben" genannt, ohne nähere Bezeichnung der Art.

### *Fulmarus glacialis* L.

*Mallemuk*, Eissturmvogel.

Schottland, Irland, Färöer, Island, Grönland, Nordostamerika.

Nächst der Dreizehigen Möve ist der Eissturmvogel der Vogel, welcher am häufigsten auf der Grönlandsreise getroffen wird und vielleicht derjenige von allen Vögeln, welcher sich am beständigsten beim Schiffe zeigt. Bisweilen kann ein Tag auf dem Atlantischen Ozean vergehen, ohne dass er gesehen wird, doch das ist selten; die meisten Aufzeichnungen lauten kurz und gut, dass er dem Schiffe folgt, von da an, wo letzteres in das Atlantische Meer kommt, bis dass es Grönlands Küsten erreicht, und unter den Seeleuten ist es eine wohlbekannte Sache, dass er getroffen wird, sobald man von der Nordsee hinauskommt in den Atlantik.

Im Kattegat ist er auf den Reisen nicht gefunden worden. Im Skagerrak sieht man ihn nur im Herbste, überdies gewiss recht selten. Bay sah ihn hier vereinzelt bis Skagen am 10. Oktober 1892. In der Nordsee wird er gleichfalls nur im Herbste getroffen. Als ich Ende Oktober 1893 über die Nordsee fuhr, war ich sehr erstaunt darüber, zu sehen, dass er sich hier in ungefähr derselben Anzahl aufhielt, wie im Atlantischen Meere, während ich ihn auf der Frühjahrs- und Sommerreise überhaupt nicht in der Nordsee gesehen hatte. Hagerup sah einen einzelnen am 7. November 1888 ausserhalb Jäderen (Norwegen) etwa 15 Meilen vom Lande. Im Atlantik findet man den Eissturmvogel zu allen Jahreszeiten, am wenigsten im Sommer, am meisten im Frühjahr, während er auch im Herbste recht häufig ist; einige sieht man fast täglich, doch kann seine Zahl sehr verschieden sein. Im Juni 1891 zeigten sich im allgemeinen nur einige wenige täglich, höchstens gegen 10 Stück zu gleicher Zeit; im Oktober 1893 wurden in der Regel etwa 20 auf einmal hinter dem Schiffe gesehen. Auf der Frühjahrsreise dagegen zählt man oft 30—40 mit einem Male, ja zu Zeiten viel mehr. Oben in der Davisstrasse nimmt er an Zahl zu; so sah Hagerup am 21. April 1886 Eissturmvögel zu Hunderten etwa 20 Meilen von Grönlands Küste unter ungefähr 61$^0$ n. B. Sobald man sich dem Grosseise nähert, verschwinden die Eissturmvögel; diese Eismassen, welche sonst der Lieblingsaufenthalt für verschiedene andere Vogelarten sind, scheinen von ihnen gemieden zu werden. Ganz drinnen bei der Küste werden sie in Südgrönland nie beobachtet, erst eine Meile vom Lande entfernt fangen sie an sich zu zeigen.

Unter den Eissturmvögeln finden sich sicherlich zwei Farbenvarietäten, helle und dunkle; die hellen sind fast einfarbig grauweiss, jedoch wenig dunkler auf Rücken und Flügeln, die dunklen sind daselbst dunkel blaugrau; die beiden Varietäten scheinen nicht oft ineinander zu gehen, doch zwischen den dunklen sind doch Abstufungen in Kraft der Farbe. Die dunklen scheinen einer mehr westlichen Form anzugehören, indem ihre Zahl zunimmt, je weiter man nach Westen kommt (Hagerup, Helms); im Atlantik und im östlichen Teile der Davisstrasse sind die dunklen doch immer weit unterlegen in der Anzahl, so dass kaum ein dunkler auf 10 helle kommt, während nach Kumlien[1]) das entgegengesetzte im westlichen Teile der Davisstrasse, längs der Küste von Labrador, der Fall sein soll.

Die Eissturmvögel folgen vom frühen Tagesgrauen bis spät in die Dämmerung, fast immer in einer Schar, hinter dem Schiffe; ab und zu machen sie eine Wendung nach der See, um bald zurückzukehren. Bisweilen ruht sich der ganze Schwarm auf dem Wasser oder schwimmt hinter dem Schiffe her, aber meistens halten sie sich fliegend, niedrig über die Meeresfläche streichend mit fast unbemerklichem Flügelschlag. Begierig schiessen sie nieder nach jeder Art Abfall und unterscheiden mit wunderbarer Sicherheit das Hingeworfene im unruhigen Kielwasser des Schiffes. Die Seeleute fangen sie bisweilen mit dem Fischhaken mit einem Stücke Speck als Köder, doch lernen sie schnell, sich vor diesem Lockmittel zu hüten.

### *Sula bassana* L.
### *Meersule*, Basstölpel.

Britische Inseln, Färöer, Island, Nordostamerika.

Am häufigsten wird dieser Vogel in den Teilen der Nordsee und des Atlantischen Ozeans getroffen, welche die Inseln im Norden von Schottland bespülen, jedoch nie sehr weit vom Lande entfernt. Anfang April 1890 sah ich hier zahlreiche ausgefärbte Vögel, oft in kaum 30 Ellen Abstand von dem vorbeisegelnden Schiffe auf dem Wasser liegend. Am weitesten vom Lande entfernt habe ich den Vogel am 18. Juni 1891 unter 9° w. L. gesehen; am nächsten Tage zeigte er sich einzeln recht häufig während des ganzen Tages unter 6° w. L.; es waren meist alte Vögel, welche hier vorkommen, ein einziger jüngerer; am 20. Juni 1891 wurden zwei beobachtet, als wir zwischen die Shetlands- und Orkneyinseln fuhren. Am 7. April 1893 sah ich

---

[1]) Bulletin of the United States National Museum No. 15, Washington 1879.

einen Teil, jedoch zusammen kaum zehn, zwischen dem 3. u. 5° w. L. Während sie über die ganze Nordsee, ausgenommen nahe der schottischen Küste, nicht gesehen wurden, sind sie im Skagerrak getroffen worden, wo Bay einen im Juni 1891 und ich drei am 30. Oktober 1893 ungefähr 2 Meilen nordwestlich von Skagen sah.

### *Phalacrocorax* sp.?
Scharbe.

Am 19. Juni 1891 kam eine Scharbe um das Schiff fliegend unter 6° w. L.

### *Fratercula arctica* L.
*Seepapagei*, Lund.

Skandinavien, britische Inseln, Färöer, Island, Grönland, Nordostamerika.

Am 18. Juni 1891 sah ich einige den ganzen Tag hindurch beim Schiffe, einzeln oder paarweise unter 11° w. L.; am folgenden Tage wurde, merkwürdig genug, keiner gesehen, wohingegen wieder am 20. Juni eine Menge in der Nähe der kleinen Insel Fair Isle, zwischen den Shetlands- und Orkneyinseln, sowohl im Osten wie im Westen derselben, beobachtet wurde; sie fanden sich hier einzeln, paarweise und in Scharen; am 21. Juni zeigte sich ein einzelner in der Nordsee. Am 11. April 1893 sah ich einzelne unter 17° w. L., am 12. April einen unter 19° w. L.

### *Alca torda* L.
*Tordalk.*

Skandinavien, britische Inseln, Färöer, Island, Grönland, Nordostamerika.

Krabbe sah am 21. und 22. August 1889 etwa unter Kap Farvel's Länge 2 mal 2 zusammen.

### *Uria arra* Pall.
*Brünnichsteiste*, Dickschnabellumme.

Island, Grönland, Nordostamerika.

Genau zu bestimmen, ob ein Vogel *Uria arra* Pall. oder *Uria troile* L. ist, wenn man ihn auf dem Wasser liegen oder vorbeifliegen sieht, ist wohl unmöglich, wenn es mir auch vorkommt, als wäre der Unterschied in der Schnabellänge auf Abstand kenntlich. Zweifellos ist es wohl, dass fast alle Vögel dieser Gattung, welche sich in den Fahrwassern um Grönland finden, der ersten Art angehören, und der weit überwiegende Teil von denen, welche sich in der Nordsee und im östlichen Teile des Atlantischen Meeres, in der Nähe der Färöer und Shetlandsinseln aufhalten, der letzten. Über einen grossen Teil des Atlantiks werden aber die Vögel in geringerer Zahl getroffen; es zeigt sich, dass auf einer Strecke ungefähr vom 15. bis zum 25. westlichen Längengrade nur ganz vereinzelte gefunden wurden. Man kann da vielleicht mit einigem Rechte diese Strecke als Grenze zwischen beider Arten Vorkommen setzen. Im folgenden soll dies geschehen, wenn ich auch für das hierin gewagte nicht blind bin, da überdies beide Arten auf Island brüten.

In der Davisstrasse sah Hagerup am 21. April 1886 grössere und kleinere Gesellschaften unter 61° n. B. etwa 20 Meilen von der Küste entfernt und auf dem Wege zu ihr. Ebendaselbst sah ich am 23. und 24. April 1890 überall im Grosseise grössere und kleinere Scharen; sie bekümmerten sich nicht um das Schiff und lagen oft in einem Abstande von nur wenigen Ellen von der Schiffsseite. 6.—7. Juni zeigte sich ungefähr an gleicher Stelle und von dort südlicher in die Davisstrasse ein Teil, jedoch nicht in Scharen. 19.—20. Oktober 1888 sah Hagerup auf derselben Strecke einzelne oder kleine Gesellschaften. Am 17. Oktober 1893 bemerkte ich verschiedene ungefähr ebenda, jedoch nur einzeln oder zu zweien. Im Atlantischen Meere war sie recht gewöhnlich in den Tagen vom 8.—13. Juni 1891 einzeln oder paarweise von der Davisstrasse und bis ca. 25° w. L.

## *Uria troile* L.

*Langschnabelteiste*, Schmalschnabellumme.

Skandinavien, britische Inseln, Färöer, Island.

Im Skagerrak und in der Nordsee ist sie ganz allgemein Frühjahr und Herbst getroffen worden (Hagerup, Helms), im Sommer nur ein einziges Mal in der Nordsee. Im Frühlinge und Herbste scheint sie dagegen häufiger hier zu sein als auf dem offenen Atlantischen Meere. Im östlichen Teile des Atlantischen Meeres, etwa bis 14° w. L., ist sie häufig zu allen Jahreszeiten. Am 7. April 1893 sah ich unter 5° w. L. grössere und kleinere Scharen bis zu 50 Vögeln; an den beiden folgenden Tagen wurden einige auf der Strecke von hier bis 11° w. L. beobachtet. Alle diejenigen, welche man hier sah, waren in Sommertracht, während hingegen alle die, welche einige Tage zuvor in der Nordsee gesehen wurden, in Wintertracht waren. Hagerup sah ebenda Anfang April 1886 einige kleine Gesellschaften. Im Juni 1891 wurden in den Tagen vom 17.—20. auf der Strecke von 14° w. L. bis zu den Shetlandsinseln recht zahlreiche gesehen. Am 27. Oktober 1893 beobachtete ich unter 7° w. L. etliche kleinere Scharen. Hagerup sah einzelne Anfang November 1888 auf der Strecke vom 14.—8° w. L.

### *Arctica alle* L.

*Seekönig*, Krabbentaucher.

Island, Grönland.

Während Holböll angiebt, dass er ein wahrer Ozeanvogel sei, welcher überall auf dem Atlantischen Meere angetroffen werde, habe ich selbst ihn nur auf meiner Reise im April 1893 gefunden. Am 11. April sah ich 3 unter 17° w. L.; nachdem zeigte sich keiner vor dem 17. April, wo einige unter 43° w. L. und 58° n. B. gesehen wurden, und 25 April, wo wieder einige unter 49° w. L. zur Beobachtung kamen. Alle diejenigen, welche gesehen wurden, waren im Sommerkleide.

[...]nologiske Meddelelser
fra Grønland.
[: Medd. nat. For. Kbh. 1899,
p. 231-237.]

(Særtryk af Vidensk. Meddelelser fra den naturh. Foren. i Kbhvn. 1899.)

# Ornithologiske Meddelelser fra Grønland.

Af

*O. Helms.*

Som en Fortsættelse af mine tidligere her i Tidsskriftet offentliggjorte Arbejder om Grønlands Fugle [1]) fremkomme efterfølgende Meddelelser, dels fra Øst-Grønland, hvorfra Hr. Handelsbestyrer Petersen, Angmagsalik, atter i 1898 sendte mig nogle Fugleskind samt enkelte Optegnelser om Fugle, dels fra den sydlige Del af Vest-Grønland, hvorfra jeg i de senere Aar har modtaget adskillige Fugleskind, særlig fra Hr. Udstedsbestyrer Kursch og Hr. Driftsbestyrer Edwards, der ogsaa har sendt mig Optegnelser om Fugle ved Ivigtut. En Del af de fra Vest-Grønland modtagne Fugleskind ere skænkede til zoologisk Museum og af Winge behandlede i „Grønlands Fugle“ (Meddelelser om Grønland XXI), hvorfor de ikke her omtales.

---

[1]) Ornithologiske Iagttagelser fra Arsukfjorden, Sydgrønland. (Vidensk. Medd. Nath. Forening 1892).

Fortsatte ornithologiske Iagttagelser (1893) fra Arsukfjorden, Sydgrønland. (Vidensk. Medd. Nath. Forening 1894).

Ornithologiske Iagttagelser fra Angmagsalik, Øst-Grønland, af I. Petersen. Meddelte af O. Helms. (Vidensk. Medd. Nath. Forening. 1898.)

## Fra Øst-Grønland (Angmagsalik).

### *Colymbus glacialis* L.

Islom.

24. Maj 1898 saas de første. 16. Juni skød P. to ved en lille Sø nær Stationen. Paa Bredden af Søen fandtes en Rede med et nylagt Æg.

### *Anser torquatus* Frisch.

Knortegaas.

11. Maj sad en Flok paa Iskanten i Bugten ved Stationen.

### *Anas crecca* L.

Krikand

P. skød i Slutningen af September 1897 en Krikand, der sammen med 5 andre Ænder laa i en lille Sø nær ved Stationens Huse og kun var lidet sky. Det hjemsendte Skind er af en Han i Sommerdragt, i hvilken Dragt den europæiske og amerikanske Race af Krikanden ej kunne skelnes fra hinanden. Efter al Rimelighed tilhører det her omtalte Individ den europæiske Race, hvorfor ogsaa taler, at det var sammen med en europæisk Art, Pibeanden, *Anas penelops.*

### *Anas penelops* L.

Pibeand.

En ung Han af denne Art, der var i Flok med Krikanden, blev skudt sammen med denne og Skindet hjemsendt.

### *Tringa alpina* L.

Alm. Ryle.

P. modtog af en Grønlænder en Ryle, skudt ved Sermilik 5. Maj 1898. Ved Stationen saas de parvis flere Gange i Slutningen af Maj og de første Dage af Juni.

### *Charadrius pluvialis* L. *typicus.*
Hjejle.

Skindet af en gammel Fugl i Sommerdragt blev hjemsendt. Oplysninger medfulgte ikke; men Fuglen er vistnok skudt i Sommeren 1898.

Desuden hjemsendte Petersen Skindet af en Rype (*Lagopus mutus* Mont. var. *rupestris* Gm.) og to Skind af unge Jagtfalke (*Falco gyrfalco* var. *candicans* Gm. — mørkeste Race), og gav følgende Oplysninger om Fuglenes Ankomsttider ved Angmagsalik i 1898. Digesmutte (*Saxicola oenanthe* L.) saas første Gang ved Bopladserne ved Cap Dan 14. April, Graasisken (*Acanthis linaria* L.) saas 17. April ved Stationen, Præstekrave (*Ægialitis hiaticula* L.) 4. Maj, Sortgraa Ryle (*Tringa maritima* Brünn.) 5. Maj. 7. Maj saas en helt hvid Sneugle (*Nyctea nivea* Thunb.), 4. Maj Kysterne (*Sterna macrura* Naum.).

---

Af de nævnte Arter er ingen ny for Grønland. I Øst-Grønland er Pibeanden ej truffet før, hvorimod Krikand og Hjejle nævnes af Winge som trufne af Vahl paa Østkystens sydligste Del, uden at det dog om nogen af dem kan oplyses, hvorvidt det er den europæiske eller amerikanske Race. Knortegaasen er fra Østkysten tidligere kun nævnet af Graah, hvorom Winge skriver: „Efter hvad der nu vides, er der maaske størst Sandsynlighed for, at det har været *Anser leucopsis*“, Bramgaasen, en Art, som imidlertid er saa velkendt af Petersen, at han næppe kan tænkes at have taget Fejl.

Knortegaasen vides ej at yngle i Øst-Grønland, derimod i den nordlige Del af Vest-Grønland. Pibeand, Krikand og Hjejle maa rimeligvis betragtes som tilfældige europæiske Gæster, formodentlig komne fra Island, hvor de ere hyppige Ynglefugle.

## Fra Vest-Grønland.

*Colymbus glacialis* L. var. ***adamsii*** Gray.
(***Colymbus adamsi*** Gray).
Islom.

Fra Driftsbestyrer Edwards, Ivigtut, modtog jeg i 1898 Skindet af en ung Fugl af denne Race, skudt ved Ivigtut i 1897, det første hidtil kendte Eksemplar fra Grønland [1]). Fuglen er i fuld Fjerklædning, paa Halsen dog med mange fremstikkende Dunspidser, der sammen med det løse og bløde Fjerlag sammesteds vidne om, at den er meget ung; dens Ydre stemmer iøvrigt nøje med den Beskrivelse, Prof. Collett giver af en ung *Colymbus adamsi* i Afhandlingen: „On the occurrence of Colymbus adamsi in Norway (The Ibis, London 1897) [2]). Det hos unge Fugle vigtigste Kendetegn, Svingfjerskafternes lyse Farve er vel udtalt; ved Roden ere de næsten hvide, længere udefter antagende en meget lys Hornfarve, dog intetsteds i Besiddelse af den mørke Farve, som findes hos den typiske Form. Næbbet er for den allerstørste Del hvidgult; paa Overnæbbet findes mørk Farve kun paa Næbryggen over Næseboerne, paa Undernæbbet ved Basis, strækkende sig med betydelig aftagende Styrke langs Underkanten omtrent til Vinklen. Da Fuglen i det første Aar ej opnaar sin fulde Størrelse saa lidt som Næbbet sin fulde Længde, have Maalene ingen Betydning, da jeg ikke har kunnet sammenligne Fuglen med et tilstrækkeligt Antal unge *Colymbus glacialis* i tilsvarende Dragt.

En Fugl af denne Race maa i Grønland betragtes som en rent tilfældig Gæst. Dens Ynglesteder ligge langt borte fra Grønland, strække sig langs Asiens Nordkyst fra ca. 40° ø. L. mod Øst over

---

[1]) I «Grønlands Fugle» omtaler Winge et Skind af en grønlandsk *Colymbus glacialis*, der ved det forholdsvis lange Næb, hvis yderste Tredjedel er hvidt, og de lysere Svingfjerskafter viser Tilnærmelse til *var. adamsii.*

[2]) Prof. Collett har haft Fuglen til Undersøgelse og har meddelt mig, at den efter hans Mening utvivlsomt er en ung *Colymbus adamsi.*

til Amerikas nordlige Del, hvor den yngler til ca. 110° v. L., mod Syd til ca. 60° n. Br. For at naa Grønlands Vestkyst, skulde Fuglen altsaa have gjort en Rejse paa mindst henved 400 Mil. Imidlertid er der jo intet usandsynligt i, at *var. adamsii* yngler betydelig længere mod Øst i Nordamerikas lidet undersøgte Kystlande, end hidtil kendt, og tager man i Betragtning Racens hyppige Optræden i det sydlige Norge og lejlighedsvise Forekomt i Danmark og Storbritannien, Steder, hvorhen den sandsynligvis kommer fra Siberiens Kyster, forklares dens Forekomst paa Grønlands Vestkyst forholdsvis let. Endelig er der jo en Mulighed for, at Fuglen kunde være udruget i Grønland, hvilket støttes af, at Fjerdragten viser, at Fuglen er meget ung.

### *Alca torda* L.

Alk.

Fra Kagssimiut modtog jeg i Sommeren 1895 Skindene af to, den ene i Sommerdragt, den anden i Overgang til Sommerdragt.

### *Fratercula arctica* L.

Lunde, Søpapegøje.

Fra Frederikshaab modtog jeg i 1896 Skind af 3 gamle og 2 unge Fugle, samme Aar Skindet af en ung Fugl fra Arsukfjord.

### *Larus eburneus* Phipps.

Ismaage.

Fra Sydgrønland har jeg i de sidste 4 Aar modtaget ialt seks Skind, hvoraf kun et af en gammel Fugl, skudt ved Kagssimiut i Sommeren 1895; af de øvrige er en skudt ved Ivigtut i September 1897, fire ved Frederikshaab i 1896.

### *Sterna macrura* Naum.

Kystterne.

Fra Arsukfjord, hvor jeg aldrig saa den under mit Ophold i Grønland, har jeg i 1896 faaet Skind af to gamle Fugle i Sommerdragt, i 1898 Skind af en gammel Fugl i Vinterdragt, skudt i August.

### *Lagopus mutus* Mont. var. *rupestris* Gm.

Rype.

Tallet paa de Ryper, der om Vinteren findes ved Ivigtut, synes at veksle overordentlig stærkt at dømme efter den højst forskellige Mængde, som aarlig skydes der. Saaledes blev skudt:

I Vinteren 1894—95 . . . . 315
— 1895—96 . . . . 791
— 1896—97 . . . . 556
— 1897—98 . . . . 360,

medens der i de nærmest foregaaende Vintre ofte blev skudt henimod 3000. Grunden til denne Forskel ligger ikke i, at Ryperne udryddes omkring Ivigtut, hvilket fremgaar af, at der ikke er ret store Svingninger i det Antal, der skydes i de første Efteraarsmaaneder; Forskellen viser sig i Tallet paa de Ryper, der i de egentlige Vintermaaneder optræde i Ivigtuts Omegn, undertiden i stor Mængde, undertiden sparsomt. I milde Vintre med ringe Snefald synes der at komme færrest Ryper.

### *Falco peregrinus* Tunst. var. *anatum*. Bonap.

Vandrefalk.

Fra Ivigtut har jeg faaet Skind af en yngre Fugl, i Overgang til de gamle Fugles Vinterdragt, skudt 2den September 1896, et andet af en ung Fugl, skudt i Sommeren 1897. Den sidste havde endnu paa Styrefjerenes Spidser siddende Rester af Dun, var altsaa saa ung, at den uden Tvivl er udruget temmelig nær ved Ivigtut.

### *Nyctea nivea* Thunb.

Sneugle.

Ifølge Meddelelse fra Driftsbestyrer Edwards blev der ved Ivigtut i Vinteren 1894—95 skudt fem Sneugler, i Vinteren 1895—96 ingen set, i Vinteren 1896—97 skudt fire. Fra Kagssimiut har jeg faaet to, skudte i Vinteren 1894—95.

### *Plectrophanes nivalis* L.

Snespurv.

Paa en Nunatak med yderst sparsom Plantevækst, et Par Mil fra Arsukfjordens Bund, saa Læge Bentzen i Sommeren 1897 en Snespurv. Ved Ivigtut synes af og til enkelte at overvintre. Driftsbestyrer Edwards saa stadig en der i Vinteren 1895—96 til Midten af Januar, ligeledes en hele Vinteren 1896—97.

### *Dolichonyx oryzivorus* L.

Bobolink.

Af denne i Grønland hidtil ikke trufne Art har jeg fra Læge Bentzen modtaget et Skind, som han i 1898 havde faaet af Grønlændere ved Arsuk. Nærmere Oplysninger medfulgte ikke. M. H. til Kjøn og Alder er det kun muligt at sige med Sikkerhed, at Skindet ikke er af en Han i Parringsdragt; efter Maalene at dømme er det snarest en Hun eller en Unge.

Artens Udbredningskreds ligger iøvrigt saa langt borte fra Vestgrønland, at dens Forekomst her er ganske ejendommelig; men andre ligesaa sydlige amerikanske Arter ere trufne i Grønland. Den yngler i Nordamerika [1]) mellem 42° og 54° n. Br. undtagen i den vestlige Del. Ifølge Bendire [2]) findes den i Canada nær Atlanterhavet op til omtrent 47° n. Br., i Quebec og Ontario til ca. 45° n. Br. og i de vestligere Provinser Manitoba og Assiniboia til ca. 52° n. Br. Da Arten findes i uhyre Masser og efter Yngletiden strejfer vidt omkring, forklares det uden Vanskelighed, at en kan være kommen til Grønland, maaske ved at flyve mod Nord og paa Arsukfjordens Breddegrad (ca. 61°) flyve over det her kun omtrent 100 Mil brede Davisstræde.

---

[1]) Baird, Brewer, Ridgway: A History of North American Birds (Boston 1874).

[2]) Charles Bendire: Life Histories of North American Birds. Vol. II (Washington 1893).

1

# Iagttagelser fra 1898

af

O. Helms.

Haslev.
C. Baggers Bogtrykkeri.
1899.

I efterfølgende Iagttagelser er kun behandlet Trækket, og der er kun taget med, hvad der er set i den Egn, hvor jeg daglig færdes. Temperaturen er angivet efter Réaumur, aflæst Kl. 9 Morgen. De meteorologiske Forhold vare i 1898 meget afvigende fra det normale. Januar og Februar vare ualmindelig milde, havde sjeldent Temperaturer under Frysepunktet, kun ubetydelig Sne. Ringduer overvintrede i ret stort Tal, kurrede allerede 20. Januar; ligeledes overvintrede store Flokke af Raager, talrige Blishøns og enkelte Toppede Lappedykkere. Paa den anden Side var Marts, April og Maj kolde, regnfulde og blæsende, hvilket bl. a. bevirkede, at der om Aftenen kun hørtes lidet Træk af Svomme- og Vadefugle, og at Iagttagelser af Smaafugle fra første Halvdel af Maj ere mangelfulde. Efter en kold og regnfuld Sommer fulgte en varm, klar og stille Eftersommer omtrent fra Midten af August, hvilket medførte, at det Træk af Smaafugle, som i August og September plejer at komme i min Have, næsten udeblev; adskillige Arter udeblev helt, af de andre viste sig kun enkelte Individer.

14. Januar. ÷ 4°. To **Stære** saas, dernæst en 3. Februar; 14. Februar sang de ved Kasserne, 15. Februar vare de almindelige.

14. Februar. + 3°. Sondenvind; af og til Byger. **Lærker** trak syngende over, enkelte saas paa Marken; 15. og 16. saas Flokke paa Marken.

27. Februar. + 2°. Overtrukket. Sydvestvind. Tretten **Viber** floj i Flok mod Øst; 9. og 14. Marts saas en enkelt paa Marken; 16. Marts en Flok.

14. Marts. To **Engpibere**.

16. Marts. + 4°. Regn og Taage. Sydvestvind. Kl. 8 Aften floj adskillige Flokke **Gæs** lavt over mod Nord. 8. April trak to mod Nord.

20. Marts. En **Musvaage** floj over Kobenhavn. 23. Marts floj en mod Nord over Haslev, atter en 25. April.

3. April. Efter nogen Tids Østenstorm, Sne og Kulde atter mildt Vejr. En **Hvid Vipstjert** saas, 7. April atter en; derefter saas den meget sparsomt hele April til 29., da der saas en Flok paa 15. **Drossel** sang.

8. April + 8°. Vestenvind, overtrukket. **Rødhalset Lappedykker** var kommen til Ynglepladserne.

13. April. + 3°. Østenvind, skyet. To **Digesmutter** saas, derefter ingen for 20. April, senere sparsomt; i storre Tal saas den forst i de sidsts Dage af April. **Rødhals** saas talrig i Hækkene, fandtes derefter overalt i stor Mængde til 20. April.

17. April. + 3°. Østenvind, Graavejr. Om Aftenen trak en Del **Sortænder**? over, atter 20. April,

1. Maj og 2. Maj (talrige).

20. April. Om Aftenen overtrukket, stille. En Del **Havliter** trak over, dels mod Nord, dels mod Øst, atter nogle 1. og enkelte 2. Maj.

24. April. En **Fiskeørn** trak mod Nord.

27. April. + 5°. Østenstorm, klart. **Træpiber** og **Løvsanger** sang i Skoven. 1. Maj fandtes sidste i Mængde.

1. Maj. + 5. Sydøstvind, Blæst og Regn. I Skoven saas fire **Brogede Fluesnappere**, Hanner.

2. Maj. + 7°. Svag Østenvind, klart. En **Vendehals** ved Skovkanten. En **Digesvale** saas, 7. Maj var der fire ved Rølerne. Tre **Forstuesvaler**; 3. Maj saas en halv Snes, 9. Maj vare de endnu i ringe Tal. Om Aftenen fløj **Ryler** og **Store Regnspover** over.

3. Maj. + 10°. Vinden skiftende fra Syd til Nordøst. Tre **Bynkefugle** saas; 5. Maj sang nogle, fuldtallige vare de først 17. Maj. En **Blodstjert**, Hun.

5. Maj. + 10°. Vestenvind. To **Tornsangere**.

8. Maj. + 10°. Klart, stille. **Gærdesanger** sang adskillige Steder.

9. Maj + 5°. Vestenvind, Regnbyer. Nogle **Bysvaler** saas, i større Tal først 17. Maj.

12. Maj. En **Graa Fluesnapper**.

15. Maj. **Havesanger** sang; paa sædvanlig Yngleplads i Nabohaven hørtes den først 25. Maj.

17 Maj. + 7°. Vestenvind, gaaende om til Øst. Let skyet. Talrige **Mursvaler** ved Yngleted; to **Rødryggede Tornskader** saas.

28. Maj. **Guldbug**, almindelig; første Gang paa sædvanlig Yngleplads i Nabohaven.

---

3. Juli. Kl. 8½ Emd. trak 7 **Store Regnspover** over mod Syd, nogle saas ved en Sø 11. August.

16. Juli. I en Sø talrige **Terner**, mest gamle, nogle Unger, atter i Mængde 11. og 13. August; 16. og 18. August saas en, siden ingen. En **Hættemaage**, atter en (ung Fugl) 16. August.

25. Juli. Stadig Kulde, Regn og Storm afbrudt af en enkelt Dags godt Vejr. **Havesanger** sang i Haven, atter 27. Juli. Om Aftenen fløj en **Strandbrokfugl** over,

27. Juli. + 14°. Vestenvind. **Munk** i Haven.

3. August. En **Tinksmed** paa Vandrested, en **Dobbelt Bekkasin** ligesaa. Sammesteds en **Hvidklire**; 10. August trak en over, 16. August saas en.

10. August. Vestenvind, klart. En **Tornsanger** i Haven.

11. August. + 15°. Vestenvind. Ved en Sø to **Dværgterner**: nogle **Stormmaager**, disse saas atter 13. og 16. August. **Tæffeland***), Han og Hun, i Søen, atter nogle 8. September, 12. Oktober henved tredive. En **Mudderklire** ved Søbredden, atter nogle 13. August, en 16. August.

13. August. I Haven tre **Gærdesangere**.

16. August. I Haven en **Løvsanger**, en **Solsort**.

22. August. I en Sø to **Hvinænder**.

23.–27. August. Nogle **Spurvehøge**, atter en 5. September, 7. September, 19. September, 2. og 8, Oktober. Nogle **Taarnfalke**: 5. September saas to, 6. September tre, 10. September to, 14. September to, 18. September to.

---

*) **Troldænder** fandtes i Søen hele Sommeren.

4. September. En **Rødstjert** i en Hæk.

5. September. + 12°. Vestenvind, klart. En **Musvaage** paa Marken, 9. September trak to over, 14. September trak med smaa Mellemrum 30 lavt over mod Sydøst, alle temmelige mørke af nogenlunde ens Farve. En Flok **Hjejler** fløj over. **Hvid Vipstjert** paa Vandrested inde i Byen. 7. September saas en i Haven. Atter saas nogle 10., 25. og 27. September, en 4. Oktober og den sidste 8. Oktober.

6. September. **Stærene** sang ved Kasserne; 12. Oktober endnu i vældige Flokke.

7. September. **Forstuesvaler** fandtes i Mængde paa Telefontraadene over Haven. 4. Oktober (+ 12°, klart, stille) var der endnu tyve, 5. Oktober tredive, 15. Oktober endnu nogle.

20. September. Om Aftenen stille, mildt, Regn. Ænder trak over, ligesaa en Flok Svaner?

26. September. Nattefrost, klart, stille. **Engpibere** i Mængde paa Marken; ligesaa 4. Oktober. **Sangdrosler** fandtes i ret stort Tal paa Marken, ligesaa 4. Oktober.

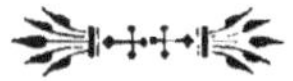

# Kurstedet Davos.

Af O. Helms, prakt. Læge, Haslev.

Foredrag holdt i Næstved Lægeforening.

Særtryk af Ugeskrift for Læger
5te Række. 6te Bind. Nr. 40. Pg. 937. 1899.

# Kurstedet Davos.

Af **O. Helms**, prakt. Læge. Haslev.

Foredrag holdt i Næstved Lægeforening.

Særtryk af Ugeskrift for Læger
5te Række. 6te Bind. Nr. 40. Pg. 937. 1899.

Ophold undervejs kan gøres i lidt over 30 Timer, gaar enten over Hamburg — Frankfurt — Zürich eller mest direkte ad Ruten Berlin—Milano til Zürich. Fra Hovedbanegaarden her rejser man da med Chur-Thusis Banen til Stationen Landquart, hvorfra Davoserbanen, eller som dens officielle Navn er „den rhætiske Bane", gaar ud. der i Begyndelsen jævnt, senere mere stejlt stigende i store Bugter fører den rejsende op til Davoserdalen. Allerede fra Zürich ser man i Sæsonen adskillige Medrejsende, hvis Udseende og Hoste tydelig nok beretter om deres Rejses Maal, paa selve Davoserbanen ses selvfølgelig endnu flere. Banen er i øvrigt indrettet paa at transportere selv de sygeste; de kunne køres i Rullestol direkte fra det ene Tog ind i det andet, og efter Bestilling kan til Rejsen opefter faas Salonvogn. Turen fra Landquart til Davos tager flere Timer, idet der dels holdes ved en Mængde Stationer, dels paa den sidste, stærkt stigende Strækning, køres overordentlig langsomt. I Davoserdalen kommer man først til D. Dorf og $^1/_4$ Mil derfra til Endestationen D. Platz. Det er vel værd at lægge Mærke til, at der i trafikmæssig og postal Henseende ikke findes noget „Davos[1])", men kun et D. Dorf. eller D. Platz, til en af hvilke Stationer Billetter maa løses og Postsager adresseres. Rejsen fra København til Davos koster paa II Kl. noget over 100 Kr.

Naturforhold. Davoserdalen, der ligger i de rhætiske Alper i en Højde af c. 4500' over Havet, er henved to Mil lang, $^1/_8$ Mil bred, lukket paa alle Sider af Fjælde, der gennemsnitlig rage 3000' op over Dalbunden, enkelte Spidser langt højere. Hvad der gør Davoserdalen skikket til Ophold for brystsyge, fremfor mange andre Dale i de schweiziske Højfjælde, er væsentlig dens Beskyttelse mod Taage og deraf følgende store Solmængde, dens Beskyttelse mod Blæst og endelig Dalbundens Brede, der dels tillader Solen i rigeligt Maal at trænge derned, dels muliggør Anlæget af jævne Spadsereveje; de fleste øvrige beskyttede Højfjældsdale ere i Alm. ganske smalle i Bunden.

---

[1]) Udtalen af „Davos" er omtrent „Dawaas" med Tryk paa sidste Stavelse.

Sidder man midt i Davoserdalen, ser den fuldstændig aflukket ud, som om man sad paa Bunden af en Gryde, men mod N.Ø og S.V. fortsætter den sig i andre mere lavtliggende Dale, medens der rundt om i de omgivende Fjældmasser findes snævre Passer, i hvis Bund løber en Elv, langs hvilken gaar Køreveje, hvorved Davos sættes i Forbindelse bl. a. med Engadinpasset. Bjærgarten er væsentlig Grundfjæld, paa enkelte Steder Kalk. De talrige Elve, der komme ned ad Fjældsiderne falde ud i et større Vandløb, „Landwasser“, der gennemstrømmer hele Dalen.

Klimaet i Davos er selvfølgelig Højfjældsklima, og Middelvarmen kun ringe, omtrent $2,_6{}^0$ C. for hele Aaret, for Januar ÷ 7° for Juli + 12°; Vinter med Frost og Sne findes fra November til Maj inkl. Men Luftens Ro, dens Tørhed og det stærke Solskin bevirker, at man om Vinteren kun i ringe Grad mærker Kulden, saa at det selv ved mange Graders Kulde er muligt at sidde i det fri uden Overtøj. Lufttrykket er selvfølgelig lavt, gennemsnitlig 631 mm.; Nedbøren, hvoraf den største Del kommer i Form af Sne, er henimod 1000 mm., skal dog være mindre her end i de fleste andre Højfjældsdale. Taage findes gennemsnitlig kun 17 Dage om Aaret; at Solen altid skinner fra en skyfri Himmel. maa man dog ikke vente; Himlen er overskyet 50 % af Aaret (i Berlin 63%, i Sydengland 79%). Luftens Fugtighed er kun ringe. De ellers i Atmosfæren herskende Vinde mærkes kun lidet i Davos; ofte ser man i Dalen Skyerne oppe over Fjældene sejle ret hurtig afsted, medens der er blikstille i Dalen, højst mærkes et svagt Vindpust; blæser det, er det fra N.Ø. eller S.V. ganske naturlig en Følge af Dalens Retning; men særdeles ofte, navnlig om Vinteren med klart Vejr, hersker lange Tider igennem absolut Vindstille; om Sommeren blæser derimod regelmæssigt en Dalvind midt paa Dagen. Navnlig i Foraarstiden optræde jævnlig de varme og voldsomme Alpevinde, Føhner, der i høj Grad bidrager til Snesmeltningen, som foregaar i April—Maj.

Løvtræsgrændsen ligger noget lavere end Davoserdalen og først i det 1000′ lavere Klosters findes velvoksne Løvtræer i større Mængde; her findes ogsaa en enkelt dyrket Kornmark, medens den ikke skovbevoksede

Jord elles er dækket af frugtbare Græsgange, af hvilke hele Dalbunden i Davoserdalen bestaar. Naaletræer findes i Mængde; indtil en Højde af 1000' over Dalbunden ere Fjældenes Sider dækkede af kraftige Naaleskove mest bestaaende af kæmpemæssige Rødgraner og Lærketræer. Oven over disse begynde atter Græsgange, der opad jævnt gaa over i de egentlige Alpepartier, dels nøgne, dels dækkede med Højfjældsflora, indtil al Plantevækst ophører i ca. 7000' Højde for til Dels at give Plads for den evige Sne. Floraen omkring Davos er overordentlig rig, tæller henved 900 Arter Blomsterplanter; saasnart Sneen er smeltet, begynde Blomsterne straks at komme frem, og endnu hen i November, naar Nattefrosten er indtraadt, træffes adskillige blomstrende Planter. Faunaen er derimod fattig navnlig for de højere Dyrs Vedkommende; af Fugle træffes kun faa, af Pattedyr næsten ingen; dog pranger af og til Gemsesteg af Dyr, skudte paa de nærliggende Højder, paa Hotellernes Spisesedler. — Haver ere anlagte paa mange Steder i Davos, saavel omkring Hoteller og Sanatorier som om private Huse, og gøre et tiltalende Indtryk mellem de regelmæssige firkantede Huse. Paa gunstige Steder trives Løvtræer ganske godt, skønt Davos som nævnt ligger over Løvtræsgrænsen, men Stammerne bindes ogsaa ind om Vinteren; særlig plantes haardføre Træer som Røn, El og Bævreasp, dog findes ogsaa mere kælne Træer som Syren og Guldregn; de højeste Træer blive dog kun en halv Snes Alen. I øvrigt dyrkes frit i Haver talrige Blomsterplanter og mere haardføre Køkkenurter som Kaal, Rødbeder, Salat og Rhabarber, i den senere Tid ogsaa Jordbær, der trives godt og modnes i August.

D a v o s  P l a t z  o g  D o r f. Langs igennem Davoserdalen strømmer som nævnt en Elv, der deler Dalen i en vestlig og østlig Del. Paa den vestlige Side ligge alle Sanatorier, Hoteller og hele det tæt bebyggede Parti, dog ikke i selve Dalbunden, men let skraanende op ad Fjældenes Fod. Davos Platz er langt den største og tættest bebyggede Del, ved en Strækning paa c. $^1/_4$ Mil adskilt fra det mindre bebyggede „Dorf“, i Retning af hvilket Strømmen gaar i de senere Aar, tildels fordi der om Vinteren er c. 1 Times længere Solskin;

til Gengæld skal der saa blæse lidt mere. Af Navnet „Dorf“ maa man imidlertid ikke ledes til at antage noget som helst i Retning af landsbyagtig Karakter; den eneste Forskel er den mindre tætte Bebyggelse. Endnu er der en nogenlunde ubebygget Strækning mellem Platz og Dorf, men der bygges saa stærkt, at Adskillelsen om nogle Aar kun vil findes paa Papiret; jeg talte her under Opførelse 20 store Villaer. Platz, der har 3000 faste Indbyggere, gennemsnitlig lige saa mange tilrejsende, er i Virkeligheden en lille By dog af en ejendommelig Karakter. Husene ere ikke sammenbyggede, ligge enkeltvis, men ret regelmæssigt langs Gader; langt den overvejende Del af Byen bestaar af Hoteller eller Pensionater, indrettede til Modtagelse af brystsyge og derfor forsynede med Verandaer eller Balkoner uden for alle mod Syd vendende Vinduer; selv i de egentlige Forretningshuse med Butikker i Stueetagen, findes ofte Værelser til Leje i de øvre Etager. Selvfølgelig findes i Davos som i enhver anden By Butikker af alle Slags, hvis Indehavere ofte ere Folk, der oprindelig som Kurgæster ere komne til Byen. Uden for selve Byen ligge forskellige industrielle Etablissementer, Ølbryggeri, Savskæreri, Dampvadskeri osv.; men hvad der giver Byen dens Præg er Hotellerne og Pensionaterne; Bygningerne ere oftest kvadratiske i Grundfladen, 2—3 Etager høje med tml. fladt Tag oftest opførte af Mur; dog er der ved de nyere Bygninger mange Steder anvendt Tømmer til Opførelsen, hvilket formodentlig skaffes billigt fra de omliggende Skove. De fleste Bygninger ere som store Villaer med 10—20 Værelser og i den Retning synes ogsaa Tendensen at gaa ved de nyopførte Bygninger. Enkelte meget store Hoteller findes, hvoraf det største, Hotel „Kurhaus“, har 230 Senge, dog fordelte i flere Villaer; de to vældige Bygninger, Hotel „Belvedere“ og Hotel „Buol“, rumme hver henved 200 Senge.

Af det beskrevne vil man let se, at nogen landlig Idyl maa man ikke vente at træffe i Davos Platz; til Gengæld staar den overordentlig højt i alt, hvad der hører til en moderne Bys Hygiejne og Komfort, hvilket imidlertid ikke skyldes Virksomhed fra det offentliges Side; Davos er nemlig forenet til en Kommune med det omgivende Landskab, hvis Beboere kun i ringe Grad have Interesser fælles med den opblomstrende By, hvis Indbyggere ovenikøbet for største Delen ere fremmede; alle offentlige Anlæg og Foranstaltninger til Kurlivets Fremme bekostes derfor af en „Kurverein", der bestaar af Hotelværter og andre, der modtage Gæster, og for hver Gæst betale en fast Takst om Ugen til en fælles Kasse. Denne Forenings aarlige Budget kan løbe op til henimod 100,000 Francs, men herfor opnaas ogsaa et smukt Resultat; Gaderne ere fortræffelig makadamiserede med gode Fortove; de vandes daglig om Sommeren, om Vinteren bortkøres en Del af Sneen, medens Resten tromles fast. Op ad Fjældene er anlagt zigzaggaaende, jævnt stigende Spadsereveje, overalt forsynede med Vejvisertavler. Bænke findes anbragt i Mængde paa alle Veje og Gader. Vandforsyningen er fortrinlig; højt oppe fra Fjældene ledes Elvevandet i lukkede Ledninger ned overalt i Husene, der ere forsynede med Vandklosetter; et udstrakt Kloaksystem med stærkt Fald fører Spildevandet ud i den hurtigt flydende Elv „Landwasser". Hele Byen er oplyst med elektrisk Lys, Gaderne med store Buelamper, Butikker og Privathuse med Glødelamper. I Husene findes dels Kakkelovne, dels overalt i større Etablissementer Centralopvarmning. Telefoner findes i hvert Hus, og Omnibus kører hele Dagen langs Hovedstrøget mellem Platz og Dorf.

Opholdet i Davos og Davoserkuren. I det foregaaende er omtalt, hvad der gør Davoserdalen til et gunstigt Opholdssted for brystsyge fremfor mange andre Dale i Schweizerbjærgene. Hvori selve Højfjældsklimaets gunstige Virkning paa de brystsyge bestaar, er der jo langt fra Enighed om. Nogle mene, at det udøver en særlig Virkning paa den sygelige Proces i Lungen, andre søge Virkningen i en Incitation af hele Organismen, et forøget Stofskifte og forbedret Appetit, atter andre i en stærk Forøgelse af de røde Blodlegemers Tal. Alt i alt er vel det væsentlige, Davos byder, Lejligheden til opholde sig i Højfjældsklima under de bedst mulige Omstændigheder, i Luft, der er ren[1]), fri for Taage og

---

[1]) M. H. til Luftens Renhed maa man dog tage i Betragtning den meget omtalte Røg i Davos; denne maa man imidlertid

Blæst og rig paa Sol; og paa Ophold i fri Luft gaar jo for en meget væsentlig Del Davoserkuren ud. Men hvad der karakteriserer Davos som Kursted og adskiller de brystsyges Ophold og Behandling der fra Forholdene paa de talrige „lukkede" Kuranstalter i Tyskland og andetsteds, er at den langt overvejende Del af Patienterne her ikke leve i Anstalter, men bo frit omkring i Hoteller, Pensioner og hos private; „lukkede" Anstalter findes ogsaa i Davos, men optage kun en ubetydelig Brøkdel af de henved 3000 brystsyge, der udgøre Gennemsnitstallet i Davos om Vinteren. En Patient, der kommer til Davos og bor uden for Anstalterne søger selvfølgelig en af Lægerne, konsulerer ham af og til eller tilses af ham, hvis han er sengeliggende, faar Besked af Lægen, om hvorledes han i det hele skal forholde sig, og hvorledes han skal tilbringe hele sin Dag, men maa jo saa i øvrigt selv om, hvorvidt han vil følge Anordningen; vil han det, er han altid i Stand dertil, i hvert Tilfælde paa de større Hoteller, som udtrykkelig ere byggede til Behandling af Kurgæster; til den egentlige Liggekur fordres kun en aaben Veranda helst mod Syd, forsynet med de nødvendige Liggestole, en alm. Spanskrørslænestol med tilhørende høj Fodskammel, over hvilke lægges en tynd Madras; her hviler saa Pt. i halv siddende Stilling, om Vinteren indpakket i Pels og Fodpose; Tiden uden for Liggekuren anvendes helst til at spadsere og spise. Eksempel paa en Ordination er følgende: Der staas op Kl. 8, spises derpaa Frokost, spadseres 9—9$^3/_4$, gøres Kur 9$^3/_4$—11$^1/_2$ spadseres til 12; derpaa spises til Middag, gøres Kur 1$^1/_2$—4, spadseres atter osv., gaas i Seng Kl. 10. Imellem Maaltiderne drikkes 2—3 Glas Mælk, ogsaa om Aftenen gøres Kur. Gaar man en Dag ned gennem Davos f. Eks. Kl. 1—2 vil man overalt

ikke forestille sig som noget i Retning af en tæt, letkendelig Skorstensrøg, som man kan lugte og smage. Derimod kan man oppe fra Fjældene over Davos paa en af de mange fuldstændig stille Dage se hvorledes Røgen fra Skorstenene stiger lige i Vejret og saa intetsteds kan slippe bort, men lægger sig som et let Taageslør over hele Dalbunden; at der i saa Henseende nu skulde være synderlig Forskel paa Dorf og Platz, tror jeg ikke.

paa Verandaer højt eller lavt paa Husene eller i store aabne Liggehaller umiddelbart ud mod Gaden se Hundreder og atter Hundreder af Ptt. i Færd med Kuren; nogle ligge og se op i Luften, andre sove, atter andre læse, skrive eller konversere. Lidt senere vrimle Gaderne af spadserende, der under mit Ophold gik fuldstændig sommerklædte i den ganske vist brændende Sol, medens det i Skyggen var Frost. Saasnart Solen sank bag Fjældene Kl. 4, blev det med et Slag køligt, hvorfor en Spadseretur altid sluttes før eller begynder efter Solnedgang. — Den Tanke ligger nær, at det kunde være uhyggeligt at færdes i en væsentligst af brystsyge beboet By, men man maa vel huske paa, at de allerdaarligste Ptt., de sengeliggende, ser man slet ikke, og tilmed giver Luften i Davos de fleste Ansigter en sund, rødbrun Farve, som konstrasterer stærkt med vore brystsyges sædvanlige Bleghed; selvfølgelig møder man dog paa Gaderne adskillige ynkelige og kraftløse Skikkelser. Medens der er fuldt af Mennesker paa selve Gaderne, skal man ikke langt bort, før der bliver næsten tomt; lidt op ad Fjældene og paa Ture, der strække sig blot $^1/_4$ Mil bort fra den bebyggede Del af Dalen, ses sjældent en Kurgæst. — Selv boede jeg under mit Ophold paa det centralt beliggende „Hotel Kurhaus“; for saa vidt et almindeligt Hotel, som enhver kan tage derind og leve som han lyster, men dog helt igennem beregnet paa Kurgæster. Uden for hvert Værelse var der en Veranda, desuden fandtes store Liggehaller omkring første Sal og i en Park neden for Hotellet; enhver kunde foretage Kuren, hvor de ønskede. Værelserne vare forsynede med afvadskelige Tapeter, Møblerne betrukne med vadskbart Betræk, Gulvene dækkede af Linoleum; selvfølgelig var der elektrisk Lys og Centralvarme; dobbelte Vinduer indrettede til kraftig Ventilation uden Træk. Hovedmaaltiderne (Kl. $12^1/_2$ og $6^1/_2$) indtoges i en meget stor, vel ventileret Spisesal, der ligesom alle de andre større Rum var smukt udstyret, men uden Portiérer, Udskæringer eller lignende, alt beregnet paa at fange saa lidt Støv som muligt og let at kunne afvadskes. Hvert af Hovedmaaltiderne bestod af 6—7 Retter, hvoriblandt talrige Grøntsager, og altid en eller to kraftige Kødretter. Saa man ved Bordet omkring paa sine medspisende, vilde en. Læge næppe være i Tvivl om, at det for en Del ikke var raske, han sad iblandt, men paa den anden Side fik man absolut ikke Indtrykket af at befinde sig iblandt til Dels haardt angrebne brystsyge. Nogen videre Hoste mærkedes ikke ved Bordet, saa lidt som i Teater og Koncertsal. Grunden er vel dels den, at Klimaet virker gunstigt paa den Lungetuberkulosen ledsagende Bronkitis, men ogsaa for en meget væsentlig Del, at de syge hurtigt lære, at det ikke er nødvendigt altid at give efter for Trangen til Hoste.

Om Aftenen var der i Hotellet enten Koncert eller Komedie i Teatersalen for Hotellets Beboere og Gæsterne paa nogle andre Hoteller. I Princippet kan man vel nok finde det mindre heldigt, at Kurgæsterne deltage i saadanne Adspredelser, men paa den anden Side kan det vel kun gøre ringe Skade at sidde en Timestid eller mere i en vel ventileret Sal og høre Koncert eller se Komedie. Men der gives i Davos ogsaa andre mindre uskadelige Forlystelser; der findes en stor kunstig Isbane, hvor der om Vinteren drives ivrigt Skøjteløb med Verdensmesterskabspris osv., Tennisplads, Skydebaner osv. Om Vinteren er Slædesport meget yndet, i de senere Aar ogsaa Skiløb, og ofte arrangeres store Kanefarter. Af indendørs Forlystelser er der ikke stort andet end at drikke paa Restauranter og Vinkneiper og spille Hazard, hvilket skal drives i ikke ringe Udstrækning. Faren ved disse Fornøjelser indses let; mange Ptt. ville, saa snart de mærke nogen Bedring i deres Tilstand, ogsaa ofte uden det, være med til Adspredelserne som Deltagere eller Tilskuere og øve forskellig Sport, der absolut kræver gode Lunger, f. Eks. løbe paa Skøjter eller i Timevis opholde sig paa Banen som Tilskuere, hvoraf Følgen let bliver Pneumonier, Hæmoptyser eller lignende. Særlig skulle Englænderne være meget lidt tilbøjelige til at opgive deres Sport og føre et regelmæssigt Kurliv. Men selvfølgelig kan en Kurgæst i Davos lige saa godt bo frit som paa en Anstalt, naar han blot har virkelig Forstaaelse af sin Tilstand og ved, hvad det drejer sig om for at blive rask.

L æ g e r  o g  P a t i e n t e r. I Davos findes 12 praktiserende Læger foruden nogle Anstaltslæger, der ikke praktisere. Alderspræsident er den ikke længere praktiserende Dr. *A. Spengler*, der i 60'erne begyndte sin Virksomhed som Læge der og skrev det klassiske Værk om Davos „Die Landschaft Davos als Kurort gegen Lungenschwindsucht", der nu er udsolgt. Hans to Sønner praktisere nu i Davos. — Lægehonoraret er c. 5 Frcs pr. Konsultation eller Besøg, noget mere for stetoskopisk Undersøgelse. For Kurgæster, der ikke ere sengeliggende, men bruge Kuren og kun af og til konsulere Lægen, kommer Lægehonoraret til at spille en forholdsvis ubetydelig Rolle. De fleste af Lægerne indskrænke deres Ordinationer til hygiejniske og diætetiske Forskrifter, bruge af Medicin kun Morfinpræparater mod Hosten, ellers kun Medikamenter, som Kurgæsterne ere vante til hjemme fra og ønske at fortsætte med; derimod ere adskillige af Lægerne ret ivrige Tilhængere af Tuberkulinbehandlingen. Kolde Afvadskninger anvendes en Del, Sengeleje selvfølgelig ved Hæmoptyser og ved Feber, selv ved forholdsvis lave Temperaturer. — Blandt Kurgæsterne findes Folk fra næsten alle Verdens Egne, flest Schweizere og Tyskere, en Del Amerikanere og talrige Englændere, der bo i et særligt Kvarter omkring de to store engelske Hoteller „Buol" og „Belvedere". De Ptt., for hvem Davos særlig passer, er i kort Begreb alle Tilfælde af ukompliceret ikke florid og ikke desolat Lungetuberkulose. Kaverner ere ikke Kontraindikation, ej heller lettere Larynkstuberkulose, saa lidt som Feber eller Tilbøjelighed til Hæmoptyse.- Den Aarstid, hvor Patienterne oftest sendes til Davos er Oktober—November, dog bliver Tallet først fuldt i December. De fleste rejse atter i April—Maj; Lægerne i Davos holde paa, at Afrejsen først bør ske i Juni, men mange rejse langt tidligere af Frygt for Snesmeltningstiden, der dog vist ikke er saa slem, som den har Ord for. Mange rejse kun fra Davos en kort Tid om Sommeren, og mange komme igen Vinter efter Vinter.

S y g e h u s e og S a n a t o r i e r. I Davos findes 2—3 Apoteker og 2 bakteriologiske Anstalter, hvorhen Ptt. efter Lægens Anordning, sikkert ogsaa ofte uden denne, sender deres Opspyt til Undersøgelse, et Sygehus til medicinske og kirurgiske Sygdomme og et lille Epidemisygehus. Desuden findes „Diakonissenhaus", hvorhen sendes haardt angrebne brystsyge, der trænge til stadig Pleje af uddannede Sygeplejersker. Endvidere findes et „Skolesanatorium“ for Piger og et for Drenge. Det sidste, „Fredericianum“, modtager for en Betaling af 3000 Frcs. aarlig til Ophold og Undervisning Drenge, der paa Grund af Skrofulose, overstaaet let Lungetuberkulose eller befrygtet Anlæg dertil samt Astma, trænge til Ophold i Davos. Drengene bo paa Skolen og undervises efter de tyske Latinskolers Plan til Artium. Skoletiden er 8—10 og 4—7, saa at Eleverne kunne være i Luften hele den midterste Del af Dagen, hvortil er indrettet store, aabne og overdækkede Legepladser og Verandaer. Liggehaller findes derimod ikke, idet Anstalten kun er beregnet paa Elever saa raske, at de kunne deltage i Undervisningen. Anstalten, der synes særdeles vel indrettet, modtager alle Nationers Børn; dog forlanges, at de skulle være det tyske Sprog saa mægtige, at de kunne følge med Undervisningen. Af „lukkede“ Anstalter, hvor Ptt. ere under stadigt Lægetilsyn og Opsigt, men i øvrigt væsentlig behandles med Luftkur, er der i de senere Aar kommet adskillige i Davos. Den ældste og mest bekendte er Dr. *Turban*'s, der ligger i Davos Platz lidt opad Fjældskraaningen paa en meget stor til Dels som Have beplantet Grund. Ptt. ere her under streng Kontrol i alle Henseender Dagen igennem, hvad der uden Tvivl giver gode Resultater og vistnok kun sjeldent føles som en uudholdelig Tvang. I Davos Dorf findes Dr. *Danegger*'s Sanatorium, der ejes af en dansk Mand og søges af adskillige Skandinaver. Paa en Fjældskraaning „Schatzalp“ 1000 Fod over Davos Platz oven over Skovbæltet opføres for Tiden under Dr. *Lucius Spengler*'s Ledelse et Sanatorium, som bliver et af de højest beliggende i Europa. Hvad der vindes ved at opføre det her, er dels en betydelig længere Solskinsdag, dels fuldstændig Frihed for Røg og endelig Isolation for Fristelserne i Davos; en Tandhjulsbane anlægges op til Anstalten, der tænkes aabnet til Foraaret 1900.

Temmelig langt borte fra alle andre Bygninger tæt ved Davoser Søen ligger det interessanteste af Sanatorierne i Davos, alm. kaldet „Basler Sanatoriet“, officielt Navn „Die Basler Heilstätte in der Stille“. Hvert af

Schweiz' Kanton'er har eller vil faa et Brystsygesanatorium for ubemidlede. Kanton Basel har her for offentlige og private Midler bygget en overordentlig smuk og praktisk Bygning paa 3 Etager, liggende paa det mest solbeskinnede Sted i hele Davoserdalen med Facade mod Sydvest. Sanatoriet ejer et stort planeret og beplantet Terræn, desuden en lille Lærkeskov. Indretningen synes, saa vidt man kan se ved et flygtigt Besøg, at være Fuldkommenheden saa nær som mulig; der rummes 70 Ptt., Mænd og Kvinder, der saavidt muligt holdes adskilte, dog spise sammen. Værelserne have 1—2—4 Senge; uden for dem findes store Liggehaller. Alle Ptt. spise sammen og i Fællesskab med Lægerne; Kosten er god men ikke fin; Vin gives kun ved særlige Lejligheder. Spisestuen er en stor Hal, de smukt udstyrede Opholdsstuer ligeledes meget rummelige. Kuren er i øvrigt den samme Friluftskur som andetsteds i Davos; saa vidt muligt søges de raskeste Ptt. om Dagen beskæftigede med let Arbejde, hvad der forklarer, at der paa Anstalten kun findes en Betjening af 10 Mennesker foruden to Læger. Paa Sanatoriet, der har bestaaet i to Aar og kun er beregnet for ubemidlede, modtages kun Tilfælde, der kunne give Haab om Helbredelse. En Pt., der ønsker sig optaget, henvises af sin Læge til en Komité af 3 Læger i Basel, undersøges af en af dem og sættes paa Ekspektancelisten, hvis han findes egnet til Optagelse, observeres derpaa i nogen Tid og kommer saa paa Sanatoriet. Betalingen er dels intet, dels 1, 2 og 4 Frcs. daglig; helt ubemidlede kommer ikke alene ind gratis, men for Familien sørges der under Opholdet, og efter dette anbringes de saa vidt gørligt i lette Stillinger. Gennemsnitsopholdet er 6 Maaneder og som Resultatet af det første Aars Behandling viste sig 25 % Helbredelser, 42 % „væsentlige Bedringer“ og 23 % „Bedringer“, altsaa 90 % gode Resultater; dog skal jeg bemærke, at Anstaltens Læge, Dr. *Kündig*, selv i sin Beretning tager alle Forbehold over for „Helbredelserne“.

Til Slutning skal jeg kun give nogle praktiske Oplysninger for Kolleger, der enten selv rejse til Davos eller sende Ptt. derhen. Sproget, der tales i Davos, er overalt tysk. I Sæsonen, fra November til Maj, maa man helst sikre sig Værelse i Forvejen, den øvrige Tid af Aaret er der Plads nok. Paa Sanatorier maa altid bestilles Værelse forud. Ønsker man Værelse eller Oplysninger af nogen Art, kan man skrive til „Kurverein, Davos Platz“ eller „Kurverein, D. Dorf“. Opholdet paa et af de store Hoteller i længere Tid med fuld Forplejning maa regnes til 10—12 Kr. dgl., i mindre Hoteller og Pensionater vil der kunne leves for 7—8 Kr. Billigere kan man bo paa et af Turist (Passant) Hotellerne, hvor der ikke modtages brystsyge; men for en Læge vil det være interessantest at bo paa et af de større Hoteller; dog stemmer Levemaaden paa de engelske Hoteller næppe med vore Sædvaner. Man kan, meldt eller umeldt, bese de i det foregaaende nævnte Anstalter og vil være sikker paa elskværdig Modtagelse. — Hvad Naturskønhed angaar, staar Davoserdalen overordentlig højt, og der er rig Lejlighed til saavel mindre Udflugter, som f. Eks. til det ½ Mil borte liggende Kursted Clavadel med en Svovlkilde, som til Bjærgbestigninger og større Udflugter, f. Eks. ad flere Køreveje med Postvogn op i Engadin til Kurstederne Tarasp, St. Moritz osv.; ad denne Vej naas Italien i 14 Timer. Til den anden Side gaar over Strelapasset en let Fodsti ned i en Dal, hvor der findes et andet af de mest bekendte Højfjældskursteder for brystsyge, det overordentlig smukt beliggende Arosa.

Litteraturen om Davos er overordentlig stor, særlig findes en Mængde meteorologiske og klimatologiske Afhandlinger. Om selve Kuren og dens Resultater er selvfølgelig ogsaa skrevet meget. Gode Oplysninger findes i følgende Afhandlinger:

Dr. *L. Spengler*: „Zur Phtiseotherapie im Hochgebirge (Særtryk af „Fortschrittte der Krankenpflege“).

Dr. *Turban*: Beiträge zur Kentniss der Lungentuberkulose (Wiesbaden 1899, 9,50 Frcs.)

Beskrivelser af Davoserdalen medtagende alle Forhold vedrørende saavel Naturen som Kurstedet, findes ligeledes i Mængde. Foruden Dr. *A. Spengler*'s før omtalte Bog kan nævnes:

*Peters & Hauri*: Davos, zur Orientirung für Aerzte und Kranke (Davos 1893, 2,80 Frcs).

Führer durch den Kurort Davos Platz (1 Frc.)

Davos Dorf als Hochgebirgs Station für Lungenkranke (Kurverein Davos Dorf).

Alle de nævnte Bøger kunne faas fra den Richterske Boghandel, Davos Platz.

Et Kort over Davos findes i den omtalte „Führer“; det bedste udleveres gratis fra Kurverein.

(Særtryk af Vidensk. Medd. fra den naturh. Foren. i Kbhvn. 1901.)

# Om nogle danske Uglers Gylp.

Af

*O. Helms.*

Uglernes Føde bestaar overvejende af mindre Hvirveldyr, der sluges hele eller kun lidet sønderdelte; efter et Maaltid indeholder Uglemaven da talrige ufordøjelige og af Mavesaften lidet paavirkelige Dele som Haar, Fjer og Knogler, der sammenarbejdes til en ret fast Masse, som atter opgylpes i Form af aflange i Enderne let tilspidsede Boller, en Form, der antagelig skyldes Passagen gjennem Spiserøret. Disse Boller, oftest kaldte „Gylp" findes overalt ved Uglernes Yngle- eller Hvilepladser, undertiden i store Mængder, og en Undersøgelse af deres Indhold oplyser om Uglernes Føde.

Det Materiale, hvorpaa nedenstaaende Afhandling er bygget, er skaffet til Veje af Arkitekt Hagerup, Kolding, der dels selv har indsamlet Gylpen, dels formaaet andre til at samle den. De, der have bidraget til Tilvejebringelsen af Gylp, og hvem der herfor skyldes Tak ere: Cand. theol. Jon Ammundsen, Kjøbenhavn, Pastor Barfod, Sønderholm, Student Johs. Helweg, Kjøbenhavn, Frk. Amalie Jørgensen, Kolding, Skorstensfejermester Jørgensen, Horsens, Lærer Manniche, Roskilde Mark, Trafikassistent Olsen, Orehoved, Frk. Marie Simonsen, Kjøbenhavn, Inspektør A. Valentiner, Geddesdal, Pastor Wahl, Lem.

Noget af Gylpen har jeg selv samlet, langt den overvejende Del er samlet af Hagerup, væsentligst ved Uglernes Ynglepladser, saa at det har været let at fastslaa fra hvilken Art Gylpen stammer; hvor andre have samlet er oftest fra Samleren opgivet Arten, men iøvrigt volder Bestemmelsen af Gylpen i Almindelighed ikke nogen Vanskelighed, idet, hvad angaar de 4 i Danmark almindelig ynglende Uglearter: Sløruglen (*Strix flammea*), Natuglen (*Syrnium aluco*), Skovhornuglen (*Otus vulgaris*) og Kirkeuglen (*Athene noctua*), kun Gylp af Natugle og Skovhornugle kunne forveksles.

Indsamlingen af Gylp er foretaget paa alle Aarstider i Aarene 1896—1900 paa 60 Steder i Landets forskjellige Egne; meget er samlet i Jylland, en Del paa Fyn og Sjælland, medens der kun er samlet et Sted paa Laaland.

Bestemmelsen af de i Gylpen indeholdte Arter og Optællingen af dem er væsentlig sket efter Kranierne. Enkelte i Gylpen mindre almindelige Pattedyr og alle Fuglene ere velvilligst bestemte af Hr. Knud Andersen, hvem jeg bringer min bedste Tak herfor.

En Undersøgelse af danske Uglers Gylp, endog i langt større Udstrækning end af mig foretaget, er gjort af Viceinspektor Herluf Winge, og Resultatet foreligger i hans Afhandling her i Tidsskriftet (1882) „Om nogle Smaapattedyr i Danmark"; men som Titelen viser, har Hovedformaalet været at oplyse Smaapattedyrenes Udbredelse her i Landet, og der er ikke oplyst af hvilke Arter den undersøgte Gylp er.

***Syrnium aluco*** (Tabel I). Ialt er undersøgt 318 Gylpklumper, dels samlet i Kirker, dels i Skove; Gylpen bestaar af cylindriske, paa Overfladen ret uregelmæssige, i Enderne undertiden noget tilspidsede Klumper af lysere eller mørkere graalig Farve, undertiden spraglede paa Udsiden af Billerester. Længden er 30—70 mm., i Gjennemsnit 50 mm., Bredden 20—25 mm. I Gylpen fandtes Rester af 241 Pattedyr, hvoraf 236 Gnavere, overvejende Markmus (*Arvicola agrestis*) (123) og Skovmus (*Mus sylvaticus*) (70), samt af 39 Fugle af hvilke 35 vare Husspurve (*Passer domesticus*), 2 Alliker (*Corvus monedula*). Iøvrigt fandtes i meget af Gylpen talrige Billerester, navnlig af *Scarabæus*-Arter og en Del Grus.

Tabel I. *Syrnium aluco.*

| Sted. | Tid. | Tal af Gylp. | *Talpa europæa.* | *Sorex pygmæus.* | *Sorex vulgaris.* | *Crossopus fodiens.* | *Hypudæus glareola.* | *Arvicola amphibius.* | *Arvicola arvalis.* | *Arvicola agrestis.* | *Mus decumanus.* | *Mus musculus.* | *Mus minutus.* | *Mus agrarius.* | *Mus sylvaticus.* | Andre Pattedyr, Fugle o. a. |
|---|---|---|---|---|---|---|---|---|---|---|---|---|---|---|---|---|
| Jylland. | | | | | | | | | | | | | | | | |
| Bramdrup, ½ M. N. for Kolding | ? | 1 | ″ | ″ | ″ | ″ | ″ | ″ | 1 | ″ | ″ | ″ | ″ | ″ | ″ | |
| Kolding Skov | /4 96, /5 97 | 61 | ″ | ″ | 2 | 1 | 1 | ″ | ″ | 12 | 1 | ″ | ″ | ″ | 6 | 2 *Pass. domest.*, 1 *Turd. iliacus*, 1 *Ligurin. chlor.* |
| Kolding Slot | /5 96, /6 98, 4/5 99 | 81 | ″ | ″ | 1 | ″ | 5 | ″ | 2 | 11 | 6 | 6 | 1 | ″ | 9 | 27 *Passer domesticus.* 2 *Corvus monedula.* |
| Samsø. | | | | | | | | | | | | | | | | |
| Onsbjerg | 14/8 96 | 12 | ″ | ″ | ″ | ″ | ″ | ″ | ″ | ″ | ″ | 4 | ″ | ″ | 6 | |
| Sjælland. | | | | | | | | | | | | | | | | |
| Haslev Ore, Skov ved Haslev | 23/2 96, /6 98 | 140 | ″ | ″ | ″ | ″ | 10 | ″ | ″ | 97 | ″ | 1 | ″ | ″ | 46 | 2 *Passer domesticus.* |
| Terslev, ¾ M. N. for Haslev | 15/5 96 | 12 | ″ | ″ | ″ | ″ | ″ | ″ | ″ | 2 | ″ | 1 | ″ | ″ | 2 | 4 *Pass. domest.*, Biller. |
| S. Bjerre, 1 M.Ø.f. Skjelskør | 12/4 96 | 5 | ″ | ″ | ″ | ″ | ″ | ″ | ″ | 1 | ″ | 1 | ″ | ″ | ″ | |
| Laaland. | | | | | | | | | | | | | | | | |
| Vaabensted, ½ M. V. for Sakskjøbing | 5 96 | 6 | ″ | ″ | 1 | ″ | ″ | ″ | ″ | ″ | 2 | ″ | ″ | ″ | 2 | |
| Ialt | ......... | 318 | ″ | ″ | 4 | 1 | 16 | ″ | 3 | 123 | 9 | 13 | 1 | ″ | 71 | 39 Fugle. |

*Otus vulgaris* (Tab. II). Gylpen ligner meget foregaaende Arts. Klumperne ere dog lidt mindre, i Gjennemsnit 40 mm. lange med 20 mm. Bredde; Farven er mørkegraa, Konsistensen ofte ret løs. I de 313 undersøgte Klumper fandtes Rester af 5 Fugle og 328 Pattedyr, hvoraf 320 Gnavere; af disse vare 184 *Arvicola agrestis*, 72 *Arvicola arvalis* og 49 *Mus sylvaticus*. Billerester fandtes kun sjældent i Gylpen.

***Athene noctua*** (Tab. III). Gylpen, der udelukkende er taget i Kirker, er let kjendelig ved sin ringe Tykkelse, gjennemsnitlig 15 mm. med en Længde af 20—50 mm., gjennemsnitlig 35 mm. De enkelte Klumper ere cylindriske, ofte stærkt tilspidsede i Enderne, af ganske lysegraa Farve, undertiden helt blaalig marmorerede af den Mængde Billerester, som ofte danne det meste af Klumpen, eller gullige af Grus, som øjensynlig sluges i Mængde, naar der i Maaltidet ellers ikke findes tilstrækkeligt af Stoffer til at danne Gylpen, med andre Ord, naar Føden bestaar af Biller. I alt undersøgtes 530 Klumper, hvortil dog maa lægges en Del, som modtoges i hensmuldret Tilstand. I Modsætning til den store Mængde Billerester (mest af Løbebiller og Skarnbasser) som Gylpen indeholdt, fandtes forholdsvis faa Levninger af Hvirveldyr; ialt af 8 Fugle og 103 Pattedyr, dog i Virkeligheden af adskilligt flere, idet Kraniedelene ofte vare saa søndrede, at det var mig umuligt med fuld Sikkerhed at bestemme Arten (se Tab. III, sidste Spalte). Af Pattedyrene vare 101 Gnavere og af disse 63 *Arvicola arvalis* mod 19 *Arvicola agrestis*. Paafaldende er her den store Overvægt af *Arvicola arvalis* over *Arvicola agrestis*, naar man sammenligner med Forholdet for de øvrige Uglers Vedkommende[1]). I *Strix flammea*'s Gylp fandtes 139 *Arvicola arvalis* mod 246 *A. agrestis*, i *Syrnium aluco*'s 3 mod 23, i *Otus vulgaris* 72 mod 74. Dette skyldes ikke, at Gylpen af Kirkeuglen er taget fra Egne, hvor fortrinsvis *A. arvalis* lever; undertiden er endog taget

[1]) Selvfølgelig sammenlignes kun for Jyllands Vedkommende da *A. arvalis* ikke findes i andre Landsdele.

## Tabel II. *Otus vulgaris.*

| Sted. | Tid. | Tal af Gylp. | *Talpa europæa.* | *Sorex pygmæus.* | *Sorex vulgaris.* | *Crossopus fodiens.* | *Hypudæus glareola.* | *Arvicola amphibius.* | *Arvicola arvalis.* | *Arvicola agrestis.* | *Mus decumanus.* | *Mus musculus.* | *Mus minutus.* | *Mus agrarius.* | *Mus sylvaticus.* | Andre Pattedyr, Fugle o. a. |
|---|---|---|---|---|---|---|---|---|---|---|---|---|---|---|---|---|
| **Jylland.** | | | | | | | | | | | | | | | | |
| Komarksbusk, Skov ved Kolding | /2 96, /6 97, 18/5 97 | 132 | ″ | ″ | 3 | ″ | 8 | ″ | 68 | 59 | 2 | ″ | 1 | ″ | 18 | 4 *Passer domest.*, 1 Fugl, Biller. |
| Stenalt, 2¹/₄ M. Ø. f. Randers | 11/2 96 | 15 | ″ | ″ | ″ | ″ | ″ | ″ | 4 | 15 | ″ | 1 | ″ | ″ | 1 | |
| Sønderholm, 1 M. Ø. for Nibe | /6 96 | 6 | ″ | ″ | ″ | ″ | ″ | ″ | ″ | ″ | ″ | ″ | ″ | ″ | ″ | 1 *Arvicola.* |
| **Sjælland.** | | | | | | | | | | | | | | | | |
| Plantage, ¹/₄ M. S. for Køge | /10 98 | 20 | ″ | ″ | ″ | 1 | ″ | ″ | ″ | 2 | ″ | ″ | ″ | ″ | 4 | 2 *Vesperugo noctula.* |
| Geddesdal Skov, 1¹/₂ M. S. Ø. f. Roskilde | /9 98, 11/5 1900 | 100 | ″ | ″ | ″ | ″ | ″ | ″ | ″ | 83 | ″ | 2 | ″ | ″ | 25 | |
| Haslev Ore, Skov ved Haslev | /5 96 | 15 | 1 | ″ | ″ | ″ | ″ | 1 | ″ | ″ | ″ | ″ | ″ | ″ | ″ | |
| Olstrup Skov, 1 M. N. Ø. før Næstved | 21/6 96 | 25 | ″ | ″ | 1 | ″ | ″ | ″ | ″ | 25 | ″ | ″ | ″ | ″ | 1 | |
| Ialt | ........ | 313 | 1 | ″ | 4 | 1 | 8 | 1 | 72 | 184 | 2 | 3 | 1 | ″ | 49 | 5 Fugle, 2 Flagermus. |

| Sted. | Tid. | Tal af Gylp. | *Talpa europæa.* | *Sorex pygmæus.* | *Sorex vulgaris.* | *Crossopus fodiens.* | *Hypudæus glareola.* | *Arvicola amphibius.* | *Arvicola arvalis.* | *Arvicola agrestis.* | *Mus decumanus.* | *Mus musculus.* | *Mus minutus.* | *Mus agrarius.* | *Mus sylvaticus.* | Andre Pattedyr, Fugle o.a. |
|---|---|---|---|---|---|---|---|---|---|---|---|---|---|---|---|---|
| Jylland. | | | | | | | | | | | | | | | | |
| Bislev, $^1/_2$ M. S. f. Nibe . . | /8 96 | 100 | ″ | ″ | ″ | ″ | ″ | ″ | ″ | 4 | ″ | 2 | ″ | ″ | ″ | En Del *Mus* og *Arvicola*, nogle Fugle, Masser af Biller. |
| S. Bjert, 1 M. Ø. f. Kolding | /9 96 | 30 | ″ | ″ | ″ | 1 | ″ | ″ | 4 | 3 | ″ | ″ | ″ | ″ | ″ | |
| Egtved, $2^1/_2$ M. NV. f. Kold. | $^{30}/_5$ 96 | 15 | ″ | ″ | 1 | ″ | ″ | ″ | 2 | ″ | ″ | 1 | ″ | ″ | 1 | Nogle *Mus* og *Arvicola*, Biller. |
| Give, 3 M. NV. f. Vejle . . . | /4 97 | 50 | ″ | ″ | ″ | ″ | ″ | ″ | ″ | 2 | ″ | ″ | ″ | ″ | ″ | 1 *Alauda arvensis*, Masser af *Scarabæus*: meget Grus. |
| Grimstrup, 2 M. SØ. f. Varde | 96 | 30 | ″ | ″ | ″ | ″ | ″ | ″ | 10 | 1 | ″ | ″ | ″ | ″ | 4 | 1 Fugl; meget Grus. |
| Lejrskov, $1^1/_2$ M. V. f. Kold. | $^{26}/_7$ 96 | 75 | ″ | ″ | ″ | ″ | ″ | ″ | 35 | 3 | ″ | ″ | ″ | ″ | ″ | 1 Fugl, Biller, 3 Mumier af *Rana* sammen med Gylpen. |
| Lyne, $2^1/_2$ M. N. for Varde | $^{25}/_5$ 96 | 30 | ″ | ″ | ″ | ″ | ″ | ″ | 4 | ″ | ″ | ″ | ″ | ″ | 1 | 1 *Passer domest.*, Biller. |
| Ringgive, $3^1/_4$ M. NV. for Vejle . . . . . . . . . . . . . . . | $^{20}/_4$, $^{27}/_7$ 96 | 95 | ″ | ″ | ″ | ″ | ″ | ″ | 1 | 5 | ″ | ″ | ″ | ″ | 2 | Adskill. *Mus* og *Arvicola*, 1 *Passer montanus*, 2 *Alauda arvensis*, 1 *Emberiza citrinella*; Biller, meget Grus. |
| Sønderholm, 1 M. Ø. f. Nibe | /6 96 | 50 | ″ | ″ | ″ | ″ | ″ | ″ | 1 | 1 | ″ | 5 | 2 | ″ | ″ | |
| Stavning, $2^1/_4$ M. S. f. Ringkjøbing . . . . . . . . . . . . . | $^{20}/_5$ 96 | 5 | ″ | ″ | ″ | ″ | ″ | ″ | ″ | ″ | ″ | ″ | ″ | ″ | 1 | Adskillige Biller. |
| Taps, $1^1/_2$ M. S. f. Kolding | $^3/_5$, $^{10}/_5$ 96 | 15 | ″ | ″ | ″ | ″ | ″ | ″ | ″ | ″ | ″ | ″ | ″ | ″ | ″ | 2 *Arvicola*. |
| Thyrsted, $^1/_2$ M. S. f. Horsens | $^6/_3$ 96 | 30 | ″ | ″ | ″ | ″ | ″ | ″ | 6 | ″ | ″ | ″ | ″ | ″ | ″ | |
| Ølstrup, $1^1/_2$ M. Ø. f. Ringkjøbing . . . . . . . . . . . . . | $^{14}/_5$ 96 | 5 | ″ | ″ | ″ | ″ | ″ | ″ | ″ | ″ | ″ | ″ | ″ | ″ | ″ | Nogle *Mus*; en Masse Biller. |
| Ialt . . . | . . . . . . . . . | 530 | ″ | ″ | 1 | 1 | ″ | ″ | 63 | 19 | ″ | 8 | 2 | ″ | 9 | Mindst 8 Fugle. |

Gylp af Kirkeugle og Slørugle fra samme Sted (f. Ex. Lejrskov). Tænkes kunde det, at Kirkeuglen særlig jagede paa Steder, hvor fortrinsvis *A. arvalis* opholder sig, eller maaske snarere, at den lille Ugle foretrækker den spinklere *A. arvalis* for den oftest kraftigere *A. agrestis.*

Iøvrigt maa det siges, at for de her omhandlede tre Uglearters Vedkommende viser Gylpen stor Overensstemmelse i Udseende og Indhold. Tages Gylpen af alle tre Arter sammen, viser det sig, at Biller udgjøre en ikke ringe Procentdel af Indholdet, at der er fundet mindst 52 Fugle (hvoraf mindst 40 *Passer domesticus*) mod 672 Pattedyr af hvilke Gnavere udgjøre 98 pCt., Spidsmus 2 pCt.

***Strix flammea*** (Tabel IV). Undersøger man Gylp af Sløruglen, ser man snart, at den betydelige Adskillelse i Bygning, som findes mellem Sløruglen og de øvrige Ugler, ogsaa strækker sig til dens Gylp, som afviger fra de andres i saa høj Grad baade ved Udseende og Indhold, at den kjendes ved første Øjekast. Størrelsen er i høj Grad paafaldende, idet Længden oftest er 30—60 mm., kan variere fra 25—80 mm., Bredden 20—30 mm.; nogle ere lidet større end Stæreæg, de fleste langt større, de største kunne nærme sig til et lille Hønseæg saavel i Form som i Størrelse; oftest ere de cylindriske med butte Ender, men ofte er Ægformen ret udpræget. Overfladen er glat, af sortegraa Farve, hos frisk Gylp overtrukket med et glindsende, slimagtigt Lag; den mørke Farve, som findes helt igjennem Klumperne, maa skyldes en ejendommelig Indvirkning af Mavesaften, thi den findes, hvadenten Indholdet er Rester af Dyr med mørkt eller lyst Haarlag. Konsistensen er langt fastere end hos de andre Ugler, saa at der ofte udfordres en kjendelig Kraft for at sønderrive Klumperne.

I Gjennemsnit indeholder hver af Sløruglens Gylp-Klumper Rester af omtrent 3 Gange saa mange Hvirveldyr, som Gylpen af den lige saa store Natugle. Ved Undersøgelse af Indholdet viser sig ogsaa en ejendommelig Forskjel fra de øvrige Ugler, idet Spids-

Tabel IV. *Strix flammea.*

| Sted. | Tid. | Tal af Gylp. | *Talpa europaea.* | *Sorex pygmaeus.* | *Sorex vulgaris.* | *Crossopus fodiens.* | *Hypudaeus glareola.* | *Arvicola amphibius.* | *Arvicola arvalis.* | *Arvicola agrestis.* | *Mus decumanus.* | *Mus musculus.* | *Mus minutus.* | *Mus agrarius.* | *Mus sylvaticus.* | Andre Pattedyr, Fugle o. a. |
|---|---|---|---|---|---|---|---|---|---|---|---|---|---|---|---|---|
| Jylland. | | | | | | | | | | | | | | | | |
| Alminde, 1 M. N. f. Kolding | 13/5 96 | 5 | „ | „ | 5 | „ | „ | „ | „ | 3 | „ | „ | „ | „ | 1 | |
| Aarhus (Sindsygeanst.) | 28/12 97 | 15 | „ | 1 | 23 | 1 | „ | „ | 6 | „ | „ | 1 | „ | „ | 10 | |
| St. Andst, 2 M. V. f. Kolding | 25/7 96 | 2 | „ | „ | 1 | 1 | „ | „ | „ | „ | „ | „ | „ | „ | „ | |
| Bramminge, 2 M. N. f. Ribe | 14/6 96 | ? | „ | 1 | 15 | 3 | „ | 1 | „ | 5 | „ | 1 | „ | „ | 2 | 8 Fugle. |
| Grimstrup, 2 M. Ø. f. Varde | 14/6 96 | 10 | „ | 3 | 16 | 8 | „ | 2 | „ | 4 | „ | 1 | 1 | „ | 1 | |
| Harte, 1/2 M. NV. f. Kolding | 16/6, 25/7 96 | 40 | 1 | 3 | 25 | 8 | 1 | „ | 8 | 14 | „ | 24 | „ | „ | 8 | |
| Hatting, 1/2 M. V. f. Horsens | /5 96 | 60 | „ | 3 | 88 | 11 | „ | „ | 26 | 39 | „ | 46 | 2 | „ | 9 | 1 *Emberiza citrinella.* |
| Hjortshøj, 1 1/2 M. N. f. Aarh. | 25/7 97 | ? | „ | „ | 5 | „ | „ | „ | „ | 8 | „ | 2 | „ | „ | „ | |
| Højen, 1/2 M. S. f. Vejle | 19/7 96 | 27 | „ | 2 | 23 | 3 | „ | „ | 2 | 17 | „ | 5 | 3 | „ | 1 | 15 *Passer domesticus.* |
| Jerlev, 1 M. SV. f. Vejle | 31/7 99 | 20 | „ | 1 | 19 | 1 | „ | „ | 3 | 5 | „ | 5 | „ | „ | „ | Fugle. |
| Lejrskov, 1 1/2 M. V. f. Kold. | 25/7 96 | 40 | „ | 3 | 18 | 2 | „ | „ | 34 | 24 | „ | 16 | 2 | „ | 14 | 1 Fugl. |
| Lundum, 1 M. NV. for Horsens | /3 96 | 50 | „ | „ | 30 | 2 | „ | „ | „ | 3 | „ | 5 | „ | „ | 2 | |
| Nykirke, 2 1/2 M. SØ. for Varde | 9/6 97 | ? | „ | „ | 5 | 2 | „ | „ | „ | 4 | „ | „ | „ | „ | 1 | |
| Seest, 1/2 M. SV. f. Kolding | /5 98 | 7 | „ | 1 | 3 | 1 | „ | „ | 1 | 6 | „ | 6 | 2 | „ | 2 | |
| Starup, 1 3/4 M. N. f. Kolding | 20/4 96 | 64 | „ | 5 | 63 | 10 | „ | „ | 22 | 52 | „ | 40 | 13 | „ | 27 | 1 *Turdus musicus.* |
| Stensballegaard, 1/2 M. Ø. f. Horsens | /3 96 | 50 | „ | 1 | 11 | 2 | „ | „ | 1 | 13 | „ | 17 | „ | „ | 11 | 1 *Passer domesticus*, 1 *Alauda arvensis*, 1 *Ligurinus chloris.* |
| Vamdrup, 2 M. SV. f. Kold. | 1/5 97 | 10 | „ | 2 | 32 | „ | „ | „ | 6 | 3 | „ | 1 | 1 | „ | 2 | 1 *Passer domesticus.* |
| Vejlby, 1/2 M. N. f. Fredericia | 25/12 96 | ? | „ | „ | 10 | 1 | „ | „ | „ | „ | „ | „ | „ | „ | 1 | 2 *Passer domesticus.* |
| Vinf, 1 1/2 M. N. f. Kolding | 13/5 96 | 90 | „ | 1 | 51 | 8 | „ | 1 | 25 | 27 | 5 | 50 | „ | „ | 12 | 7 *Passer domesticus.* |
| [illegible] | 21/[illegible] 96 | 6 | „ | 1 | 26 | „ | „ | „ | „ | 1 | „ | 1 | „ | „ | 2 | |

| | | | | | | | | | | | | | | | | |
|---|---|---|---|---|---|---|---|---|---|---|---|---|---|---|---|---|
| Onsbjerg | [illegible]/5, [illegible]/8 96 | 7 | „ | „ | „ | „ | „ | „ | „ | „ | „ | 9 | „ | „ | 9 | Biller. |
| **Fyen.** | | | | | | | | | | | | | | | | |
| Aunslev, 1 M. NV. for Nyborg | 19/4 98 | 2 | „ | „ | 4 | „ | „ | „ | „ | „ | „ | „ | „ | „ | „ | |
| Bovense, 1½ M. N. for Nyborg | 10/4 98 | 3 | „ | „ | „ | „ | „ | „ | „ | „ | „ | 10 | „ | „ | „ | |
| Kjølstrup, ¾ M. V. for Kjerteminde | 18/10 97 | 20 | „ | „ | 9 | 1 | „ | „ | „ | 10 | „ | 15 | „ | „ | „ | 1 *Passer domesticus.* |
| Munkebo, 1 M. V. for Kjerteminde | 97 | ? | „ | „ | 10 | „ | „ | „ | „ | 10 | 1 | 2 | „ | „ | „ | |
| Vigerslev, 1½ M. NV. for Odense | 97 | 3 | „ | „ | 1 | „ | „ | „ | „ | 3 | „ | 3 | „ | „ | 1 | |
| **Sjælland.** | | | | | | | | | | | | | | | | |
| Skjelskøregnen | /7 96 | 9 | 1 | „ | 2 | „ | „ | „ | „ | 5 | „ | 14 | „ | „ | 4 | 1 Fugl. |
| Tjæreby, ¾ M. Ø. for Skjelskør | 24/4, 13/7 96 | 29 | „ | „ | 13 | 2 | „ | „ | „ | 10 | „ | 40 | „ | „ | 9 | 2 *Hirundo rustica.* |
| Ørslev, 1 M. Ø. for Skjelskør | 15/7 96 | 12 | „ | „ | 10 | 3 | „ | „ | „ | 5 | 1 | 11 | „ | „ | 6 | |
| **Laaland.** | | | | | | | | | | | | | | | | |
| Vaabensted, ½ M. V. for Sakskjøbing | /5 96 | 50 | „ | 10 | 66 | 6 | „ | 1 | „ | 18 | 2 | 17 | „ | 7 | 18 | 9 *Passer domest.*, 1 *Vesperugo pipistrellus.* |
| Ialt | ........ | 663 | 2 | 40 | 646 | 78 | 2 | 5 | 139 | 307 | 9 | 359 | 25 | 7 | 156 | 59 Fugle, 1 Flagermus. |

mus her optræde som en meget væsentlig Bestanddel af Føden. I 663 undersøgte Klumper fandtes Levninger af 1835 Hvirveldyr, hvoraf 59 vare Fugle (heraf mindst 43 *Passer domesticus*). Af Pattedyrene vare 766 eller ca. 40 pCt. Spidsmus, af hvilke der som nævnt hos de øvrige Ugler tilsammentagne kun fandtes 2 pCt. Paafaldende er ogsaa det store Antal Husmus 359 eller ca. 20 pCt., medens de hos de andre Arter kun udgjøre mellem 3 og 4 pCt. Biller synes Sløruglen kun i ringe Grad at fortære.

---

Et Spørgsmaal bliver det nu, om man af Uglernes Gylp faar fuldstændig Oplysning om deres Føde, eller om de muligvis for en Del leve af Dyr, hvoraf der i Gylpen ingen Rester findes, dels Dyr uden Ben- eller Chitinskelet, dels Hvirveldyr saa store, at Uglerne kun fortære deres bløde Dele, men ikke sluge Knoglerne med. Det er muligt endog ret rimeligt, at Uglerne tage en Del lavere Dyr, f. Ex. Natsommerfugle, hvoraf ingen eller kun ukjendelige Rester findes i Gylpen. Derimod viser Gylpen utvivlsomt med stor Nøjagtighed, hvilke Hvirveldyr Uglerne leve af; thi selv af ikke helt smaa Pattedyr, f. Ex. Husrotte og Muldvarp og Fugle, f. Ex. Allike, findes, endda ret store, Knogler, bl. a. hele Bækkenpartiet af sidstnævnte Fugl; Gylpens Indhold af Hvirveldyr stemmer ogsaa godt overens med hvad man ved om Uglernes Føde ad anden Vej f. Ex. ved at undersøge de Forraad af Dyr, Uglerne samle i deres Reder, medens de have Unger. Der synes altsaa ikke at være nogen Grund til at tro andet, end at Uglernes Gylp virkelig giver et tro Billede af deres Føde.

---

En Undersøgelsesrække som den her foretagne kan foruden at oplyse det, som er Hovedformaalet nemlig Uglernes Føde, ogsaa give Oplysning i en helt anden Retning nemlig om Smaapattedyrenes Forekomst og Udbredelse i Danmark; paa Forhaand kunde man ikke vente, at der i saa Henseende skulde bringes synderligt andet, end hvad der findes i Winges førnævnte Arbejde, der er bygget paa et langt større Materiale, og hvortil er gjort yderligere Tilføjelser i samme Forfatters i 1899 her i Tidsskriftet offentliggjorte Afhandling „Om nogle Pattedyr i Danmark". Mine Resultater stemme da ogsaa i et og alt overens med Winges, hvorfor en nærmere Omtale af, hvad jeg har fundet angaaende Smaapattedyrenes Udbredelse er overflødig; kun skal det bemærkes, at *Arvicola arvalis* er truffet noget længere mod Nord end Winge har fundet den, idet der i Gylp af Kirkeugle fra Sønderholm, 1 Mil Øst for Nibe fandtes et Kranium af denne Art. Da Winges og mit Arbejde tilsammen omfatter henved 8000 i Uglegylp fundne Smaapattedyr, er det næppe sandsynligt, at der foreløbig ad den Vej vil vindes yderligere Oplysning om Smaapattedyrenes Udbredelse og Forekomst i vore større Landsdele. Derimod kunde der vel skaffes en Del nye Oplysninger om disse Dyrs Forekomst paa vore større og mindre Øer, hvorom man bidtil kun ved lidt; den eneste Ø, hvorfra jeg har undersøgt Gylp, er Samsø; i Slørugle-gylp herfra fandtes i Modsætning til Indholdet af samme Gylp fra Landets øvrige Egne ingen Spidsmus, kun Husmus og Skovmus; andet fandtes ej heller i Gylp af Natugle sammestedsfra. Selvfølgelig er Tallet heraf (ialt 28 Smaapattedyr) altfor lille til at afgjøre nogetsomhelst med Sikkerhed, men det synes dog at give et ganske interessant Fingerpeg.

Bianco Lunos Bogtrykkeri.

(Sonderabdruck aus: Journal für Ornithologie. Januarheft 1902.)

25/02.

# Über Grönlands Vogelwelt.

Vortrag, gehalten vor der Deutschen Ornithologischen Gesellschaft am 7. Oktober 1901.

Von Dr. **O. Helms**, Haslev.

Meine Herren!

Wenn ich heute die Ehre haben soll, Ihnen etwas von den Vögeln Grönlands zu erzählen, so muss ich mir erlauben, ein paar Bemerkungen über das Land, seine Natur und das Bewohnen desselben vorauszuschicken. Grönlands Lage ist Ihnen Allen bekannt, ebenso wie Sie wissen, dass es eine ungeheuere Insel von gegen 20,000 Quadratmeilen ist, wovon der weit überwiegende Teil mit einer mächtigen Eisdecke, dem Inlandseise, bedeckt ist, welches an einzelnen Stellen ganz bis zur Küste hinabreicht, sonst nur einen breiteren oder schmaleren Streifen freien Küstenlandes übrig lässt. Auf dieser schmalen Küste in einer Breite von höchstens 20 Meilen, oftmals viel weniger, ist es, wo sich alles Menschen-, Tier- und Pflanzenleben in Grönland befindet. Gewiss haben verschiedene Reisende Vögel auf dem Inlandseise gesehen, z. B. die kleine Schneeammer, welche Nansen zwitschernd entgegenflog auf seiner Reise quer über das Eis und ihm die Nähe des eisfreien Landes verkündete; andere haben im Innern auf dem Eise den Steinschmätzer, den Raben und Seeschwalben angetroffen, aber das sind alles nur Ausnahmen, das Eis ist öde und leer. Auch das Küstenlaud ist unwirtlich genug, an den meisten Stellen ödes Klippenland, sparsam bedeckt mit Moos und Flechten; nur in den Thälern, besonders tief innerhalb der Fjorde, findet sich eine recht reiche Vegetation mit zahlreichen Blütenpflanzen und fruchtbaren Wiesenstrecken, an günstigen Stellen Gesträuch, besonders von Weiden und Birken, gewöhnlich nur in einer Höhe von 3—8 Fuss, aber oft von grosser Ausdehnung, an besonders geschützten Stellen in den südlichsten Fjorden sogar oft kleine Wäldchen mit Bäumen bis zu einer Höhe von 20 Fuss bildend. Zahlreiche Flüsse durchziehen das Land, und überall umher liegen grössere und kleinere Seen. Oft liegt längs der Küste ein flacheres, mit Heidekraut bewachsenes Vorland, hinter welchem die Berge sich erheben, und ausserhalb der Küste liegt das Schärengewässer mit unzähligen grösseren und kleineren Inseln, die Brüteplätze vieler Seevögel. Diese Beschreibung passt im ganzen nur für Grönlands Westküste, an der Ostküste fehlt das schützende Schärengewässer, die Berge fallen an den meisten Stellen steil ab ins Meer, das flache Vorland fehlt, und das Eis liegt fast das ganze Jahr hindurch längs der Küste, das Klima ist kälter, die Vegetation sparsamer, das Vogelleben viel ärmer.

Auch hinsichtlich des Bewohnens besteht ein grosser Unterschied zwischen der Ost- und Westküste. Diese ist kolonisiert vom Kap Farvel bis Upernivik, vom 60. bis zum 73. Grade nördlicher Breite, eine Küstenstrecke von gegen 200 Meilen. Hier wohnen ungefähr 10,000 Grönländer zerstreut über zahlreiche Wohnplätze mit höchstens ein paar Hundert Einwohnern auf jedem einzelnen, und hier finden sich gegen 20 dänische Kolonien, während auf der Ostküste die Besiedelung auf eine einzige Strecke um den 66. Grad nördlicher Breite eingeschränkt ist, wo einige wenige Hundert, teilweise heidnische, Grönländer wohnen, während die dänische Kolonie Angmagsalik, nur aus zwei dänischen Familien besteht, welche ein einziges Mal jährlich mit der Aussenwelt durch ein Schiff von Dänemark in Verbindung stehen.

Es ist leicht verständlich, dass Grönlands Vogelwelt besonders aus den Vögeln bestehen muss, welche an das Meer gebunden sind, direct oder indirect ihre Nahrung dort finden, und die Hauptmasse unter den Vögeln, Arten sowohl wie Individuen, sind Schwimmvögel. Die öden Berge werden selbst bis zu einer recht beträchtlichen Höhe von einem einzigen Vogel belebt, dem kosmopolitischen Steinschmätzer (*Saxicola oenanthe*), während tiefer im Thale und auf den unteren Berglehnen, auch ganz draussen auf den Inseln im Schärengewässer, sich die Schneeammer findet (*Emberiza nivalis*), der häufigste und am besten bekannte unter den grönländischen Kleinvögeln, welcher sich schon Anfang April zeigt und sein Zwitschern von einem Hausdache oder Felsblocke hören lässt, trotz des zu dieser Jahreszeit oft sehr unfreundlichen Wetters. Innerhalb der Fjorde, tief unten auf feuchtem Moosboden, baut die Lerchenammer (*Emberiza lapponica*), die Zierde einer grönländischen Landschaft, sowohl durch ihre lebhaften Farben, wie durch ihren eigentümlichen Gesang, welcher teilweise aus hübschen, tiefen, metallisch klingenden Tönen besteht und in der Luft vorgetragen wird, indem sich der Vogel mit ausgebreiteten Flügeln herabsenkt. Während Steinschmätzer und Schneeammer ihr Nest in kleinen Felsspalten oder zwischen zusammengestürztem Gestein anbringen, steht das Nest der Lerchenammer vortrefflich versteckt auf der Erde. Der einzige Vogel, welchem die grönländischen Gebüsche zur Nestanlage gross genug sind, ist der Leinzeisig (*Acanthis linaria*), welcher sein Nest im Weidengebüsch oder in den Birken, unten an den Berglehnen anbringt. Eines Abends lagen wir, eine Gesellschaft, am Ufer eines Flusses und hatten dort eine vergnügte Stunde zugebracht, als einer unserer Gesellschaft in einem niedrigen Busche, gerade da, wo wir lagerten, einen kleinen Leinzeisig auf seinem Neste sitzen sah, fast mitten unter uns, ungestört durch die muntere Gesellschaft. Wenn wir noch einen Pieper nennen (*Anthus pensylvanicus*), so haben wir die Kleinvögel, welche der Reisende erwarten kann in Grönland zu treffen; sie sind es, welche die öden Strecken beleben durch ihren Gesang und uns an die Vogelgesänge in den heimatlichen Wäldern erinnern, welche sich im Herbst um die Wohnungen der Menschen scharen, welche bei ihrer Ankunft im April/Mai das Ende des langen Winters verkünden. Zugvögel sind sie alle, der einzige Standvogel unter den Sperlingsvögeln ist der Rabe (*Corvus corax*), welcher überall an steilen Felswänden brütet; man findet ihn allerorts, zumeist am Strande nach Nahrung suchend; bei den Wohnplätzen spielt er die Rolle der Geier, sammelt sich in Menge an der Stelle, wo die Seehunde auf's Land gezogen werden und wo deren Eingeweide und Fleischreste ihnen reichliche Nahrung bieten; bisweilen sieht man Scharen bis zu hundert. Grönlands einzige Eule, die Schneeeule (*Nyctea nivea*), brütet auf den ödesten und abgelegensten Stellen, von wo sie im Winter herab nach der Küste kommt, um Nahrung zu suchen. Zerstreut horstet der Seeadler (*Haliaëtus albicilla*), welcher an manchen Orten täglich zu sehen ist, oft 3 bis 5 zusammen; seine Nahrung besteht aus Aas, Fischen, Hasen und Seevögeln, welch letztere er auf dem Wasser erbeutet, während er einen leichtbeweglichen Vogel, wie eine Möve, schwer fängt; dagegen habe ich ihn oft mit grosser Dreistigkeit herniederschiessen und eine angeschossene oder tote Möve in unmittelbarer Nähe eines Bootes greifen sehen. Der Wanderfalke (*Falco peregrinus*) brütet sparsam, häufiger der Grönlandsfalk (*Falco candicans*) in seinen verschiedenen Formen, auf welche ich hier nicht näher eingehen will. Besonders im Herbst und Winter zeigt er sich oft bei den Kolonien und wird dort auf eigentümliche Weise geschossen, indem Tauben, die fast überall von den Dänen in Grönland gehalten werden, in die Luft geschickt werden und hier in grossen Kreisen fliegen, so dass sie der Falke leicht erblickt und dann verfolgt. Die Tauben suchen eilig den Taubenschlag zu erreichen und der Falke stürzt dummdreist ihnen nach, ohne sich darum zu bekümmern, dass ein Jäger dicht dabei steht. Es glückt dem Falken niemals, eine Taube zu schlagen; seine Beute sucht er unter den Seevögeln oder unter den Schneehühnern (*Lagopus mutus*), Grönlands einzigem Hühnervogel, der recht häufig auf den Bergen brütet, im Sommer nur selten gesehen wird, im Winter in Scharen nach den niedrigen Bergen an die Küste kommt, teils aus dem Innern des Landes, teils südlich wandernd aus Nordgrönland. Seine weisse Farbe fällt wohl mit der Farbe des Schnees zusammen, aber die Spur in dem losen Schnee verrät den Vogel auf weitere Entfernung. Seine Nahrung, welche er genügsam sich unter dem Schnee hervorscharrt, besteht im Winter aus Beeren, Knospen und Blättern. Da sie den Menschen nicht kennen und fürchten, kann man oft einen oder mehrere aus einem Schwarm schiessen, ehe der Rest davonfliegt. Es wird auch von ungeheuren Massen berichtet, Scharen von Tausenden, selbst habe ich solche aber nie gesehen; bei Ivigtut, Kryalitbrud in Südgrönland werden im Winter oft gegen 3000 geschossen. — Das ist, was man an Landvögeln in Grönland sehen kann, und eine Wanderung auf den grönländischen Bergen und in den Thälern im Lande giebt, wie herrlich eine solche sonst sein kann, dem Ornithologen nur geringe Ausbeute. Erst an der Küste gewahrt man das Vogelleben, woselbst unter den Seevögeln verschiedener Arten, z. B. Seetauchern, Gänse, einige Enten und Watvögel an kleinen Seen innerhalb des Landes brüten. Flache Strandufer fehlen an den meisten Stellen; die nackten Felsenküsten, gegen welche die Brandung schlägt, bieten einen schlechten Aufenthalt den Watvögeln, von welchen nur ein einziger, der Seestrandläufer (*Tringa maritima*), in grösserer Menge sich findet, an Sümpfen und kleinen Seen innerhalb des Landes oder auf Inseln brütend; im Herbst und Winter bewegt er sich in kleinen Trupps auf den Schären am Strande, eifrig hinzulaufend, wenn die Welle sich zurückgezogen hat, um Nahrung zu suchen in dem, was die See herangespült hat; ohne Bedenken schwimmt er von einem Stein zum andern, eine Fertigkeit, welche noch mehr bei seinen Verwandten, den Wassertretern (*Phalaropus hyperboreus* und *fulicarius*) entwickelt ist. Im Sommer brüten sie an kleinen Seen, deren Wasserspiegel sie mit ihren reizenden Gestalten beleben, im Herbst sind sie auf dem Meere; vom Wasser sieht man sie bisweilen auffliegen und auf dem Strande laufend der Nahrungssuche obliegen wie die Strandläufer. Recht häufig brütet auch der Sandregenpfeifer (*Aegialitis hiaticula*), seltener der Steinwälzer (*Strepsilas interpres*).

Hält man sich in den hellen Sommernächten an den Fjorden oder innerhalb des Landes auf, so wird man bisweilen den kräftigen Schrei der Seetaucher (*Colymbus glacialis* und *C. septentrionalis*) vernehmen, einen Schrei wie das Wehklagen eines Menschen, unheimlich und durchdringend; am Tage sieht man die hübschen, scheuen Vögel auf dem Wasser liegen oder hoch in der Luft fliegen, jetzt auch schreiend, aber in einem ganz anderen, weniger unheimlichen Tone; hat man Glück, so kann man das Nest am Ufer eines Sees oder unzugängig auf einer kleinen Insel mitten auf einem grossen Bergsee finden. Auf steilen hohen Felsen nach dem Meere zu baut der Kormoran (*Phalacrocorax carbo*), der im Winter oft geschossen wird; aus seinem Balg, der von den Federn befreit wird, so dass nur die Dunen zurückbleiben, erhält man eine sehr kostbare Kürschnerarbeit, Damenkragen und Muffs. Enten, Möven und Alken stellen die Hauptmasse der grönländischen

Seevögel; fährt man in den Fjorden oder längs der Küste, so wird man stets Arten dieser drei Familien vor Augen haben, im Sommer oft nur wenige, im Frühjahr, Herbst und Winter unzählige Scharen. Von Gänsen brüten Blässgans (*Anser albifrons*) innerhalb des Landes, zu den Zugzeiten werden sie an der Küste gesehen. Die Stockente (*Anas boscas*) nistet an Sümpfen und kleinen Seen und scheint sich in Grönland ebenso wohl zu befinden wie in unseren viel milderen Gegenden; an denselben Örtlichkeiten brütet die Eisente (*Harelda glacialis*), welche sich im Winter scharenweise an den Küsten einfindet und von weitem durch ihren melodischen Ruf kenntlich ist. An reissenden Flüssen innerhalb der Fjorde brütet, unter einem Busch versteckt, die prachtvolle Kragenente (*Cosmonetta histrionica*), die am schönsten gefärbte von allen nordischen Enten. Prächtig ist es anzusehen, wenn eine Anzahl Männchen an einem stillen Frühlingstage draussen bei den Schären liegt, beschienen von der Sonne; bewundernswert, sie nahe der Küste in der Brandung sich tummeln zu sehen, welche sonst alle anderen Vögel meiden. Im August verlieren die Männchen die Schwungfedern; trifft man zu dieser Zeit eine Schar, so kann man sie mit dem Boot in eine kleine Bucht der Küste treiben und die meisten zur Beute machen. Eines Tages sah ich Grönländer mit 20 kommen, welche sie mit Wurfgeschossen erbeutet hatten. Auf den niedrigen Schären ausserhalb der Küsten, besonders in Nordgrönland, brüten zu Tausenden, ja Millionen die Eiderenten (*Somateria mollissima* und *S. spectabilis*). Nest liegt an Nest, so nahe, dass man kaum die Insel betreten kann, ohne Eier zu zerstören, welche weich umgeben sind von einem Kranz der berühmten Eiderdunen, die in jedem Frühjahr zusammen mit den Eiern von den Grönländern gesammelt werden und einen wichtigen Handelsartikel ausmachen. Irgend welchen Schutz geniessen die Vögel nicht. Im Winter sammeln sie sich zu ungeheuren Scharen, die, wenn sie auffliegen, einen Lärm hervorbringen wie ein ferner Donner. Am Tage liegen sie draussen längs der Küste, am Abend ziehen sie hinein bis zum Ende der Fjorde; auf diesem Zuge werden sie massenweise geschossen; sie werden von Grönländern sowohl, als auch von Dänen gegessen, und die Bälge werden zu Eiderdunendecken verwendet, welche Ihnen aus den Schaufenstern der Kürschner bekannt sind. Die Federn werden ausgezupft, so dass nur die Dunen zurückbleiben, die Bälge werden an den Rändern zusammengenäht und aus der hübschen Haut am Halse wird eine Einfassung hergestellt. Noch eine Entenart gehört zu den am häufigsten vorkommenden Vögeln, obgleich sie nirgends in grossen Mengen auftritt: der Mittlere Säger (*Mergus serrator*). Was den Bewohnern südlicherer Länder am eigentümlichsten erscheint und am meisten Eindruck vom Vogelleben im hohen Norden macht, sind die oft beschriebenen Vogelberge, steile Felshänge mit nur schmalen Absätzen und Unebenheiten, am häufigsten gerade in's Meer abfallend. Sie erheben sich bis zu einer Höhe von mehreren 1000 Fuss und sind von weitem leicht kenntlich durch die Vogelmassen, welche sie umfliegen. Auch Grönland ist reich an solchen Vogelbergen, sie finden sich überall an der Westküste innerhalb der Fjorde oder draussen im offenen Meere, am häufigsten in Nordgrönland, und werden von Möven, Alkenvögeln und Sturmvögeln bewohnt. Unter den Möven ist es besonders die kleine Dreizehige Möve (*Larus tridactylus*), welche die Vogelberge bevölkert. Auf einem einzigen Vogelberge kann man Millionen dieser Vögel finden, in den meisten Fällen natürlich viel weniger; die Nester liegen von unten in gleicher Höhe mit der Oberfläche des Wassers, wo die Wellenspritzen sie erreichen können und von wo man mit einem Boot die Eier nehmen kann, bis hinauf zu einer Höhe von vielen hundert Fuss, sind recht gross gebaut aus Moos und Gras, weiss von den Excrementen der Vögel. Wie die Eidervögel hat diese Möve einen täglichen Zug, doch geht dieser in entgegengesetzer Richtung, des Morgens hinein in die Fjorde, des Abends hinaus auf's offne Meer, oft jedesmal eine Strecke von zehn Meilen. Im Herbst sammeln sie sich zu Scharen von Tausenden, folgen den Seehunden und Walen, um in dem Fischgewimmel, welches diese aus der Tiefe an die Oberfläche jagen, Nahrung zu suchen, im Winter ziehen sie fort, um mit dem Frühling schreiend und lärmend ihre Brutplätze wieder aufzusuchen. In Grönland werden sie vielerorts als die eigentlichen Frühlingsvögel angesehen. Auch die grösseren Möven, Eismöve und Polarmöve (*Larus glaucus* und *L. leucopterus*) brüten zu Tausenden auf den Bergen, ebenso oft aber auch auf den Inseln, wo sie schon Anfang Mai zwischen Eis und Schnee Eier haben. In weit geringerer Zahl nistet auf den Inseln zerstreut die Mantelmöve (*L. marinus*), während die hübsche Elfenbeinmöve (*L. eburneus*) und die kleine Sabines-Möve (*L. sabinei*) nur Gäste in dem kolonisierten Teile Grönlands sind. Die Raubmöven (*Lestris parasiticus*, *L. longicauda* und *L.*

*pomatorhina*) brüten an vielen Stellen in grosser Zahl; draussen auf den niedrigen Inseln brütet als einziger Vertreter einer sonst weit südlicheren Familie: die Küstenseeschwalbe (*Sterna macrura*). In Nordgrönland brütet auf den Bergen häufig der Eissturmvogel (*Fulmarus glacialis*), welcher sich immer auf dem offenen Meere aufhält und nicht die Fjorde besucht. Zusammen mit den Möven oder auf den Vogelbergen für sich gesondert bauen die Alken, am häufigsten die Dickschnabellumme (*Uria brünnichi*), gewiss Grönlands zahlreichster Vogel; im Winter findet man ihn überall in grossen Schwärmen. Er wird von den Grönländern dann mit dem Vogelpfeil geschossen und trägt an vielen Stellen zu ihrem Lebensunterhalt wesentlich bei. In recht grosser Zahl brüten auch der Lund (*Fratercula arctica*) und der Alk (*Alca torda*), im nördlichsten Grönland gleichfalls der kleine Krabbentaucher (*Mergulus alle*), welcher im Winter scharenweise nach Süden zieht und einzeln überall in den Fjorden gesehen wird, für den Jäger eine leichte und zugleich wohlschmeckende Beute, da sein Fleisch an Taubenfleisch erinnert, während das Fleisch der übrigen Alkenvögel recht thranig schmeckt. Oftmals habe ich im seichten Wasser gesehen, wie der Krabbentaucher unter Wasser schwimmt mit halb ausgebreiteten Schwingen, augenscheinlich eifrig beschäftigt, Nahrung zu suchen. Als der ganze Fjord an einem Wintertage plötzlich zufror, flogen die Krabbentaucher verwirrt umher, ohne das offene Meer erblicken oder erreichen zu können; viele fielen hinab auf's Eis und mehrere fand ich auf dem Lande zwischen den Häusern. Zum Schlusse werde ichlnur noch eine Art nennen, welche überall in Grönland angetroffen wird, die Gryll-Lumme (*Uria grylle*), welche auf Inseln und am Fusse der Vogelberge brütet; sie bringt ihre zwei Eier in tiefen, schwer zugängigen Felsspalten unter, ohne irgend welche Unterlage, und sie gehört zu den Vögeln, welche zur Sommerzeit die dann an Vogelleben sehr armen grönländischen Fjorde belebt.

Im vorstehenden habe ich versucht, eine kurze Schilderung des Vogellebens in West-Grönland zu geben, habe die Arten besprochen, welche am häufigsten gesehen werden und am meisten dem Lande sein Gepräge geben. Wie Sie sehen, sind es meist circumpolare Arten, während der Rest grösstenteils der nordamerikanischen Fauna angehört. Zwischen Grönland und Europa geht nur wenig Vogelzug, normal kommt gewiss nur eine Art von Europa nach Grönland, *Saxicola oenanthe*; die meisten Vögel

Grönlands ziehen im Winter fort; die Landvögel können schlecht Nahrung finden und von Nordgrönland müssen auch die Seevögel im Winter fortziehen, da das Meer vereist ist, während sie in grossen Scharen an Südgrönlands nie zugefrorenen Küsten überwintern. Aber ausser den hier erwähnten, in Grönland häufig brütenden Vögeln, kommen an seine Küsten eine Menge zufälliger Gäste, viel mehr als die im Lande brütenden Arten und darunter sowohl nordamerikanische wie europäische; einige achtzig zufällige Gäste sind getroffen worden gegen einige fünfzig im Lande brütende, darunter sowohl zahlreiche grosse und kräftige Schwimm- und Watvögel, als auch viele kleine amerikanische Sperlings- und Schreivögel, welche sicher sehr gegen ihren Willen nach dem rauhen Lande getrieben wurden, wo ein schneller Untergang ihnen sicher ist. Als Beispiel will ich anführen, dass dort angetroffen wurden: 3 Drosselarten, 5 Arten *Dendroeca*, 2 Kukuke, 1 Specht u. s. w. Selbst habe ich der grönländischen Fauna 3 amerikanische Arten angefügt: *Colymbus adamsi*, den gemeinen nordamerikanischen Reisvogel (*Bobolink*) (*Dolichonyx oryzivorus*) und, was zu veröffentlichen ich noch nicht Gelegenheit hatte, den ebenso bekannten Kingbird (*Tyrannus carolinensis*).

Was ich hier vorgetragen habe, bezieht sich in erster Linie auf das Vogelleben an der Westküste Grönlands. Viel Neues kann von hier nicht erwartet werden: die ganze Küste ist von Norden bis Süden von vielen Expeditionen bereist, von dänischen, deutschen, schwedischen, englischen und amerikanischen. Überall sind bei den Kolonien Vögel gesammelt worden, jahrelang haben sich Männer im Lande aufgehalten mit Liebe und Interesse für die Vögel, wie Fabricius und Holböll, die klassischen Verfasser der Vögel Grönlands, in neuerer Zeit Fencker, Hagerup und Krabbe, welch' letzterer im Begriffe ist, seine zehnjährigen Aufzeichnungen zur Veröffentlichung zu bearbeiten; an das Zoologische Museum in Kopenhagen sind stets Massen von Vögeln gesandt worden, worüber besonders geschrieben worden ist von dem älteren und jüngeren Reinhardt, zuletzt von Winge in seinem vortrefflichen Buche über Grönlands Vögel, ein Werk, welches für lange Zeit die Hauptquelle für einen Jeden sein wird, welcher über dieses Thema nähere Kenntnis sucht. Aus anderen Ländern liegen zahlreiche Abhandlungen vor, aus Deutschland u. a. von Finsch, Schalow und Vanhöffen, aus England von A. Newton; kurz gesagt, Westgrönlands Vogelfauna ist so gut bekannt, wie vielleicht nur wenige Länder ausserhalb des civilisiertesten Teils Europas; was hinzugefügt werden kann, werden im wesentlichen nur Nachrichten über einzelne, bisher nicht angetroffene zufällige Gäste sein.

Etwas anders verhält es sich mit der Ostküste Grönlands. Wie vorher erwähnt, ist diese nur spärlich bewohnt, die Vegetation und mit ihr das Tierleben viel ärmer; in allen Berichten, die wir erhalten, zeigt es sich auch, dass das Vogelleben viel spärlicher ist als auf der Westküste, namentlich was die Zahl der Individuen betrifft. Möven und Alken bauen nirgends auf den Vogelbergen in den ungeheuren Massen wie an der Westküste; die niedrigen Inseln längs der Küste fehlen zum grossen Teil, so dass Eiderenten nicht in grossen Scharen brüten können; auch die Landvögel sind weniger zahlreich, den Adler sieht man nur selten, die Schneehühner sind sparsam. Verschiedene Arten, wovon einige zu den gemeinsten in Westgrönland gehören, sind bis jetzt an der Ostküste noch nicht angetroffen worden, z. B. Alk, Lund, Mantelmöve, Wassertreter, Wanderfalk und *Anthus pensylvanicus*, dagegen brütet der Alpenstrandläufer (*Tringa alpina*), welcher nur ein paar Mal an der Westküste getroffen wurde, häufig, ebenso die Nonnengans (*Bernicla leucopsis*) und die Saatgans (*Anser segetum var. brachyrhynchus*). Auch was die zufälligen Gäste betrifft, ist ein bedeutender Unterschied; während diese auf der Westküste meist amerikanisch sind, stammen die auf der Ostküste grösstenteils aus Europa; so ist der Star zweimal getroffen worden, die Nebelkrähe einmal, die Weisse Bachstelze so häufig und unter solchen Verhältnissen, dass Grund vorhanden ist, zu glauben, dass sie brütet. Wohl ist nun die ganze grönländische Ostküste bereist, im wesentlichen von dänischen Expeditionen, Graah's zu Anfang des 19. Jahrhunderts, Holm's und Garde's, Ryder's und zuletzt Amdrup's, ausserdem von verschiedenen anderen wie Scovsby und der deutschen Expedition in den Jahren 1869—70, und auf all diesen Expeditionen sind Vögel gesammelt und Beobachtungen gemacht worden, worüber namentlich Finsch und Pansch von der deutschen Expedition, Bay von Ryders Expedition berichtet haben; aber viele Aufklärungen fehlen uns noch von dort und viel Neues kann erwartet werden. Es ist deshalb ein Glück, dass von den beiden einzigen an der Ostküste ansässigen Männern der eine, Kolonievorsteher Johann Petersen, ein Mann, welcher den grössten Teil seines Lebens in Grönland zugebracht hat, viel Interesse für Vögel mit ornithologischen Kenntnissen vereint; mit dem Schiffe, welches ein einziges Mal jährlich die Ostküste Grönlands befährt, hat er beständig teils Aufzeichnungen über Vögel, teils Vogelbälge an mich gesandt; was er mir auf diese Weise mitgeteilt, habe ich zweimal veröffentlicht und hoffe, im Laufe des Winter einen Bericht auszuarbeiten über das, was ich in den letzten drei Jahren erhalten habe.

Hiermit werde ich mir erlauben zu schliessen; was ich gesagt habe, ist sehr unvollständig; ich hoffe indess, das Wesentlichste vorgeführt zu haben, so dass mein Vortrag eine Vorstellung vom Vogelleben in Grönland geben konnte.

---

venskabeligst fra Forf.

5/3 02.

# Uglernes Betydning for Skovbruget.*)

Af
O. Helms.

Naar jeg her skal udtale mig om Uglernes Betydning for Skovbruget, da er jeg mig vel bevidst, at det er et Emne, som ligger i Yderkanten af den praktiske Skovbrugers Interesser; hvad jeg har at meddele, vil nok saa meget blive af zoologisk som af forstlig Natur. Grunden til, at jeg alligevel her fremlægger Resultatet af en Del Undersøgelser, jeg har foretaget, over hvad Uglerne i Danmark leve af, er væsenlig Ønsket om at bringe Sagen frem for en Kreds af Mænd, der ville have det i deres Magt at virke i Praksis i Overensstemmelse med, hvad Undersøgelserne have vist.

Om Uglernes Føde har der tidligere hersket og hersker der til Dels endnu ret uklare Forestillinger, som for en væsenlig Del skyldes vildledende Opgivelser i Haand- og Lærebøger, hvor der ofte fortælles, at de væsenlig leve af Smaapattedyr og Fugle, saa at man faar Indtrykket af, at disse to Fødemidler spille lige stor Rolle for Uglerne; disse beskyldes ogsaa for at sætte sig paa Stærekassernes

*) Optegnelser til et Foredrag i »Forstlig Diskussionsforening« den 25de Februar 1899.

Flyvepind og tage Stæreungerne, naar de stikke Hovedet frem. Jægerne paastaa, at Uglerne skade Vildtet, tage Harer, Fasaner m. m. og ødelægge mange Sangfugle. I adskillige nyere Lærebøger f. Eks. i Dr. Boas' er Forholdet med Hensyn til Uglernes Føde fremstillet rigtigt; men endnu er der i saa Henseende megen Fordom at udrydde, endnu fredes Uglerne alt for lidt. De skydes som et let Bytte og fanges i Pælesakse, blandt hvis Ofre de høre til de hyppigste. Hvor ringe Grund der er til at forfølge dem, haaber jeg vil fremgaa af det følgende.

De Ugler, mine Undersøgelser gælde, ere de her i Landet almindelig forekommende fire Arter Natuglen (*Syrnium aluco*), Skovhornuglen (*Otus vulgaris*), Kirkeuglen (*Athene noctua*) og den ved sin Bygning fra disse Arter ret betydelig adskilte Slørugle (*Strix flammea*). Som bekendt har tidligere den store Hornugle (*Bubo maximus*) ynglet hos os, men er nu udryddet, og jævnlig gæstes vort Land af andre, især nordiske Uglearter, af hvilke muligvis en og anden en enkelt Gang yngler her.

Udbredelsen af de i Danmark ynglende Ugler frembyder adskilligt interessant; medens vore to Skovugler, Natuglen og Skovhornuglen ere jævnt udbredte over største Delen af Landet, især dettes skovrige Egne, træffes Kirkeuglen og Sløruglen, der mest yngle i Kirker eller andre Bygninger, kun i en mindre Del af Danmark: Kirkeuglen kun i Jylland og paa Fyn, Sløruglen, der først efter Midten af det 19de Aarhundrede synes at være bleven almindeligere her i Landet, ligeledes i Jylland og paa Fyn, desuden spredt omkring paa Sjælland og Lolland-Falster.

Det er kun daarlige Vilkaar, der bydes Uglerne her til Lands. Den store Hornugle er som omtalt udryddet som Ynglefugl i Danmark, mest paa Grund af Jægernes Efterstræbelser; den beskyldes nemlig for at skade Vildtstanden, at tage Harer, Raalam, ja Ræve; at den tager noget Vildt, kan vel ikke nægtes, men for en meget stor Del er dens Føde Smaagnavere, Mus og Rotter. Saaledes fandt Professor Collett i Christiania i et Par Haandfulde af dens Gylp, der bragtes ham: 40 Vandrotter, 4 Markmus, 9 brune Rotter, 9 Skovmus og 3 Egern. De Ugler, der yngle i Kirker, miste deres Yngleplądser af en ejendommelig Grund, den nemlig at Kirkeejerne mange Steder lade sætte Luger for Glamhullerne, saa at der ingen Lejlighed bliver for Uglerne til at komme ind paa Kirkeloftet. Lige saa galt, ja maaske værre gaar det Natuglen, der oftest yngler i Træhuller i Skoven; Nutidens Skovbrug taaler ikke de hule Træer, hvori den har sin Rede; og selv om Skovbrugeren ønsker at holde sin Haand over den, efterstræbes den ofte af Jægeren med Bøsse og Pælesaks. Skovhornuglen, der til Ynglepladser har gamle Krage- og Rovfuglereder, er vist nok den, der med Hensyn til Redeplads klarer sig bedst, men den er faatallig.

Ønsker man at vide, hvoraf Uglerne leve, kan man gaa forskellige Veje. Den mest direkte er at se, hvad de fange; men da Fangsten ofte gaar for sig i Tusmørke, er dette jo ret vanskeligt; man kan da undersøge de Forraad, som de, særlig i den Tid de have Unger, samle i Reden; i Foraaret 1895 fandt jeg i en Rede 10 Markmus og 2 Skovmus, i en anden 10 Rødmus og 8 Skovmus og 1 Husmus. En tredie Maade er at undersøge Mavesækkens Indhold, hvorved der selvfølgelig opnaas nøjagtige Resultater, men hvortil der ogsaa kræves et stort Antal dræbte Ugler. Saaledes ere de store Undersøgelser udførte, som de forenede Staters Landbrugsministerium har ladet foretage for at komme til Klarhed over, hvad

Ugler og andre Rovfugle leve af, og som have givet til Resultat, at de nordamerikanske Ugler for den allerstørste Del nære sig af for Landmanden skadelige Smaapattedyr og derfor fortjene at fredes. Den Maade, jeg har brugt, er at undersøge de Rester af Uglernes Maaltider, som gylpes ufordøjede op i Form af Boller; herved er der den Mangel, at hvis der i Føden har været Dyr, som helt eller væsenligst mangle faste, ufordøjelige Bestanddele, vil Tilstedeværelsen af saadanne Dyr ikke kunne konstateres. Piller man en Gylpklump op i dens Bestanddele, vil man i Almindelighed ret let af de fundne faste Dele kunne afgøre, hvilke Dyr Uglen har spist. Knoglerne ere fuldstændig rene for alle bløde Dele, Pattedyrkranierne ere, om end stærkt løsnede i Sømmene, dog altid tilstrækkeligt hele til Bestemmelse.

Undersøgelser af en større Mængde Uglegylp ere tidligere foretagne saavel i Udlandet som herhjemme. I Danmark har Viceinspektor H. Winge*) undersøgt c. 5000 Gylpboller samlede fra 45 Steder rundt om i Landet, mest fundne i Skove; imidlertid var Hensigten med Winges Undersøgelser væsenligst at vise Udbredelsen af nogle Smaapattedyr her i Landet, hvorfor Gylpen fra de forskellige Uglearter ikke er adskilt. I de c. 5000 Boller fandtes 212 Spidsmus, 4662 Markmus (hvoraf 4009 Alm. Markmus), 1290 Mus (hvoraf 1205 Skovmus) og c. 300 Fugle. De c. 1800 Boller, jeg har undersøgt, stamme fra henved 60 Steder, spredte over hele Landet, idet af større Landsdele kun Bornholm og Falster ikke ere repræsenterede. Det meste af Gylpen er skaffet tilveje af Arkitekt Hagerup,

*) H. Winge: »Om nogle Smaapattedyr i Danmark«. Vid. Medd. Naturh. Forening, 1882.

Kolding, der dels selv har samlet den, dels formaaet andre dertil; noget har jeg selv samlet.

Sløruglens Gylp adskiller sig i ikke ringe Grad fra de andre Uglers, saa meget endog at Gylpen er kendelig ved første Øjekast. De enkelte Boller ere store, idet Længden varierer fra 25 til 80, men hyppigst mellem 30 og 60 mm. Tykkelsen 20—30 mm.; de ere ret regelmæssige, cylindriske, butte i Enderne, undertiden ægformede. Overfladen er glat, mørk af Farve, i frisk Tilstand overtrukket med et glinsende Slimlag. Den enkelte Bolle er helt igennem af sortegraa Farve og af fast Konsistens, betydelig fastere end hos de andre Ugler. Ved Undersøgelse af c. 663 Boller fra 31 Steder i Jylland, paa Fyn, Sjælland og Lolland, fandtes 1835 Smaapattedyr og 59 Fugle. Af Pattedyrene vare 766 Spidsmus (3 Arter), 453 Markmus (4 Arter), 556 Mus (5 Arter), hvoraf 359 Husmus, 153 Skovmus. Af Fuglene vare de 43 Spurve (Graa- og Skovspurve), medens 10 ikke bleve bestemte.

Kirkeuglens Gylp, der oftest findes paa Kirkelofter lige som Sløruglens, er vidt forskellig fra dennes; Bollerne ere meget mindre, Længden 20—50 mm., Bredden 10—25 mm., gennemsnitlig 15 mm.; de ere rundagtige oftest tilspidsede i Enderne. Farven er lysere eller mørkere graa, ofte gullig ved Tilblanding af Grus, eller blaaspættet af de talrige Levninger af Skarnbasser, som jævnlig findes deri. Konsistensen er ganske løs især hos de Boller, der indeholde meget Grus og Insektrester. I de c. 530 undersøgte Boller fandtes kun Rester af 2 Spidsmus, 101 Smaagnavere og 5 Fugle; men en Del flere Hvirveldyr har der været; thi Kranierne vare ofte saa søndrede, at Bestemmelsen var mig umulig. Rester af Biller, især Skarnbasser fandtes derimod i saa stor Mængde, at det næppe er for meget sagt, at Biller udgøre Kirkeuglens Hovedføde. I de Boller, hvor der overvejende var Billerester, fandtes tillige meget Grus.

Tilbage ere de to Arter, der have mest direkte Interesse for Skovbrugeren, Natuglen og Skovhornuglen. Da de leve paa de samme Egne i Landet og deres Føde i det væsenlige er ens, ligesom Gylpens Udseende kun er lidet forskelligt, behandles de her under et. Bollerne have en Længde af 30—70 mm. oftest 40—60 mm. og en Bredde af 20—25 mm. De ere cylindriske, lidt tilspidsede i Enderne, oftest ujævne paa Overfladen, lysere eller mørkere graa; hos Natuglen, hvor de ofte indeholde Billelevninger, ere de som Regel fastere, hos Skovhornuglen løsere. Enhver der har Lejlighed til at færdes i Skove, hvor disse Ugler overhovedet findes, vil, hvis han da har Opmærksomheden henvendt en Smule derpaa, jævnlig finde deres Gylp; oftest ligger den under nogenlunde høje Graner, hvor den ogsaa lettest findes paa den nøgne Jord. Undertiden findes kun enkelte Klumper, undertiden en Del spredte over en større Strækning; er man heldig, kan man træffe en hel Oplagsplads med Gylp i Skæppe- og Tøndevis; i de c. 630 Boller, jeg har undersøgt af disse to Arter, fandtes Rester af 569 Pattedyr og 44 Fugle. Af Pattedyrene vare 407 Markmus, 149 Mus, af Fuglene 39 Graaspurve, 1 ubestemt. Det er væsenligst med Undersøgelsen af disse to Arters Gylp at Winges Undersøgelser maa sammenlignes, og Forholdene vise sig da ogsaa godt overensstemmende i de to Undersøgelsesrækker.

Lægges Tallene sammen for al den undersøgte Gylp, viser det sig, at der i c. 1 800 Gylpboller fandtes 3 Muldvarpe, 3 Flagermus, 942 Markmus, 724 Mus, 91 Fugle og 776 Spidsmus, der saa at sige udelukkende ere tagne af

Sløruglerne. Hvad heraf kan udledes er, at vore Uglers Føde for den langt overvejende Del bestaar af de for Landmanden og Skovbrugeren ligegyldige eller direkte skadelige Dyr, hovedsagelig smaa Gnavere. Hvad der tages af Fugle er kun lidt, de udgøre i alt 5 pCt. af de fangne Hvirveldyr, og mindst 75 pCt. af dem ere Spurve. Noget Spor af, at Uglerne skulde tage jagtbare Dyr, Agerhøns, Fasaner eller Harer, fandtes ikke ved mine Undersøgelser saa lidt som ved Winges, ej heller af at de tage uden rent undtagelsesvis nogle af de Fugle, som almindelig i deres Egenskab af insektædende kaldes nyttige for Skovbruget. Den Indvending, der kunde gøres, at Uglerne af større Dyr skulde pille de bløde Dele bort og lade Skelettet ligge, afvises let, naar man ser hen til, at der af 15 Brune Rotter fandtes talrige store Knogledele i Gylpen, ligesom der af en Allike fandtes hele Bækkenpartiet. I det hele taget fremgaar det af Undersøgelserne, saa tydeligt som ønskes kan, at Uglerne ere udelukkende nyttige for Skovbruget. Sløruglernes Angreb paa Spidsmus kommer her ikke i Betragtning, idet Spidsmus, skønt Insektædere, høre til de Dyr, der i praktisk Henseende ere Skovbrugeren ligegyldige.

Et helt andet Spørgsmaal bliver det derimod, om den Nytte, Uglerne gøre Skovbruget, bliver af nævneværdig Betydning, om Uglerne ere i Stand til under almindelige Forhold at holde Musenes Tal nede, om de formaa at afværge en Museplage eller under en saadan at bidrage i kendelig Grad til Musenes Ødelæggelse. For at kunne dømme herom, maa man bl. a. vide, hvor meget en Ugle daglig fortærer. I Granskove har jeg ofte fundet tæt ved hinanden 5—7 Boller af Natuglen, indeholdende 8—10 Kranier af Smaagnavere; paa saadanne Steder antager jeg, at Uglen har siddet en enkelt Dag og gylpet op, og mener derfor, at man kan sætte Tallet af de Smaagnavere, Natuglen fortærer i et Døgn til 8—10. Et Par Ugler vil da uden Tvivl kunne gøre adskillig Gavn, tilmed da de, i den Tid de have Unger, ville forbruge et adskilligt større Kvantum Føde; og enhver Skovbruger vil sikkert sætte Pris paa at have saadanne Musejægere f. Eks. i Nærheden af en Planteskole eller i unge Kulturer. Er det saaledes sandsynligt, at en stor Bestand af Ugler vil kunne holde Tallet af Mus nede, vil paa den anden Side Uglerne naturligvis ikke kunne hindre, at Musene under særlig gunstige Forhold yngle ualmindelig stærkt, hvorved Museplagen fremkommer; og under en saadan ville Uglerne vel kun være en Hjælp til de andre Faktorer, der bringe Plagen til Ophør. Her maa dog tages i Betragtning et Forhold, hvorom, saa vidt jeg ved, ingen sikre Iagttagelser foreligge herhjemmefra, men som vel er kendt fra andre Lande, nemlig at Ugler ofte indfinde sig i større Mængde paa Steder, hvor der forekommer Museplager, og at de tillige under saadanne yngle stærkere end ellers. Fra Norge har Professor Collett*) meddelt en Række Iagttagelser herom, især angaaende Sneuglernes Forhold til Lemmingeplager; eksempelvis skal her blot anføres, hvad Collett meddeler om Forholdene i 1891: Lemmingen havde allerede i Sommeren 1890 haft et Vandreaar i Søndre Trondhjems Amt samt i Østerdalen, uden at Sneuglen endnu havde vist sig over det normale spredte Antal. I 1891 oversvømmedes alle Landets sydlige Fjeldegne af Lemminger og Aaret var maaske det største Yngleaar for denne Art siden 1863. Allerede om Vaaren vare alle Fjeldegne besatte af Sneugler

*) R. Collett: Mindre Meddelelser vedrørende Norges Fuglefauna 1881—92 (Nyt Magazin for Naturvidensk. XXXV. 1 Christiania).

og Tusinder af Unger udklækkedes denne Sommer i Gudbrandsdalen og Østerdalsfjeldene. De unge Fugle bleve paa Fjeldene Efteraar og Vinter over. Om Foraaret svandt Lemmingerne næsten totalt, og Sneuglerne svandt med dem. Videre skriver Collett: Under almindelige Aar ligge Rederne yderst spredt med flere Miles Mellemrum; under Yngleaarene kunne flere Par have Rede ganske nær ved hinanden, og medens Æggenes Tal normalt næppe naar over 6, kan det i Yngleaarene stige til 10, der lægges med uregelmæssige Mellemrum, saa at Reden kan indeholde samtidig Æg og halvvoksne Unger. I Lemmingeaarene bestod Sneuglernes Føde udelukkende af disse Dyr. Lignende Iagttagelser har Collett gjort for adskillige andre Uglearters Vedkommende; og hvorledes nu end Sammenhængen er, maa det anses for givet, at, naar der paa et Sted i Norge optræder Lemmingeplager, saa indfinde Ugler sig fra andre Egne, yngle paa det paagældende Sted og formere sig langt stærkere end sædvanligt. At noget lignende finder Sted hos os, har jeg Grund til at antage, men Undersøgelser herover mangle vi.

At Uglerne have Betydning for Skovbruget, og at det kan være ønskeligt for Skovejeren at have et stort Antal Ugler i Skoven, er forhaabentlig fremgaaet af det her udviklede. At opnaa dette vil næppe falde vanskeligt. Først og fremmest maa selvfølgelig ingen direkte Forfølgelse af Uglerne finde Sted, de maa ikke skydes og deres Reder ikke ødelægges. Dernæst bør enhver Anvendelse af de blandt Jægere yndede Pælesakse ophøre; hvad der fanges i disse, er for en forsvindende Del Fugle som kunne være skadelige for Vildtet, for den overvejende Del saadanne for Jægeren uskadelige for Skovbrugeren nyttige Fugle som Musvaager, Taarnfalke og Ugler; Forklaringen herpaa er ikke vanskelig. De Rovfugle, hvis Bytte bestaar af større Dyr, for ej at tale om dem, som tage Byttet i Flugten, sætte sig kun lejlighedsvis paa en forholdsvis lav Pæl i en aaben Del af Skoven eller nær denne; thi en saadan Stilling kan ej hjælpe dem til at opdage deres Føde; de skulle sidde højt eller flyve vidt omkring. Fugle derimod, der som Uglerne leve af Smaadyr, der findes i stort Tal og færdes paa Jorden, ville med Forkærlighed benytte sig af den gode Udsigtspost, en saadan frit opstillet Pæl giver. Endnu mere kan der gøres; gamle hule Træer, hvor Natuglen ruger, bør skaanes, selv om det i andre Henseender er mindre rationelt; thi har Uglen Fred, yngler den Aar efter Aar i det samme Træhul; saaledes kender jeg to gamle Bøgetræer, hvor Uglerne have ynglet i en Aarrække, i det ene mindst en halv Snes Aar, i det andet mindst 5 Aar; at Uglen ikke er videre slem mod Smaafugle, fremgaar af, at i det ene Træ ynglede et Aar foruden Ugler tillige Stær og Spætmejse. Endelig kan man ligefrem skaffe Natuglen kunstige Boliger, saaledes som det med Held er gjort mange Steder i Tyskland og enkelte Steder hos os, idet Uglekasser ophænges i Træerne ligesom Stærekasser.

Det praktiske Resultat af mine Undersøgelser kan jeg i al Korthed udtrykke i følgende Raad til Skovbrugeren: Fred Uglerne paa enhver Vis saavel dem, der yngle i Skoven, som dem, der kun komme der som Gæster.

---

www.ingramcontent.com/pod-product-compliance
Lightning Source LLC
Chambersburg PA
CBHW030340270326
41926CB00009B/898

* 9 7 8 3 3 3 7 3 1 7 5 2 2 *